1187年
巨大信仰圈的出現

歷史的轉換期 Ⅳ

1187年
巨大信仰圏の出現

Turning Points
in World History

千葉敏之
CHIBA TOSHIYUKI
|編|
大塚修、稻葉穰、松浦史明、飯山知保——著
陳國維——譯

內文左方註釋均為譯者註，特此說明。

出版緣起

在空間的互動中解讀歷史，在歷史的纏繞中認識世界

中央研究院近代史研究所助研究員、「歷史的轉換期」系列顧問　陳建守

歷史是什麼？來自過去的聲音？人類經驗的傳承？還是帝王將相的生命史？個人有記憶，所以人類也有集體記憶。表面上這些記憶是由事件及人物所組成，更往下分疏縷析，則風俗、習慣、語言、種族、性別等，無不在背後扮演重要的角色。而由這些基點延展開來的歷史研究，則有社會史、文化史、宗教史、性別史、思想史等不一而足的研究取徑。正因為人類無法忘卻過去的一鱗半爪，我們才有了「歷史」（history）。

上個世紀六〇年代英國著名史家卡爾（E. H. Carr）推出的《何謂歷史？》（*What is History?*）迄今剛好屆滿一甲子。卡爾當年「何謂歷史？」的鏗鏘命題，不僅是歷史學者在其漫長的從業生涯中無法迴避的提問與質疑，直至今日，我們仍與之不斷地進行對話。然而六十年過去了，我們現在對「何謂歷史？」這個問題提出的解答，與卡爾提供的答案已經有很大的不同，唯一相同的是「歷史是過去與現在永無止盡的對話」。雖然隨著討論的課題與人們討論方式的改易，對話的本質可能

已經改變，但這樣的對話至今仍不斷地在進行。

與卡爾當年身處的情境不同，現今歷史學研究的興趣從探究因果關係轉向對意義的追尋，由解釋轉向理解。近年來更出現兩項重大的轉向：第一，在過去十年，以全球史為名的出版品有逐漸增加的趨勢，相關研究書文不斷地出現在各大期刊的篇目當中。基於全球史取徑的興起，觀看歷史的視角也從歷時性轉為空間的共時性（from time to space/place）。第二，大眾史學的出現，歷史做為大眾文化與市民生活的元素，與民眾日常切身相關的歷史研究蔚為風潮，也培養出一群重視在地連結與歷史感的閱讀大眾。

全球史取徑的意義在於打破單一的國族和語言，展現跨地區的相遇（encounter）和連結，同時也直接挑戰了預設地理疆界的「方法論國族主義」。將研究對象置於全球視野之下，一方面可以解構所謂的「歐洲中心化」概念，另一方面則可以指出一個歷史交纏打造的世界。全球視野下的歷史研究跳脫了歐洲中心普世論與國族主義特殊論的二元對立，將視角置於區域發展的自身脈絡以及整體歷史變遷上。至於大眾史學，強調的則是「歷史感」的課題，意圖帶領讀者感受歷史影響我們生活的諸般方式；透過瞭解與參與歷史，我們終將更加了解自己與身處的世界。

呈現在讀者眼前的這套「歷史的轉換期」叢書，就是從這兩大面向切入，編輯而成的套書。整套叢書共計十一冊，是臺灣商務印書館繼二〇一七年推出「中國．歷史的長河」系列套書後的又一鉅作，目的是提供臺灣讀者不同觀點的世界史。其中挑選我們熟知歷史大敘事中的關鍵年分，將之視為探索的起點，卻不囿於時空的限制，而是以一種跨地域的比較視野，進行橫切式的歷史敘事。

過往的世界史往往是各國按照年代時間序列組合而成的宏大敘事，全球史的敘事則是要將時空的框架重組，既有縱向的時代變遷，又有橫向的全球聯繫。這正與當前一〇八歷史課綱所提出的理念不謀而合，亦即注重空間（區域）的歷史思考，非常適合做為第一線中學教師補充一〇八歷史課綱的知識點。特別值得一提的是，這套叢書採取與日本同步的翻譯速度，希望能夠在最短的時間內，將最新的研究成果推送到臺灣讀者手中。

歷史學的地貌會改變，新的歷史斷層地圖也會隨之產生。讀者可以發現，專業歷史知識生產已然轉變，大一統的歷史書寫文化業已瓦解。「歷史是過去與現在永無止盡的對話」，自從卡爾為歷史下此定義之後，過去與現在之間彷若有了一條光亮的通道。而這套「歷史的轉換期」叢書，正是另一道引人思索的靈光乍現。

導讀

信仰圈抑或文明圈：世界史的新詮釋

國立成功大學文學院多元文化研究中心主任　林長寬

人類文明與文化史的演變發展，在不同時空中往往出現不同層次的轉化；而當吾人論述世界史時，不同區域在同一時期所發生的變化是否有密切關係呢？無疑地，從大歷史的角度檢視人類社群發展過程，流動性乃必然的現象。透過此一流動性，宗教信仰亦整合成一個信仰圈，從小到大，甚至不同的信仰圈也互相結合，形成一個新轉化且具多元內涵的世界性信仰圈。世界三大信仰的佛教、基督宗教與伊斯蘭即是如此。因此在研究世界文化史時，信仰圈的形成與轉化當是一個全面性且不可忽視的宏觀議題。

十二世紀的伊斯蘭世界，特別是中土地區（Central Land of Islam，從尼羅河流域至阿姆河流域之間地帶），面臨了相當複雜的轉變。伊斯蘭帝國在西元六六一年建立後，從伍麥亞朝（661-750 AD）到阿巴斯朝（750-1258 AD），期間建構了一個相當大的穆斯林信仰圈，範圍遍及南歐、北非、西亞、中亞、南亞，甚至部份東南亞島嶼區。此一大區域的宗教信仰融合了阿拉伯、波斯、印度、突厥、猶太教與基督宗教之文化元素；整個伊斯蘭帝國的舞台主角也隨著時代變遷，從阿拉伯人、波斯人轉到突厥人。

阿巴斯朝中葉後，中央哈里發權力式微，地方軍閥勢力逐漸成形，其中首屈一指的是塞爾柱突厥蘇丹政權（The Great Seljuqs of Persia, Iraq, and Syria, 1040-1194 AD）。塞爾柱突厥人的崛起模式如同之前游牧民族的建國，透過整合小部族軍力，形成以軍事將領或部族酋長統治的政教勢力，統治範圍可分為敘利亞、伊拉克、波斯地區，以及安那托利亞（即所謂的the Seljuqs of Rum〔羅馬〕，1080-1307 AD）。他們出身裏海北部與阿拉伯海地區的游牧部族，被雇為哈里發或地方統治者的傭兵，而改信伊斯蘭，自幼接受軍事訓練與伊斯蘭教育，之後掌控軍權，進而奪取政權。塞爾柱突厥穆斯林自稱「順尼伊斯蘭」（Sunni Islam）的捍衛者，協助阿巴斯哈里發對抗擁護「什葉伊斯蘭」（Shi'i Islam）的布伊軍閥政權（the Buyids or Buwayhids, 932-1062 AD），甚至取而代之，成為哈里發之下最強勢的軍閥。此後，整個阿巴斯朝的軍政權力幾乎全由塞爾柱人所操控，俗稱的「塞爾柱帝國」（中央哈里發已無實權）因而承繼了之前阿拉伯—波斯伊斯蘭文化傳統，而塞爾柱人也將突厥傳統注入伊斯蘭宗教文化，使得伊斯蘭文明更加多元具包容性，整個伊斯蘭信仰圈的政治及宗教體制運作變得更有彈性與活力。儘管如此，不同於之前突厥部族建立的地方政權依然保存、強調部族精神與自身游牧文化，塞爾柱突厥蘇丹強調其子民的伊斯蘭化，原本突厥部族傳統被賦予了伊斯蘭色彩。

十一世紀塞爾柱政權對外的擴張可謂重建阿巴斯朝的輝煌盛況，試圖建立東亞地區以外跨越歐、亞、非洲的全球性政權。他們透過對外征戰，在伊斯蘭世界境內逐漸併吞各地方勢力，更將奉行什葉伊斯蘭的法提密朝（the Fatimids, 909-1171 AD）在北非、埃及與敘利亞南部地區的影響力逐出。一〇七一年，塞爾柱政權於Manzikert戰役大敗拜占庭皇帝Romanos IV Diogenes（r. 1068-71 AD），入主安那托利亞地區，致使基督宗教在西亞式微，基督宗教信仰區堂而皇之被納入伊斯蘭信仰圈。塞爾柱政權的擴張分支更深入阿拉伯半島南邊的葉門，使得波斯、突厥文化元素也進入南阿拉伯社會。

承繼阿巴斯朝所創造的輝煌文明，塞爾柱政權透過文治武功更深化之。在伊斯蘭知識的推動上，塞爾柱蘇丹延續之前的波斯文官與教育體制，設立了所謂的Madrasah（伊斯蘭學院）。伊斯蘭學院不僅培養技術官僚，更大量扶持Ulamā'（宗教學者）階層，伊斯蘭教育便在此體制運作下成為全人教育，不僅博雅而且精深，此體制更刺激了日後歐洲神學院教育制度的發展。塞爾柱蘇丹在其勢力範圍內廣設學院，普及伊斯蘭教育，強化了更深且廣的社會伊斯蘭化。

這段時期中，伊斯蘭教義哲理另一層面的密契主義（Tasawwuf, Sufism蘇非主義）也因應伊斯蘭化積極發展。隨著伊斯蘭學院的廣設，蘇非主義神智學（theosophy）也被納入伊斯蘭正規教育，強調穆斯林精神與物質生活的並重，更經由伊比利半島（la Península Ibérica）南部的安達魯西亞（al-Andalūs, Andalusia）傳入歐陸，影響中世紀基督宗教神學的發展。此時，偉大思想家嘎札里（Abū Hāmid al-Ghazālī, 1058-1111 AD）將伊斯蘭律法、教義與蘇非主義靈性修行結合，推動信仰者身、心、靈的伊斯蘭化，其名著*Ihyā' 'Ulūm al-Dīn*（伊斯蘭知識的再生）整合了中世紀伊斯蘭哲學及神學，其思想哲理透過伊斯蘭學院教育廣傳於東伊斯蘭世界（al-Mashriq），甚至經由北非西伊斯蘭地區（al-Maqrib）進入歐陸。若仔細探索歐洲基督宗教教義與神學內涵，尤其是天主教的密契思想，皆可從中看到嘎札里的思想元素。

塞爾柱政權鼎盛時統治領域相當廣大（從今日的阿富汗到土耳其一帶），不容易控管，以致地方小政權林立，甚至起而對抗中央；新的突厥部族建立的地方勢力導致塞爾柱東半部政權瓦解，最後只保有安那托利亞西南部。安那托利亞的塞爾柱政權與歐洲的十字軍、拜占庭有多次敵對衝突，也讓伊斯蘭與基督宗教信仰間保持著正面與負面的交流。利用歐洲拉丁國家政權與拜占庭之間征戰不斷，塞爾柱突厥人趁機將勢力往地中海地區擴張，促使埃及、地中海東岸與黑海之間的商貿更加通暢。後來由於內部地方勢力衝突，再加上蒙古大軍西征逼近安那托利亞東界，打敗了塞爾柱軍隊，塞爾柱蘇丹政權遂轉變成蒙古伊兒汗國（Il-Khanate, 1256-1353 AD）的附庸國，之後被崛起的歐斯曼突厥（Osmani Turks）部族勢力所滅。

當塞爾柱突厥人控制了大半西亞地區時，伊朗東部也存在著一些突厥部族政權，其中據有今日阿富汗東部的嘎茲那維政權（the Ghaznavids, 977-1186 AD）除了與塞爾柱政權抗衡外，更不斷往南亞擴張勢力，伊斯蘭信仰也因此被帶入南亞北部地區，即Hind。以波斯為主體的伊斯蘭文化透過突厥裔穆斯林不斷地注入北印度社會，一直到十六世紀蒙兀兒帝國（the Mughals, 1526-1858）建立時，伊斯蘭文化在此地區達到高峰。嘎茲那維朝統治者在北印度創造了極具特色的印度—伊斯蘭文化（Indo-Islamic culture），當時宮廷與上層社會仍以波斯—阿拉伯語為官方語言，然而印度的語言、文化、藝術、建築元素也無可避免地融入穆斯林社會。雖然伊斯蘭教義排斥偶像崇拜，但北印度的穆斯林統治者並不刻意強迫印度教徒改宗，導致穆斯林少數群體統治大多數印度教徒的窘境，而此統治結構間接地促成了宗教在地化與融合的必然結果。

早在伍麥亞朝時期，伊斯蘭即已進入印度斯坦（Hindustan），但並未落地生根。嘎茲那維人入侵後雇用印度教徒納入軍隊，但統治者並不強迫異教徒改宗伊斯蘭，因為他們進入該地區主要目的是獲取經濟資源與奴隸。一直到旁遮普地區（Panjub）被征服後，永續的伊斯蘭政權方得以建立。隨著嘎茲那維政權的式微，阿富汗北部遙遠地區古爾（Ghur）的突厥裔部族趁機崛起取而代之，並與西部的塞爾柱人相抗衡。透過「Jihad」（奮戰）的戰爭號召，古爾人（Ghuri）建立了從裏海地區到北印度的廣大勢力範圍；然而蒙古人入侵伊斯蘭世界後，古爾朝勢力只能退居印度北部。古爾朝的突厥將領及其傭兵持續擴展勢力，幾乎整個北印度都被納入伊斯蘭勢力範圍，而印度教徒建立的地方政權也成為蘇丹政權的附庸，印度文化自然也被穆斯林所吸納。從歷史資料觀之，北印度古爾朝統治者很明顯地進行印度化，例如就錢幣圖像觀之，印度教文化元素即已深入伊斯蘭傳統，這也是不同信仰圈交流融合的有趣現象。

繼古爾朝後，學界所稱「傭兵政權」（mercenary or slave soldier regime）的德里蘇丹政權（the Delhi Sultanate）於一二〇六年建立。德里蘇丹政權在權位繼承上不斷重演之前各朝代部族將領的權位爭奪，而分成好幾個支系。由於中亞地區的動亂，很多學者及宗教人士從波斯與河中地區（Ma wara al-Nahr, Transoxiana）紛紛移入印度斯坦北部，深化伊斯蘭信仰的實踐，也強化既有的印度—

伊斯蘭生活文化。德里蘇丹政權一直延續到一五五五年，方被阿富汗地區轉入的波斯—突厥後裔新勢力所取代，其所建立的伊斯蘭文化基礎也成就了之後蒙兀兒帝國的輝煌多元文明。整體而言，伊斯蘭信仰圈從中亞地區擴張到南亞北部後，與在地印度教信仰圈有了交集，更進一步激發兩種文化的交融。

從南亞到東南亞，伊斯蘭信仰的擴展基本上是透過穆斯林的商貿與蘇非行者（Sufi）的遊走宣教。由於蒙古人的入侵伊斯蘭中土，導致蘇非道團（Tariqah）成員積極對外尋找伊斯蘭淨土；基於謀生需求，蘇非行者往往與商人結合，進行既宣教又經商的伊斯蘭信仰傳播。在伊斯蘭進入之前，東南亞地區（中南半島與馬來世界〔Nusantara〕島嶼區）原屬於印度宗教信仰圈，曾有過相當光輝燦爛的印度教與佛教文明。十二世紀末開始，該地面臨了新宗教文化的挑戰，穆斯林以和平方式帶入伊斯蘭信仰，且不強迫當地人民接受之，保留且吸納原有的文化與文明體制。穆斯林在東南亞各地建立政權後，才開始透過政治力強化伊斯蘭信仰，深入普羅社會，但畢竟深層印度文化底蘊仍在，至今此地區的伊斯蘭信仰仍不如發源地中東地區來得根深蒂固。穆斯林人口大多存在於所謂馬來世界的島嶼區（即從泰國南部經馬來西亞、印尼、汶萊到菲律賓南部）；而中南半島由於印度—佛教政權的延續，少有穆斯林政權建立，故不被視為伊斯蘭信仰圈的一部分。一般而言，此地區的伊斯蘭是馬來世界的延伸或南亞穆斯林社群的外移。

發源於地中海東岸地區（Levant）的基督宗教傳入歐洲後，轉變出不同於中東地區的原始信仰與儀式；而伊斯蘭建立後主導了整個西亞地區的一神教信仰，「東方基督宗教」遂成為伊斯蘭下的一神教信仰分支，穆斯林統治下的猶太教與基督宗教教義亦受到應有的尊重；而在伊斯蘭信仰圈逐漸擴大之際，兩宗教人士也加入帝國官僚體制，出現了「一神各表」的儀式。事實上，不論猶太教、基督宗教或伊斯蘭，敬拜神的儀式雖然呈現民族性差異，但神的「獨一性」（Tawhid, unity）是共通的。然而，隨著歐洲的基督宗教化與伊斯蘭帝國的擴張，歐洲與西亞卻演化出同一神信仰的敵對世界，即伊斯蘭法所界定的伊斯蘭境域（Dar al-Islam）與戰爭境域（Dar al-Harb，指基督宗教歐洲）。兩者的衝突主要呈現於十字軍的興起、對抗與戰爭。十字軍「聖戰」的本質並非宗教運動，而是經濟問題與宗教受世俗政治的挑戰。此外，西亞的穆斯林統治者並未視進入大敘利亞及巴勒斯坦地區的十字軍為絕對的宗教敵人；而是在十字軍入侵穆斯林領土，建立地方政權後，穆斯林統治者方正視其在伊斯蘭境域造成的信仰威脅，並起而對抗。

十字軍之所以能夠成功地在大敘利亞、巴勒斯坦建立政權，與當時伊斯蘭帝國內部的動亂有關。帝國境內的地方政權時起衝突，甚至相互征戰，導致穆斯林無暇理會十字軍的入侵。這使得基督宗教徒有機可乘，以聖戰為藉口，順勢將基督宗教徒大量帶入穆斯林領土。當宗教政治化後，歐洲基督宗教徒受伊斯蘭帝國擴張的影響而對伊斯蘭產生負面的觀點，教會人士創造了「伊斯蘭是基督宗教之異端」的觀念，引導號召人民進軍穆斯林領土，甚至以收復聖地耶路撒冷為由，大舉入侵伊斯蘭境域，這也刺激了穆斯林統治者發起「Jihad」運動，以逐出十字軍。

整體而言，西元八至十一世紀之間，伊斯蘭世界一直與古希臘文明區進行交流，而十二世紀後半葉開始，穆斯林也與歐洲拉丁世界有積極的文化接觸。這兩個時期有很多重要的希臘哲學、科學與醫學著作被翻譯成阿拉伯文，之後再由阿拉伯文翻譯成拉丁文，教育歐洲基督宗教徒。十字軍運動與穆斯林的對抗除了造成負面結果，也促成兩大信仰圈的正面交流，伊斯蘭文明透過十字軍運動傳入歐洲，促使歐洲人重新認識古希臘羅馬文明，進而發揚光大，形塑現代國家的基礎。至於伊斯蘭世界，穆斯林各政權並未因十字軍而團結，重振之前的大帝國霸權，反而更加分裂，一直到十六世紀方整合成三大火藥帝國，即歐斯曼（the Osmanlis, cr. 1280-1924 AD）、薩法維（the Safavids, 1501-1722）與蒙兀兒帝國（1526-1857）。伊斯蘭信仰圈仰賴這三帝國進一步跨足歐亞非大陸，而基督宗教徒在這三大帝國境內仍以經書之民（People of the Book)之身份受尊重，甚至激發出與伊斯蘭的對話契機。

十二世紀大信仰圈的發展交融，基本上是在歐洲、西亞、中亞、南亞與東南亞之間進行；至於東亞的中國，其獨特的儒家文化圈也在進行轉變，特別是在唐朝之後的宋代。北宋被滅後，華北社會落入所謂「外族」契丹、女真的支配下。理論上，這些民族建立的政權應會透過陸上絲路與伊斯蘭信仰圈的中亞有所交流，但中文的史料並不多見，反而穆斯林資料提到兩者的貿易與地方政權外交關係，顯示中國地區的「外族」似乎對伊斯蘭信仰圈沒有興趣。雖然強調儒教信仰的南宋在政治上被視為「偏安」，但並非沒有與南洋地區交流的企圖。宋代有不少關於異國文化的著作，而史料也證明南宋皇帝試圖擴張海外影響力，可惜南宋並不具強大軍事實力，交流地區止於東南亞，而且是象徵性地自詡為「天朝之主」。透過設置貿易機構，南宋得以與東南亞的印度教、伊斯蘭、佛教信仰圈接觸；但伊斯蘭的影響力並未實質進入儒教信仰圈。

傳統上，世界史的理解通常以時間軸為核心，探索不同地區各自的文明與文化發展，這樣的研究往往被歸為「專史」。然而，人類不同文明或文化的發展並非單一區域性，而是跨區域的流動性，最後相互交融，日本學者千葉敏之編撰的《一一八七年，巨大信仰圈的出現》就特別強調跨區域的流動性。歷史之所以有轉換期，根本原因即是人類社群的移動與變遷在不同時空產生了變化。人類幾大文明的發展與社群宗教信仰所引導出的活動有關，基督宗教與伊斯蘭教義便形塑了信仰者的文明場域，在東方的印度教及佛教信仰圈同樣可相互映證。

這本《巨大信仰圈的出現》論述十二世紀前後一些大文明地區的歷史，作者們試圖將宗教信仰詮釋為人類文明發展場域的基礎，主張在世界史的這段時期，大信仰圈的出現成就了人類文化與文明圈的擴張，而且這些信仰圈之間彼此都有直接或間接的連結關係。這樣的切入角度，有助於非歷史專業讀者建立中世紀世界史觀。每章內容皆是區域專史，但作者們同時也解析各區域文明與文化之間的交融。第一章討論十二世紀前後的塞爾柱突厥帝國，其建構的伊斯蘭信仰圈連結了歐洲、西亞與中亞；第二章延續第一章的論述，將伊斯蘭信仰圈往南延伸至南亞北部；第四章談論的十字軍東侵，更促使基督宗教歐洲與伊斯蘭亞洲密切接觸。至於第三章論述的中南半島佛教信仰圈發展，雖與基督宗教、伊斯蘭信仰圈無直接接觸關係，卻也點出了伊斯蘭進入南亞後往東亞推進的不成，因而轉向東南亞島嶼區。本書最後提出了補論，談中國地區的轉變，其信仰圈的獨自發展並不如伊斯蘭或基督宗教般的積極對外擴張。這在中國史研究已有相當多的論述，而本書提出一個更廣闊的研究視野，將中國史置於世界文明的框架中詮釋。

總而言之，人類的宗教信仰與文明是流動的，正如已故美國著名伊斯蘭學者馬歇爾·哈濟生(Marshal G. S. Hodgson, 1922-1968) 的主張：伊斯蘭文明不能以地方個體看待之，必須從整個世界時空的變化理解之。這也是本書企圖帶給讀者的重要觀點。

寫在前頭

今日，諸如「全球史」等從廣闊視野出發、多面向思考世界歷史的史學日益盛行，我們希望能夠立足於最新的學術知識，針對各個時期的「世界」，提供一種新的剖析方式——本叢書就是依循這樣的思維而開展的企畫。我們列舉了堪稱世界歷史重大轉換期的年代，探討該年代各地區的人們過著怎樣的生活、又是如何感受著社會的變遷，將重點放在世界史的共時性來思考這些問題。此即本叢書的核心主旨。

從全球視野來嘗試描繪世界史的樣貌，在今天已經不是什麼稀奇的事，可以說本叢書也是歷史學界在這方面集結努力的其中一環。既然如此，那在這當中，本叢書的目標及特色又是什麼呢？在這篇〈寫在前頭〉中，我們將從幾個面向來試著敘述。

首先要討論的是「轉換期」＊一詞代表的意義。若從現在這個時間點回顧過去，每一個時期在「轉換」上的方向性，看起來都會是十分明確的；雖然因為地區不同，而有或早或晚的時間差異及個別的特色，但歷史應該還是會往一定的方向發展吧……？然而，這樣的看法卻很容易讓後來時代的人們在回顧歷史時，陷入認知上的陷阱。對於熟知後來歷史動向的我們而言，歷史的軌跡自然是「只會朝這個方向前進」；既然如此，那如果「不從今天來回顧當時的社會」，而是嘗試「站在當

＊配合各冊敘述需要，會斟酌譯成轉換期、轉捩點、轉換關鍵等詞。

時社會的立場來看未來」，情況又會變得如何呢？今天的我們，若是論起預測數十年後或數百年後的世界，應該沒什麼人有自信吧！這點對過去的人們來說，也是一樣的。綜觀當時世界各地人們的生活便會發現，儘管他（她）們深切感受到「世界正在經歷重大變化」，卻又無法預測這股推著自己前進的潮流將通往何處，因此只能在不安與希望當中，做出每一天的選擇。將這種各地區人們的具體經驗相互積累、結合後，歷史上的各個「轉換期」，便會在我們面前呈現出一副比起從今日視點出發、整齊劃一的歷史更加複雜，也更加活潑生動的姿態。

第二是世界史的「共時性」。本叢書的每一冊，都以一個特定的西元年分做為標題。對於這種作法，讀者理所當然會湧現疑問：儘管在這一年的前後數十年甚至數百年間，世界各地呈現了巨大變化，某種程度上也可看出一定的關聯性，但這樣的轉變會是在特定的某一年一口氣突然爆發出來的嗎？就算有好幾個地區同時產生了重大變革，其他地區也不見得就有變革吧？特別是，姑且不論日益全球化的十九、二十世紀，針對古代和中世紀世界史的「共時性」（synchronicity）進行推論，真的有意義嗎？當然，本叢書的編者與作者並不是要強硬主張所謂「嚴密的共時性」，也不是要對每一冊各章的對象僅就該特定年分的狀況加以論述。不僅如此，諸如世界史上的「交流」與「衝突」這類跨地域的變遷，以及在這之中肩負起重要任務的那些人，我們也不特別著墨；畢竟至少在十八世紀以前，絕大多數的人們對於自己生活的地區與國家之外發生了什麼事，幾乎是一無所知。而本叢書的許多章節裡，就是以這樣的普通人為主角。儘管如此，聚焦在特定年分、以此眺望世界各地狀況的作法，仍有其一定的意義——它開創了某種可能性，也就是不以零星四散的方式，而是透過宏觀的視野，針對當時各地區人們直接面對的問題，及其對應方式的多樣性與共通性進行分析。像是大範圍的氣候變遷與疫病，各個地區在同一時期，也可能直接面對「同樣的」問題。不只如此，也有像資訊與技術的傳播、商品的流動等，有著時間差而對世界各地產生影響的現象存在。然而，儘管問題十分類似，各地區的對應方式卻不相同；甚至也有因某些地區的對應，導致相鄰地區做出截然不同的對應態度。此外，面對類似的狀況，某些地區的既有體系因此產生了重大的動搖，但其他地區卻幾乎不受影響，這樣的情形也是存在的。當我們看到這種迥異的應對方式，從而思考為何會這樣的時候，便會對各個社會的特質產生更深一層的理解。儘管將生活在遙遠分離的地區、彼此互不相識的人們稱為「同時代人」，似乎不是件普通的事，但他（她）們確實是生活在同一時間、同一個「當代」（contemporary）的人們；我們所做的，就是讓讀者試著感受箇中的醍醐味。

第三個問題是，「世界史」究竟是什麼？今日，打著「全球史」名號的著作多不勝數；儘管它們都有著超越「國史」框架的共通點，採用的方法卻林林總總、不一而足。有的將氣候變遷、環境與疫病等自然科學方法納入研究取徑，來處理大範圍的歷史；有的利用比較史或系統論方法，將重點放在亞洲，對歐洲中心主義進行批判；此外，還有運用多語言史料的海域交流史，這種有時也被叫做「全球史」。雖然本叢書秉持「世界史的視野」，卻未必會使用「全球史」一詞，而是讓各位作者按照自己的方法執筆，在選擇探討對象上也抱持著開放態度。雖然稱為世界史，但本叢書並未採取將某個年代的世界分成好幾塊、然後對各塊分別撰寫概述的作法，而是在狹窄的範圍內，盡可能提供鮮明生動的實例。因此在每一冊中，我們並不見得徹底網羅了那個年代的「世界」樣貌。

乍看之下，這樣的做法或許會讓人覺得是好幾個零星主題胡亂湊在一起，然而，我們也請作者在執筆時不將各冊各章的對象框限在一國或一地區之中，而是以面向世界的開放脈絡來處理它們。「世界」並不是像馬賽克一般集結拼湊，而是像漣漪一般，以具體事例為中心，不斷往外擴散又彼此重合；描繪出這些漣漪彼此碰撞接觸的軌跡，就是本叢書的特色。「世界史」並不是一大堆國別史綁在一起的集合物，也不是事先就預設出一個所謂「世界」這樣的單一框架；相反地，我們認為它是紮根於各個地區的觀點彼此碰撞、對話，而展現出的活潑鮮明姿態。

透過以上三點，我們簡略陳述了本叢書的概念。歷史的宏觀脈動，是上至大政治家和學者，下至庶民，由各個階層的人們共同摸索與選擇所形成的。本叢書的視野雖是全球性的，但並非從超越個別眾人經驗的制高點來鳥瞰世界史的全貌，而是試著從廣泛的、同時代的視野，去比較、檢討那些跟今天的我們一樣，面對不可預測的未來不斷做出選擇的各時代人們的思考和行動方式，從而以這樣的視角，對世界史上的「轉換期」加以重新思考，這就是我們關心的所在。透過這種嘗試，本叢書希望能將歷史發展中宏觀、微觀視角的交錯，以及橫向、縱向伸展的有趣之處，介紹給各位讀者。

本叢書的各冊構成如下：

第1冊　前二二〇年　帝國與世界史的誕生
第2冊　三七八年　崩解的古代帝國秩序
第3冊　七五〇年　普遍世界的鼎立
第4冊　一一八七年　巨大信仰圈的出現
第5冊　一三四八年　氣候不順與生存危機
第6冊　一五七一年　白銀大流通與國家整合
第7冊　一六八三年　近世世界的變貌
第8冊　一七八九年　追求自由的時代
第9冊　一八六一年　改革與試煉的時代
第10冊　一九〇五年　革命的浪潮與團結的夢想
第11冊　一九一九年　邁向現代的摸索

各冊除了每一章的主要敘述外，還收錄了簡短的補充說明「專欄」，開頭也編入概觀全書樣貌的「總論」。除此之外，扉頁設有地圖，書末附有參考文獻，希望能對各位讀者有所幫助。

「歷史的轉換期」叢書監修　木村靖二・岸本美緒・小松久男

補論 歐亞大陸東部的「唐宋變革」期

專欄

歷史的
轉換期

04

1187年

巨大信仰圈的出現
巨大信仰圏の出現

Turning Points in World History

*本書談及伊斯蘭世界之政權，除慣用之阿拔斯王朝、伍麥亞王朝及塞爾柱王朝外，一律以「朝」稱之，以便與歐洲 dynasty 一詞之政權性質做區分。

總論　巨大信仰圈的出現

千葉敏之

歷史的轉換期與「中世紀」

於是，我們在前述的賴比爾．敉外魯月十三日星期四，也就是八月四日午夜零時，從小朝聖門踏進了麥加；那感覺，彷彿像是神正在我們跟前賜予守護一樣。在那晚的旅途中，滿月向地表傾瀉著光輝，夜幕則低低籠罩在我們身上。到處都迴盪著 labbayka、labbayka（主啊，我們在您的跟前）的讚頌聲。眾人祈禱聲喧譁入雲，只一心一意讚頌真主、由衷祈願。……這是個有如生雛蛋般，讓人完全意想不到的美好夜晚，也是個宛若結婚初夜的新娘、塵世所有女孩中的處女般，清淨透澈的夜晚。就在這樣的氛圍當中，在前述的日子與時辰，我們抵達了真主的偉大聖域，也是真主之友亞伯拉罕所住的地方。我們在神聖的克爾白（天房）裡，在前往極樂之園的朝聖者團團包圍引導下前行，途中也可看見蒙著面紗的新嫁娘身影。接著我們繞行天房，在神聖的立台處祈禱，並從穆爾塔薩姆（入口與克爾白之間的牆壁）處鑽進克爾白垂掛的帷幕之中。這裡是黑石與門之間的縫隙，也是真主接受信徒祈禱的場所。接著我們走進滲滲泉（zamzam）的穹頂下，掬起水飲用。

——藤本勝次、池田修監譯，《伊本・祖拜爾遊記》*

十六世紀以降，隨著世界逐漸一體化，各地區相互連動的歷史，開始可以稱為「全球史」；面對這樣的時代，我們自然能用相當明確的定義，來界定世界史的轉換期。但是，在世界的連結並非那麼充分、人與物的流通需耗費莫大時間、各地區動向步調不一的「中世紀」時代，要探尋歷史的轉換期，則是一種截然不同的知性挑戰。換言之，像是文明與帝國的興亡、白銀大流通、民族國家的形成、革命與世界大戰的爆發等歷史轉捩點，在中世紀經常都會出現超過一百年以上的落差。既然如此，不以時間的先後來討論某種共通的轉換，而是把時間定格在歷史上的某個時點（以本書來說是一年），從而俯瞰整個世界，這樣的做法意義究竟何在呢？

對於此問題，首要的一點是：我們能夠立即描繪出涵蓋同時代、整個世界的現狀圖——也就是全球性的快照（global snapshot）。歷史學者各有專精，要以區區一己之身來評價世界的整體動向，其實相當困難；但本書因為是合著，所以能夠用特定年分的共時性為基礎，比較分析各地的「現況」，從而探究其中的關聯性。詳細觀察各目標地域展現的世界圖像、掌握彼此間的關聯，並在一定的指標下進行比較；透過這種方式，就能有效把握以時間序列為主、視野有所侷限的觀察角度中難以看清的世界整體動向。

第二點，透過靜止畫面的「面的觀察」，可以在考察並敘述歷史之際，來驗證其地理框架的妥當性。在靜止畫面下，我們可以用地理上的廣大區域，甚至是自由設定的範圍，來判定事件的因果連鎖關係。同時，我們也可以開拓另一種可能性，那就是針對偏重時間序列的傳統史學中被當成通說的命題，重新設定問題的觀察範圍，並再次檢視其意義。比方說，飯山在本書補論探討內藤湖南以降的「唐宋變革論」，就指出了該命題的觀察框架只侷限在漢人支配的「中國」，也就是江南社會這一問題點，並主張我們應該隨著做為對象的時代不同，重新審視「中國」這個過去被認為不證自明的框架。包括第一章的西亞、第二章的南亞、第三章的東南亞、第四章的敘利亞／巴勒斯坦及歐洲，對觀察範圍的重新審視，一直是貫串本書的主題。

第三點，透過「橫切式」的世界史靜止畫面觀察，能夠將某年、乃至某月某日，在世界各地同時發生的龐大「瞬間」群整個切割出來。所謂的瞬間，包括了往來的書信、派遣的使節、發出的公文、進行中的戰鬥、正在撰述的編年史之類的部分歷史紀錄、以及正在興建的大教堂之類的建築物部位等等。若是能夠將這些眾多的成群「瞬間」從共時空間中復原出來、清楚判別出彼此的因果關係與聯繫交涉的痕跡，就能夠重新建構起聯繫的網絡，從而在未直接接觸的情況下判斷同質性，並解讀共通的結構。

既然如此，對於一般咸認難以掌握靜止畫面的「移動」，我們又該如何處理呢？以本文開頭的

＊伊本・祖拜爾（Ibn Jubayr, 1145-1217），生於安達魯斯（穆斯林對伊比利半島的稱呼）的阿拉伯地理學家及詩人。他於一一八三至一一八五年從北非的休達出發前往麥加朝聖，途經埃及、巴格達、大馬士革、西西里島等地，並將沿途見聞寫成遊記，完整描繪了第三次十字軍東征前的地中海及中東世界。

穆斯林知識分子伊本．祖拜爾為例，他在西元一一八四年九月十八日抵達了阿卡（Acre）。流動的人、事、物在靜止畫面中變成了「點」，在這一瞬間因緣際會，被編織進他的旅行場景當中。伊本．祖拜爾對當時仍屬十字軍國家領土的阿卡有著以下描述：

這個城鎮做為敘利亞法蘭克人各城鎮的主心骨……是座停泊有各式各樣船隻的港口；在規模上足以和它相比的，就只有君士坦丁堡的港口而已。阿卡是船舶與隊商的集結地，也是從各個遙遠相隔之地前來的穆斯林與基督徒商人交會的場所。

他在兼作隊商旅館的海關處，向能說能寫阿拉伯語的基督徒書記支付通關費，又向一名基督徒婦女借宿，然後才從阿卡揚帆出港，回到故鄉格拉納達。就像這樣，做為他者的移動者與當地社會的交流，這種在時間序列式歷史敘事中難以看清的畫面，得以被聚焦放大。不只如此，既然我們能清楚認知到「移動者」——比如前往麥加和耶路撒冷的朝聖者、運送商品的隊商——的地位，自然也能明瞭這個「點」，乃是有目的地的旅途——前往麥加朝聖和返回家鄉格拉納達——上的「一點」。於是，移動者每天的移動，以及每次在停留處和當地人群的交流，都可視為一個個連續的視點，加以掌握。另一方面，在後世回顧「轉換期」的時候，祖拜爾的紀錄也成為活在當下、或擁有在地經驗的人們——與未知事物的遭遇，以及瞬間的決斷——最有力的代言者。這也是把移動看成是「點的連續」的觀察法，才能得到的認知。

從靜止畫面的觀察中切割出來的瞬間，並不是一個在當下自我了結的「點」，而是一個歷經了至今的時間累積，繼承了眾多的因果連鎖，反覆填充了多種意義的「點」。不僅如此，在這個瞬間加上的新意義，也會成為下一個時代的界定與規範。故此，本書各章並不只是回溯時間，停留在某個時點，而是去解明一一八七年這個「點」所擔負的重層與連鎖意義，並判定該瞬間發生之事對後世造成的影響，並把時針繼續往前撥進行敘述，除此之外再無其他。只有透過這樣的作法，才能充分認識所謂的「轉換期」。

信仰與宗教

如前所述，將中世紀的轉捩點定位在地球上的某一點，此地的轉捩點和其他地區的轉捩點，往往會出現好幾百年的落差。儘管如此，當我們觀看這個瞬間的靜止畫面時，還是較能從中看出各地區的結構及彼此的連鎖關係，從而對這個時代的空間尺度有更適切的認識。既然如此，那麼接下來該界定的問題就是「到底該從哪個角度來切割這個世界」，也就是「主題」的問題。

本叢書的第三冊將轉捩點定位在西元七五〇年，也就是東亞的隋唐帝國、西亞的阿拔斯王朝、歐洲的卡洛林王朝這三個「普遍世界」鼎立於歐亞大陸的時期。這三個帝國將廣大地區納入其掌控下，並藉由統治創造出安定的權力，這是稱為「普世」的第一個理由。此外這三個普遍世界，除了以儒、佛、道教為主等多元信仰體系共存的隋唐帝國之外，阿拔斯王朝將伊斯蘭教、卡洛林王朝則將基督教這兩個普世宗教各自列為唯一的官方宗教，以此高舉融合的統治理念，並建構其權力體系，這是稱為「普世」的第二個理由。

今日的三大普世宗教中，最古老的佛教在西元前五世紀誕生於印度；到了西元一百年左右，它已經傳播到中亞、東南亞及東亞等地，涵蓋了歐亞大陸東半部。緊接著，以猶太／巴勒斯坦地區的猶太教為母體、於西元一世紀創立的基督教，開始廣布於地中海世界；四世紀時，它被羅馬帝國認可成為國教，並藉著這股助力，逐步形成一個涵蓋地中海全境的信仰圈。後起的伊斯蘭教在七世紀誕生於阿拉伯半島，接著透過伊斯蘭大征服，急速擴張到北非、敘利亞／巴勒斯坦、安那托利亞、美索不達米亞（伊拉克）、波斯、中亞等地。以上就是直到十五世紀末之際，三大宗教瓜分歐亞大陸的信仰版圖。

可是，用這種像是把世界地圖按顏色劃分的方式來解說信仰世界，其實是導致我們對「信仰」這個歷史現象的理解變得單純化的要因之一。近代歐洲的「religion」一詞，我們翻譯為「宗教」；其語源雖是來自中世紀拉丁語的「religio」（信仰、虔敬、對神的敬畏），但在近世以降的歷史有其特殊的意義。歐洲對「宗教」一詞產生新的理解，源自於十六世紀天主教世界爆發宗派分裂，繼而承認多宗派的並存及選擇權。此外，跟十三世紀以降對「異教」逐漸培養出的寬容精神（亨利・凱曼），亦即承認通往上帝的真理之路其實有著複數選擇，也是密不可分。宗教戰爭與宗派化雖然導致了三十年戰爭，並衍生出激烈的信仰對立，但實際情況是各個主權國家打著宗派的大義名分，而行爭奪己利之實；因此，在這場被形容為「宗教戰爭」的消耗戰背後，「信仰」一詞跟人類的存在已漸行漸遠。十八世紀開始，啟蒙主義支持應用科學發展，導致了信仰與社會的分離（亦即世俗化）；到了十九世紀近代學術確立後，信仰成為一門可以用科學解析的學問，和政治、法律、經濟、文化並列，成為人類生活的其中一項範疇，也就是我們所稱的「宗教」。

近代西方以基督教為標準，採用各項指標來分析不同的信仰世界，包括崇拜對象的性質（超越者）、宗教誕生形式（啟示、創始者、自然發生）、經典與教義、祭司與儀式、信徒組織等等，在一個有體系的「宗教」概念下將各信仰加以分類。可是，姑且不論佛教、伊斯蘭教、儒教等範圍廣泛的信仰，零星散布在世界各地的諸般信仰，不是近代西方標準能夠輕易套用的。即使是基督教本身，在中世紀的時候，也很難用「宗教」這個概念來加以掌握其特徵。

既然如此，那和宗教互成對比的「信仰」（本書有時候也會直接寫成「宗教」）又是什麼呢？信仰收關信奉者的整體人格，它密切浸染於人類生活的全部領域，難分難捨。在政治上，君主希冀自己地位的正統性乃「神所選定」，戰爭時把十字架繡在戰旗上，援引聖經來制定法律，還配置了研讀聖典的專業法學者（例如伊斯蘭教的烏理瑪）。在經濟上，發行貨幣刻有神的話語或記號，以信仰為由徵收租稅（如什一稅、吉茲亞、哈拉伊）、為了讚美神祇而建立寺院與教會、基於聖典與口傳來塑造神話故事等等。諸如此類，有時是基於明確自覺、有時則是無自覺的融合；這種遍及社會生活所有領域的信仰形式，就是本書用來判定中世紀轉換期的主要指標。

西亞信仰圈

當我們決定以信仰做為突破點來掌握中世紀轉換期時，該選擇「哪個地區的什麼事情」當成關注焦點，就成了下一個問題。本書選擇一一八七年，也就是發生在敘利亞／巴勒斯坦的哈丁之戰（Battle of Hattin），以及薩拉丁（Salar al-Din）奪回耶路撒冷——亦即基督教世界與伊斯蘭世界的「對決」——而在世界史上留下深深刻痕的這一年，為定位的對象。從全球視角的一一八七年世界現況為出發點，我們將分析和佛教不同、處於擴張局面的伊斯蘭教與基督教兩大信仰圈的狀況，並重新檢討中世紀的信仰問題，讓這個時代的結構與連鎖關係浮上檯面。

那麼，對於這個在地表上無縫相連的一一八七年世界，我們該從何處開始解讀起呢？本書以前述一一八七年發生在「聖地」的事件為引子，從伊斯蘭信仰圈的西亞世界開始談起，接著按照南亞、東南亞、東亞（因為是補論，為了方便起見放在書末）到歐洲的順序來論述。即使是西亞，我們也不以正在崛起的薩拉丁阿尤布朝（Ayyubid dynasty）為重點，而是把視野放在十一世紀以降當地最大勢力的塞爾柱王朝，這就是第一章〈塞爾柱王朝的霸權與伊斯蘭信仰圈的分歧〉（大塚修）。首先，我們將有關該王朝最後一任蘇丹*圖格里爾三世（Toghrul III）在一一八七年的動向記載加以闡明，從而瞭解塞爾柱王朝自第三任君主馬立克沙（Malik-Shah I，一〇七二—一〇九二年在位）「將包含耶路撒冷、敘利亞、伊拉克、法爾斯、亞塞拜然、花剌子模、呼羅珊、喬治亞、河中地區（Transoxiana）的廣大領域盡收麾下」的極盛期過後，走向土崩瓦解的局面。當時，除了安那托利亞的魯姆蘇丹國等少數分支之外，王朝的舊領土都落入了被稱為阿塔貝克**的七個地方政權手中，就連塞爾柱的嫡系也必須棲身於其中之一的埃爾迪古茲朝（Eldiguzids）之下。另一方面，與十字軍作戰的阿尤布朝（於第四章談及）則是從其中的贊吉朝（Zengid）底下獨立出來的新興政權。在此同時，阿拔斯王朝的哈里發納賽爾（Al-Nasir）則利用這種群雄割據的局面積極挽回頹勢。

阿拔斯王朝在七五〇年的成立，固然是一個重要的轉換契機，但它在九世紀中葉的分裂，乃至於十世紀後的解體——從跨越北非和西亞的龐大版圖縮減成只剩哈里發的象徵性權威、以及巴格達周邊的權力——也對西亞全境、甚至西亞以外的地區產生了極其深遠的影響。事實上，九四五年布伊政權（Buyids）侵略巴格達、導致阿拔斯王朝開始衰退，堪稱是整個伊斯蘭信仰圈步入政治流動化的最大轉捩點；而在重組過程中崛起的塞爾柱王朝，此時也處於分裂狀態，我們可以稱為中間轉捩點。這就是一一八七年的狀態。不過，這樣的分裂也讓突厥系塞爾柱王朝從鹹海南下、擴張統治範圍時融合前面諸王朝制度而確立的行政體系，得以擴散到各個地區。比方說，除了任用突厥系

* 原先伊斯蘭世界多半以「埃米爾」（Emir）稱呼由哈里發派遣各地的軍事統帥或地方總督，源自阿拉伯語的「統率者」。十一世紀時開始出現「蘇丹」（Sultan）稱號，源自阿拉伯語的「至高無上的力量」，後來廣為伊斯蘭國家君主使用。然而，突厥領導人為Soltan，非洲則為Sudan，中國古代也使用過「素檀」等譯名。為行文之便，本書統一譯為「蘇丹」，但該詞指稱不同地區的伊斯蘭統治者時有所差異，必須留意。

** Atabeg，突厥語「如父般的君侯」之意。Beg/Bek為部落首領或軍事指揮官，Ata則指位階最高。

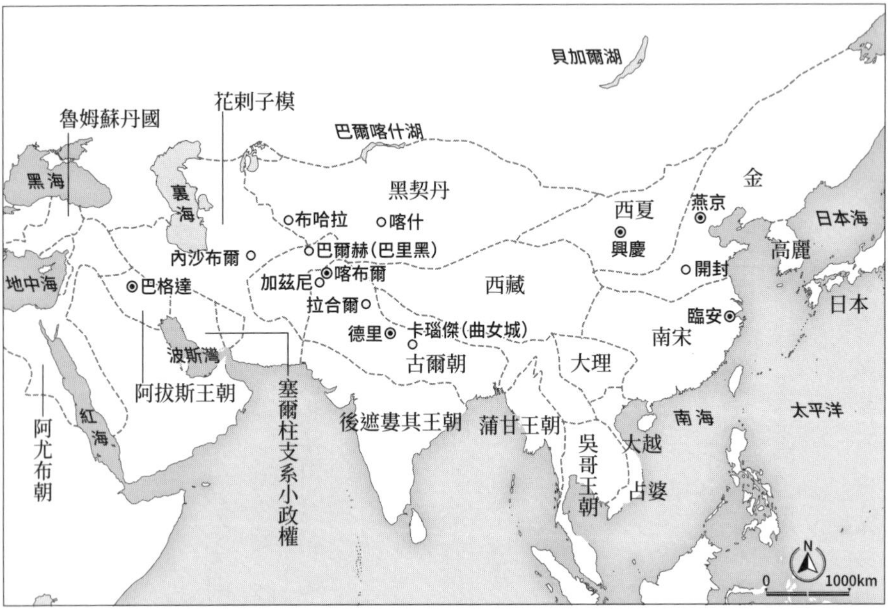

十二世紀的歐亞大陸

奴隸傭兵（馬木路克，Mamluk）的宮廷制度外，從布伊政權承襲而來的收稅權伊克塔制（Iqta'）也為後續各政權所繼承，更被薩拉丁的阿尤布朝移植到埃及。因此，政治的分裂未必只會帶來負面的效果。

塞爾柱王朝曾於十二世紀上半葉在明君桑賈爾（Ahmed Sencer，一一一八─一一五七年在位）的率領下成功復興，但桑賈爾死後王朝便陷入割據局面，就連嫡系也不得不接受亞塞拜然的埃爾迪古茲地方政權庇護，以傀儡之姿苟延殘喘。一一八七年正是傀儡君主圖格里克三世意圖脫離埃爾迪古茲朝的支配，重振塞爾柱嫡系的一年。這次的嘗試以失敗告終，塞爾柱王朝於一一九四年正式滅亡。隨著塞爾柱滅亡，西亞世界遂分為阿拉伯語圈的阿尤布朝，以及波斯語圈的埃爾迪古茲朝與花剌子模；從此以後西亞再也沒有出現過統一的政權。

南亞信仰圈

和突厥系的塞爾柱王朝接壤，先後隸屬於加茲尼朝及古爾朝旗下，標高超過三千公尺的阿富汗、興都庫什山脈及其周邊區域，這塊地域分別與西亞、中亞、南亞（印度次大陸）為鄰，被稱為「西北邊疆」（North-west frontier，以南亞的角度來看）。在其中央山岳地帶周圍由西開始順時針數來，分別是呼羅珊、花剌子模、河中地區、犍陀羅、旁遮普、扎布列斯坦、錫斯坦等地。做為第二次征服大業的一環，伊斯蘭勢力在八世紀初期於伍麥亞王朝的統率下，開始踏足「西北邊疆」。他們首先鎮壓了印度河下游的信德地區，以港口城市塔布爾為據點，溯印度河北上；之所以要控制信德地區，用意是要確保穆斯林商人在印度洋海域的交易據點。以此為基礎，穆斯林商人在印度洋沿岸站穩腳跟，更踏足孟加拉灣，不久後便抵達東南亞和南中國（廣州）。一一八七年，正值伊斯蘭勢力在十一到十三世紀對印度第二次侵攻的最高潮。第二章〈伊斯蘭與印度的邊疆〉（稻葉穰）開頭就描繪了「西北邊疆」的霸主穆斯林古爾朝，與北印度拉傑普特聯軍在特萊的兩次戰役（Battle of Tarain，一一九一—一一九二年）。

以阿拔斯王朝的分裂為契機引發的大規模轉換，其中「西北邊疆」的地方政權擁有引自中亞的突厥系奴隸傭兵為核心編成的強力軍隊，因此逐漸崛起。政權之一的薩曼朝（Samanids，八七五至九九九年）身為東方伊斯蘭世界的霸者，採取了擴張信仰圈的「聖戰」（吉哈德）主張，來合理化自身為正統領導者的戰略。接收薩曼朝舊領土的加茲尼朝（Ghaznavids，九七七—一一八七年），也繼承了這種統治形態和吉哈德戰略；而後這種傳統又被一一五〇年以降，將整個「西北邊疆」納入支配的古爾朝（Ghurids，十一世紀初—一二一五年）所接收，並於十三世紀進入北印度，傳承給以奴隸王朝之姿興起的德里政權。

至於特萊戰役的另一方——北印度聯軍，則是由印度河流域的拉傑普特地方政權所組成。後笈多時期（五世紀後半至八世紀）的北印度，以「西北邊疆」（阿富汗高原）流民為主體的新興政治勢力——拉傑普特人（Rajput）逐漸興起，並開啟了割據時代（八至十二世紀）。據稻葉所述，這個時期為了強調正統性，統治者們紛紛高舉印度教意識形態；包括建設寺院、賞賜寺院與婆羅門土地或村落、開發農地並促進地區印度教化、地方經濟的發展、政治勢力的出現、王都的建設與土地開發等等，種種複雜的進程交織在一起。然而當中最主要的推手，還是拉傑普特集團（見本書一三一頁）。自十一世紀加茲尼朝入侵以來，聯合對抗穆斯林侵略的，也是這股拉傑普特集團新興勢力。而特萊戰役的結果，則象徵了負隅頑抗的北印度終究不敵「西北邊疆」入侵，被穆斯林勢力支配。

實力強大的「西北邊疆」軍閥對北印度展開征服行動，最後成立了德里政權；自此以後，北印度便落入了穆斯林各政權的控制。後繼國家的架構，都是由少數的穆斯林統治者駕馭多數的非穆斯林（印度教）臣民。這種統治架構要能成立，統治者和被統治者就必須思維一致、積極促成社會融合。統治者試圖將印度的過去與伊斯蘭的現在連結在一起：當他們在德里郊外建設清真寺時，也融入了印度教的要素，將它設計成穆斯林與印度教徒雙方都崇敬的場所。除此之外，就像過去征服伊朗高原時將當地的祆教經典《阿維斯塔》列入啟蒙聖典一樣，伊斯蘭統治者也把印度教的聖典《摩訶婆羅多》、《羅摩衍那》納入聖典，並允許當地印度教徒維持信仰，只要負擔納稅與上貢義務即可。另一方面，以印度教徒為主體的被統治民眾，身處遭受蒙古勢力反覆侵攻的十三世紀北印度，也開始仰賴這些被當成武人的「突厥人」抗衡北方入侵者的防衛力量。就這樣，在繼承「西北邊疆」政治文化的德里各政權統治下，北印度開始出現一個與印度教共存的伊斯蘭支配體制。一一八七年，正是這種變動——「西北邊疆」朝北印度擴張的轉換歷程——的出發點。

東南亞信仰圈

從「西北邊疆」沿中亞東進，便會來到東亞，以及位處南方的東南亞世界。第三章〈佛教王闍耶跋摩七世治下的吳哥王朝〉（松浦史明），便是以這片佛教和印度教兩個普世宗教交會的信仰空間為舞台，講述一塊立於一一八七年的碑文；這塊碑文透過印度神話的比擬方式，大加讚許柬埔寨吳哥王朝國王闍耶跋摩七世（Jayavarman VII）的武勇。說到底，「東南亞」這個地域名詞其實是歷史甚淺的現代術語，而不是基於該地區的布局、地形、水系所界定的歷史架構而產生的自發性稱呼。因此，本書雖然為了方便，將這塊面積超過歐洲的地區統稱為「東南亞」，但在討論生態環境與歷史發展時，還是會將之區分為屬於熱帶雨林氣候、糧食稀少但森林資源豐富、基於交通便利性形成港市國家的「海洋區」（海洋東南亞，又稱島嶼東南亞），以及屬於莽原氣候、利用儲水系統集中農業生產力與人口、以此為基礎形成領土國家的「大陸區」（大陸東南亞）。如此俯瞰一一八七年的東南亞，便會呈現出一幅像一六七頁地圖及松浦所分析的那樣，由大越（越南北部紅河三角洲）、占婆（越南中南部沿海）、蒲甘王朝（緬甸）、三佛齊（馬六甲海峽）、諫義里王國（爪哇島）等各政權複雜交錯的構圖。

驅使這些政權行動的動力主軸，是相鄰各國間為了地區富源或利益而展開的鬥爭；微觀來說是內部權力鬥爭的緊張，宏觀來說則是對南中國的朝貢（補論）而踏入東亞政治圈邊陲，或是透過交易與商人往來而踏入印度交易圈，以及印度教與佛教信仰圈（第二章）的邊陲。儘管和南中國的關係並未對東南亞信仰產生太大的影響，但婆羅門教、佛教、印度教等信仰，則透過印度來航的人們，和當地人的泛靈信仰共存並紮根下來，形成東南亞固有的多元信仰土壤。

一一八七年的東南亞，正處在十世紀前後掀起的大轉換餘波當中。透過這次轉變，大陸區形成了統一的領土國家，海洋區則逐漸形成港市國家聯盟。*這種轉變的背景是中國建立了統一王朝宋朝，使得中國商人開始涉足海洋東南亞，和馬來半島穆斯林商人之間的交易日益增加。海上交易的普遍活絡，讓整個地區的財富增長，不只海洋東南亞，大陸型領土國家吳哥王朝也在這樣的變遷潮流中誕生。若要超越過度理想化吳哥王朝的法國殖民主義式歷史認知，從而逼近其真實樣貌，那麼解讀這個從八〇二年持續到十四世紀的長期政權之「變化起伏」，就相當重要。十二世紀的大陸東南亞，並不是領土國家透過強權統合並支配廣大區域，而是王權在面對勢力日增、自立意識高漲的地方政權時不斷摸索如何主張自身正統性，進而穩固統治基礎。至於這時的海洋東南亞，也不是有力的港市國家要求其它港市屈從，而是彼此地位相等的各港市形成聯盟。

九世紀吳哥王因陀羅跋摩一世的寺院銘文記載了這樣的事蹟：「建造奉祀歷代國王的寺院、大儲水池及國家的核心寺院，並以此為中心建設王都。」雖然這是超越時代的吳哥王必須擔起的責任，但在地方政權的模仿下，王權也朝著國王個人崇拜的神權政治方向邁進。譬如建造國家的核心寺院，並冠上讓人聯想起國王名號的神格物——林迦（lingam，濕婆神象徵），這種對傳統的強化，就是極具代表性的例子。

再者，王權雖然標榜接納印度教和泛靈信仰的「新佛教」（也就是融合各信仰），不過這只是透過信仰用來統合擴張領土的方法。在闍耶跋摩七世統治期間，中國商品大量流入，巴戎式建築和美術品從西邊的泰國和緬甸源源不絕地過來；此外還有施療院、以王道為軸線的交通基礎建設、刻有國王名號銘文——不只有古高棉文，還有梵文——這些都是國王擴大自身權威、施展策略的成果。

＊ 東南亞海上交易沿線重要集散港口形成的城市聯盟，多半無現代國家領土概念，而是以國王控制航線為主軸，各港市對內累積貨物，對外掌控區域運輸網絡。此概念最早為和田久德研究馬六甲王國時提出，而後馬來西亞學者將之翻譯成「port-polity」一詞使用，並於二十世紀九〇年代逐漸普及。起初為東南亞特有的概念，後來也被拿來指涉腓尼基、威尼斯、琉球王國等城市或國家。

在過程當中，原本以內陸農業為基礎的吳哥王朝，到了十二世紀下半葉也開始積極接觸中國史料上稱作「都會」的國際商品物流據點，並企圖跨足海洋區。另一方面，原本為海洋型國家的占婆則嘗試踏足大陸區，並與吳哥王朝屢屢產生衝突，還將北部的鄰國大越也捲進去，形成三國激烈競逐。闍耶跋摩七世即位時，面臨的就是這樣一個「國家、地區、廣域」三方作用互為聯動，狀況極其複雜的時代。

進入十三世紀，東南亞的信仰世界也面臨了重大變化，亦即上座部佛教與伊斯蘭教的擴張。在信仰圈面臨嶄新局勢之際，東南亞也迎來了十四世紀海陸整合的重大轉換期。

東亞信仰圈

接下來，讓我們把目光投向位在東南亞北方的東亞。補論〈歐亞大陸東部的「唐宋變革」期〉（飯山知保）在分析一一八七年的東亞情況時，將重點放在從南宋溫州北上出使華北金國的樓鑰（一一三七年生）所留下的《北行日錄》。樓鑰是官學教授，表面上是受朝廷派遣祝賀正旦，實際上是為了探查華北情勢而前往當地。在身為南人的樓鑰眼中，北人的風俗習慣截然不同。從統一的北宋王朝到分裂的華北金國與江南南宋，此後宋金兩國透過《隆興和議》（一一六五年），換得了大約四十年的和平。

在這篇補論中，一方面探討樓鑰記述的背景，同時也以內藤湖南提倡的「唐宋變革論」為整體議論的軸心。內藤主張，唐末以降門閥貴族沒落，由科舉制度選拔出來的官僚及參與科舉考試的士人形成了社會菁英階層；另一方面，隨著土地國有的均田制瓦解，土地私有及買賣頻繁，造成兼併的大地主增加，市場導向的經濟作物生產也開始日益普及。是故，從九〇七年唐朝滅亡到九六〇年宋朝的成立與發展（至一一二七年），也就是十世紀中葉左右的這段期間，中國社會產生了重大的轉變。然而，相較於因華北人口南遷使得農業生產力大幅提升、商品交易活絡化的江南社會，內藤則把華北評價為「落後社會」；對於這樣的看法，近年來也不乏批判之聲。唐宋變革論的前提，是把中國當成社會文化均質的歷史空間；但除此之外，這樣的論述還隱含了本書重視的地理框架問題。

按照樓鑰的報告所示，在一一八七年的「中國」，金所控制的華北和南宋控制的江南，其實已可視為兩個截然不同的國家；不論是風俗習慣或民族性，都讓人感覺相當不同。這無關先進或落後的問題，而是性質上的差異；而這種差異不光是源自華北社會的悠久傳統，更包含了女真人從中亞帶進來的眾多邊疆文化。在這篇補論中，我們將跟著作者一起鳥瞰一一八七年的歐亞大陸東部；當時，女真人的金國橫跨現在的俄羅斯濱海邊疆州、中國華北和部分蒙古高原，是國際秩序的樞紐，周圍則有以党項地區為中心、扼住「絲路」要衝的西夏，朝鮮半島的高麗，以及蒙古高原各勢力；這些勢力與金國締結外交與交易關係，從而自成一個世界。同時，跟南亞的「西北邊疆」一樣，以女真人為首、來自中亞的各族群朝著文明中心的華北移動，都是在漫長歷史過程中反覆出現的情形。

另一方面，我們又該怎樣從廣域的視角，來重新理解黃河以南的江南社會呢？就像剛才所述，在一一八七年前後，吳哥王朝（真臘）、大越（交趾）、占婆（占城）等東南亞國家紛紛向南方中國（宋朝）朝貢。長久以來的看法都認為，這是周邊各勢力體認以中國為霸權中心的國際秩序（冊封體制），因此選擇加入要求庇護，但實際上並不止於此。這些勢力也會基於戰略因素，為了掌握與鄰國競爭的優勢，而選擇向中國朝貢。

除此之外，宋朝和東南亞各國還有一個共通的狀況，那就是包含兩者在內的南海交易圈日益活躍的這一事態。宋朝商人越過海洋抵達馬六甲海峽，和來自印度洋交易圈的伊斯蘭商人進行交易，這是已經獲得確認的事實；然而，負責管理商人往來的市舶司，其活動並不只限於東南亞，也包含了對高麗、日本交易的管轄。中國商人不只是負責商品的買賣，也從事使節與書信送達等外交活動，在跨越海洋的地域聯繫上，扮演了重要的角色。對宋朝皇帝的朝貢，除了確認外交關係的政治意圖之外，也不要忘了存在其中、有關商品交換買賣的貴重機會。透過物資展開的交易關係，除了外交、通信、情報蒐集功能以外，也在信仰傳播等文化事業上扮演重要角色，因此是一種整體性的事業。

那麼，從本書的主題，也就是「信仰」這個觀點來看的話，一一八七年的中國社會又有怎樣的特徵呢？和基督教及伊斯蘭教這種唯一神信仰圈相比，中國以「將皇帝視為天子並加以擁戴」的信仰體系為基礎，將佛教、儒教，以及自宋代開始廣為流傳的道教等各種信仰混入其中，形成一個多元信仰社會。在這一點上，它和同時代的東南亞社會頗為相近，比方說提倡「（儒釋道）三教合一」的王重陽（一一七〇年逝世），就和提倡新佛教的闍耶跋摩七世頗有類似之處。然而若更進一步探討的話，我們會發現在中國，信仰已經深切融入人們的日常生活當中。有時它會宛若疾風，成為引導叛亂和打倒政權的新興宗教動力；但經過一段時間後，它又會化作一陣清風，透入民眾信仰世界廣闊又深邃的山林裡，消逝無形。這種中國社會的特有型態，和我們接下來要討論的地球另一端基督教歐洲信仰社會，堪稱是極端對照。

歐洲大開發和以土地為基礎的社會

讓我們從東亞越過太平洋、美洲、大西洋，回到位在歐亞大陸西端的歐洲，來看看處於中世紀溫暖期（九至十三世紀）*後期人類活動力明顯提高的社會情況。在這種良好氣候下，當時歐洲正處於所謂的「大開發時代」。

一一八七年，基督教信仰圈下的歐洲正透過開墾、灌溉與拓殖，邁向規模前所未見的耕地化、有效土地利用的時代，也就是「領土開發的時代」。當時的歐洲各國還不知道從王國全境徵收土地稅的稅制，所以財政基礎只能仰賴國王直轄的王畿；若要充裕國庫，就必須開發王畿，這點對諸侯

---

* Medieval Warm Period，北大西洋地區在歷史上一段不正常溫暖的時期，最早由英國氣象學家蘭姆（Hubart Lamb）提出。此時期歐洲氣候溫暖宜人、作物豐收、城鎮興起、各地開發交流頻繁，有學者認為歐洲因此步入興盛期。

來說也是一樣。在這個被稱為「大開發時代」的運動中，主要是從德意志一帶向東方拓殖，以及伊比利半島收復失地運動所伴隨的移民拓殖。移民者多半是離鄉背井的農民及其子孫，但扮演中間人的經紀人（lokator）則是富農和小領主階層；這些人陸續招攬農民，並持有拓殖地的土地。因此，移民拓殖運動與其說是追求土地的農民移入東方，不如說是當地領主階層為了尋求開發技術與勞動力，吸引來自西方的農民。這時，是由修道院協助管理包含王畿在內的領地。在十二世紀，以熙篤會為代表的新形態修道院──修會（order），基於共同的會規和組織不斷擴張其網絡；此時的修會不只從周圍的領主那裡收受耕地捐贈，也收受森林和未耕地的捐贈，擔負起開墾運動的重責大任。另一方面，世俗的教士也不斷累積領地，成為勢力龐大的地主；他們向全體信徒課徵這個時期最普遍的稅收──什一稅，並以其中的四分之一做為主教區的營運財源。

面積顯著增加的耕地，在領主控制、村落共同體、耕作勞動、司牧單位的重複切割下，逐漸彙總成容易買賣的土地單位。這些土地因而成為基督教社會的基礎：透過交換、買賣、賞賜、捐贈，土地讓人民彼此建立連結；同時透過確認手續，土地也成為王公貴族們繼承地位和財產的擔保物。土地的轉換皆伴隨著證書，而所有證書內容都是按照神的意志撰寫而成。基督教信仰就這樣完美地嵌入這個以土地為基礎的歐洲社會。

另一方面，對這個以農業生產力和土地開發為背景、充滿活力的一一八七年歐洲，我們又該如何從「人的移動」這個觀點去掌握它呢？前面提到的耕地化趨勢下產生的移民拓殖運動，自然是以大規模的農民流動為前提。而在開墾技術逼近臨界點的高度開發地區，不只是可耕地不足以養活持續增加的人口，在領主方面也因為子孫繼承導致領地分割零碎化。像這樣的「土地壓力」，就是引發移民拓殖運動最基本的動力。

大開發時代，也是中世紀城市建設大爆發的時代。原先四處移動的商人轉為定居，以及周邊農村人口流入，導致以城市法和市民為自治基礎的中世紀城市得以出現與發展。為了居住而遷入城市的人口，以及為了前往定期市集買賣而產生的人群集散，都讓城市成為地區的「中心」，並吸引人群向心流動。從另一方面來說，城市也具備中繼點的機能，負責連繫超越生活圈的長距離移動。若扣掉利用地中海和大河運送商品的商人，十二世紀歐洲的這類移動幾乎都是出自信仰的動機，其中又可分為兩種類型：第一是從基督教初興時期到中世紀初期的傳道活動，第二則是十二世紀開始勃興的朝聖行動。對基督徒而言，朝聖是攸關自身靈魂救贖的虔敬事業，也是加深信仰的行為。前往三大聖地——聖地亞哥．德．孔波斯特拉*、羅馬、耶路撒冷的朝聖之旅，都是超乎尋常的遠程移動。當聖地耶路撒冷隨著第一次十字軍東征納入羅馬公教的統治後，前往耶路撒冷朝聖就成為一趟對信徒而言道阻且長、卻意義非凡的旅程。

另一方面，本文開頭引用的安達魯斯穆斯林伊本．祖拜爾的第一次大旅行（一一八三—一一八五年），是由格拉納達出發、穿越北非、渡紅海前往聖地麥加朝聖、然後返鄉；這是一趟來回一萬公里、歷時兩年三個月的壯遊，要讓這種移動成為可能，在交通方面需要滿足許許多多的條

＊ Santiago de Compostela，位於西班牙，相傳是耶穌十二門徒之一的大雅各埋骨之所。

件。家島彥一就指出，這當中包括了隨著阿拉伯人大征服形成的廣大教友圈及阿拉伯語共通圈，駱駝隊商建立的交易運輸系統，朝聖沿途的道路整飭，透過阿拉伯帆船往來聯絡的波斯灣及阿拉伯海海運網，以及對麥加朝聖者的保護優待變成一種深深浸透的社會觀念等等。

穆斯林朝聖麥加和基督徒朝聖耶路撒冷，同樣成為了環地中海的日常。從地中海北側沿岸往耶路撒冷朝聖的基督徒，以及從安達魯斯往地中海南側沿岸移動至麥加朝聖的穆斯林隊商，他們的行經路線彼此交錯，會在同樣的中繼點和停泊港彼此交流，也是家常便飯的事。伊本．祖拜爾回程時就是和朝聖的基督徒搭乘同一艘船返回故鄉。雖然目的地相異，但同樣是千里跋涉，彼此間或許會超出信仰的差異，而產生一種親近的感覺吧！

巨大信仰圈的交會點

第四章〈巨大信仰圈的交點——十字軍〉（千葉敏之），是把自塞爾柱王朝的西亞開始，將擴及整個地球上的大小信仰圈連結在一起的最後一塊拼圖。本章首先從一一八七年七月四日哈丁之戰後耶路撒冷宗主教希拉克略（Heraclius of Jerusalem）呈遞給歐洲諸侯的信，以及三個月後的十月二日成功奪回耶路撒冷的阿尤布朝蘇丹薩拉丁寄給巴格達哈里發的信開始，進行比較與敘述。介紹完一一八七年一連串事件的經過後，接著會仔細剖析耶路撒冷這個猶太教、基督教、伊斯蘭教層層積累的聖地的神聖地方志。最後，我們將把時針撥回一〇九六年第一次十字軍前夕，按時序一路講述到一一八七年，以便闡明「這一時點」的意義，並分別解讀穆斯林軍與十字軍雙方的動向。

就像是呼應第一章般，和十字軍對峙的贊吉朝—早期阿尤布朝，是從塞爾柱王朝獨立出來的西亞伊斯蘭地方政權，同樣處於邊陲。另一方面，由生於法國的教宗烏爾班二世（Pope Urban II）所計劃並傾力支持的第一次東征，是以法國騎士為主軸，並嘗試參照法國「上帝和平」（Pax et treuga Dei）運動，但在「朝耶路撒冷前進、攻陷耶路撒冷、為守護耶路撒冷而戰」的反覆過程中逐漸蛻變成所謂的「十字軍」，也就是為守護基督教聖城耶路撒冷而組織的軍隊。這樣的十字軍無視於敘利亞／巴勒斯坦近東一帶地方割據、教徒間相互對立的伊斯蘭社會，朝著聖城耶路撒冷前進，具有堅固的意志與方向性，到一一八四年為止共建立了四個十字軍國家，按順序分別為埃德薩伯國、安條克公國、耶路撒冷王國、的黎波里伯國。這些十字軍國家總稱為「Outremer」（法語「海外」之意），它們占據了維持十字軍不可或缺的沿海城市，並訂下了耶路撒冷王國的王位繼承順序。

由於是帶著本國家臣出征，十字軍國家就像是各自擔起「自家」實務，並在反覆試誤中不斷適應自己不習慣的當地社會；在過程中，它們以當時歐洲君主國為樣板，漸漸建立起國家的雛型。這段期間，歸鄉的士兵們把情報和紀念品帶回故鄉、講述自己的經驗，再加上教宗屢次鼓吹，小型的十字軍浪潮於是接連不絕地湧現。當中最重要的，是安茹伯爵富爾克五世（Fulk V the younger）率領的一一二八年十字軍；透過和耶路撒冷王國鮑德溫二世（Baldwin II of Jerusalem）的女兒梅莉桑德（Melisende）聯姻，富爾克不只讓有力貴族安茹家的血統和耶路撒冷王家結合，同時也在法國創造了一個持續關注聖地動向且富責任感的家族。

一一四四年，贊吉朝的軍隊攻陷了埃德薩。埃德薩的陷落，讓歐洲頭一次體驗到失去聖地國家的滋味；在驚訝與悲嘆中，熙篤會明谷修道院院長聖伯爾納鐸（St. Bernard of Clairvaux）開始鼓吹各方展開第二次東征。繼承烏爾班計畫的伯爾納鐸，不只是實現了相隔半世紀之久的大型十字軍行動，並以奪回埃德薩為目標，他更設定了「十字軍」的理念，將十字軍出兵對象擴及到所有「教會的敵人」。依循伯爾納鐸的理念，十字軍不只往東方的聖地，也往西南方的伊比利半島、北方的文德人（Wends）進軍，之後甚至適用於基督教內部的敵人（比如純潔派之類的異端）。支撐這個理念的是新形態的「基督的騎士」，具體存在的單位則是這群既為騎士、也為修道士的人們隸屬的聖殿騎士團（Knights Templar）。

十字軍國家在這段期間隨著世代交替，逐漸演變成蒙雷利家、伊布朗家、克爾托涅家、路西尼昂家等「十字軍世家」，他們守住十字軍國家君主的地位並維持統治。同時，在聖地土生土長的教會知識分子如提爾主教威廉（吉約姆）（Guillaume de Tyr）等人也開始嶄露頭角，成為支撐王國的菁英。耶路撒冷王位也由聖地誕生的國王擔任，並靠著跟科穆寧王朝的拜占庭通婚以及補充來自歐洲的人才，逐步強化脆弱的王國基礎。另一方面，贊吉朝則在創立者贊吉（Imad ad-Din Zengi I）兒子努爾丁（Nur ad-Din Mahmud）的指揮下，將與十字軍的戰鬥定位成對抗「信仰的敵人」的聖戰（吉哈德）概念；日後被贊吉朝派至埃及跟法蒂瑪朝爭奪霸權、不久後建立阿尤布朝的薩拉丁，也承繼了這個概念。薩拉丁平定埃及後，便為了合併敘利亞而北上；這時為了統合阿拉伯穆斯林（敘利亞地方政權）、土耳其穆斯林（塞爾柱政權）、庫德穆斯林（阿尤布朝）各勢力並組織聯軍，他便活用了贊吉朝的吉哈德意識形態。要讓這種意識形態發揮效果，除了必須宣揚法蘭克人十字軍乃是「信仰的敵人」，也必須證明敵人屈服於己，那就是奪取聖地耶路撒冷──雖然它對穆斯林而言只是第三聖地而已。

從哈丁之戰到征服耶路撒冷為止的一連串戰爭，是十字軍理念與吉哈德概念兩種相互呼應、高漲激昂的聖戰意識的最初對決。十字軍東征以前，兩個宗教間的歧異情勢及因此投身戰爭的動機，跟以聖地耶路撒冷為世界觀中心的十字軍浪潮，兩者在當地相互交涉、過程中慢慢調節，最後終於在一一八七年這一瞬間合而為一。也就在這個瞬間，聖都耶路撒冷的象徵意義大幅提升，一躍成為兩個巨大信仰圈的中心。

最後，讓我們回到本書的主題「巨大信仰圈的出現」。東南亞和東亞世界的民眾生活中日日可見的虔敬之心，在基督教歐洲的庶民社會也相當普遍，並且不斷向外擴張與異端的邊界。可是在歐洲這個信仰世界，農民由身為牧者的神父引導其靈魂，神父的言行有主教監督，主教則遵循羅馬教廷的教導，堪稱是一個垂直結合的上下階層結構。在這種縱貫社會各階層的組織力下，教會知識分子在上層談論神學，下層的教區神父則和負責牧養的民眾信仰世界密切相繫。不只如此，在前述以土地為基礎的社會，這個階層結構還可藉由收取全體信徒義務繳納的什一稅、接受對教會及修道院的土地捐贈，以及透過教會法庭處罰偏離信仰正道者等方式，不斷強化其力量。

面對這個因大開發時代而充實的信仰社會，第一次十字軍的成果──占領耶路撒冷、經營四個聖地國家的經驗、在聖地與本國間往來的人員流動──產生了眾多嶄新的附加要素。這些要素包括了對普世宗教的自我認知、向世界傳道的使命、用來動員信徒從軍的十字軍理念設定、各地情報的回收、帶著權威往返各地的教廷及其連絡網、以教廷為中心的君主國政治社會等等。另一方面，從第一次到第三次十字軍東征，這幾次行動都與教廷主導的教會改革相互連結，包括烏爾班二世、安日納三世（借助聖伯爾納鐸之力）到英諾森三世，歷代教宗的改革意志都成為十字軍的動力。拉特朗大公會議重新召開，代表教宗的方針可以在所有主教、修道院長、世俗君主使節出席的場合獲得認可並公諸於世，也就是所謂「會議體」的成立。同時，透過大公會議出席者的地理分布，也展現了一個具普世意義的基督教世界，以及團結這個世界的教宗所具備的普世之身。這個被比擬為「基督的身體」的信仰空間，和從古代開始便為人所知的大陸名稱「歐洲（歐羅巴）」概念，其實是完全一致的。

綜合以上論述，我們可以描述一一八七年世界各地信仰圈的情況：在東亞，包含各種信仰的巨大民眾世界、無特定宗教的中國社會劃分南北，各自占據中亞及南海交易圈這兩大廣域的軸心；與東亞接壤的東南亞，則以佛教為主軸，融合印度教及地方信仰，形成多信仰社會；在南亞，伊斯蘭教以「西北邊疆」傳來的吉哈德理念為動力，逐步踏足當地；在西亞，則有阿尤布朝以塞爾柱王朝聚積的伊斯蘭各政權經驗，以及和十字軍對峙的地方政權培養出的吉哈德理念為根本，將這種意識形態傳播到整個阿拉伯伊斯蘭世界。從這些面向來思考，一一八七年發生在敘利亞／巴勒斯坦的歷史事件，就像是條導火線：一個巨大的歐洲信仰圈，和位在伊斯蘭世界「邊陲」、以伊斯蘭意識形態企圖一統地區的薩拉丁軍相互接觸後，在這一瞬間——也就是轉捩點——站起來了。同樣處於普遍世界的解體過程，伊斯蘭信仰圈靠著軍事力、交易及固有的包容力，逐步向南亞與東南亞擴張；基督教信仰圈下的歐洲則將信仰圈與地理框架綁定，形成堅固的一體性與歸屬意識，從而邁向一個成熟的文明。一一八七年，是伊斯蘭教與基督教這兩個同屬一神教、也同樣把舊約聖經視為聖典、宛如雙胞胎般的普世宗教信仰世界，在世界史上開始分道揚鑣的分歧點。

第一章　塞爾柱王朝的霸權與伊斯蘭信仰圈的分歧

大塚修

1　伊斯蘭信仰圈的「另一個」一一八七年

兩個一一八七年

哈丁之戰爆發的西元一一八七年，在伊斯蘭曆是五八三年。花了很多篇幅記載這件大事的阿拉伯文通史——伊本·艾西爾（Ali ibn al-Athir）的《全史》（*al-Kamil fi al-Tarikh*，成書於一二三一年左右），對塞爾柱王朝（一〇三八—一一九四年）第十七代（末代）君主圖格里爾三世（一一七六—一一九四年在位）在那一年的動向，有著以下記述：

五八三年，蘇丹圖格里爾的權勢日增，追隨他的人也不斷增加。當圖格里爾取得眾多地區的控制權後，克孜爾便遣使向巴格達的哈里發請求幫助；他一面力陳圖格里爾的威脅性，同時也表示自己願意服從哈里發，為其效命。另一方面，圖格里爾也向巴格達派出使節，表示「希望（巴格達）當局能夠重建當我抵達時將入住的蘇丹宮殿」。哈里發厚待克孜爾的使節，答應支援他，對圖格里爾的使節則不做任何回應，將其趕回。哈里發命令破壞蘇丹宮殿，還在破壞的荒地上徹底抹消它的痕跡。

——《全史》一一卷，五六〇頁

無需贅述，一一八七年是阿尤布朝（一一六九—一二五〇年）首任君主薩拉爾丁（薩拉丁，一一六九—一一九三年在位）在哈丁之戰擊敗十字軍、之後成功奪回耶路撒冷的象徵之年。可是，西亞的穆斯林各政權對於這場戰爭的態度並非全然一致。引文提到的這位圖格里爾三世政敵，是統治亞塞拜然的埃爾迪古茲朝（一一五四年左右—一二二五年）第三代君主克孜爾．阿爾斯蘭（Qizil Arslan，一一八六—一一九一年在位）。埃爾迪古茲朝是從塞爾柱王朝獨立出來的阿塔貝克地方政權之一。塞爾柱王朝在圖格里爾三世的父親、也就是第十六代君主阿爾斯蘭沙（Arslan-Shah，一一六一—一一七六年）統治期間，被迫棲身於埃爾迪古茲朝的保護下，失去了政治實權。七歲即位的圖格里爾三世長大後為了重新掌權，便向阿拔斯王朝（七五〇—一二五八年）派遣使節，展開政治上的合縱連橫。曾一度統轄西起北非、東至中亞廣大領土的阿拔斯王朝，雖自十世紀以降便已失去政治實權，但仍保有象徵性權威，因此四處崛起的穆斯林各政權，還是需要阿拔斯王朝的哈里發承認它們的支配權。在這種情況下，當時的第三十四任哈里發納賽爾（一一八〇—一二二五年在位），也為了取回政治實權而大展權謀。

圖 1-1　現存最古老的圖格里爾三世像

《史集》愛丁堡本

藏於愛丁堡大學附屬圖書館，Ms. Or. 20，fol. 147a，1314-1315 年書寫

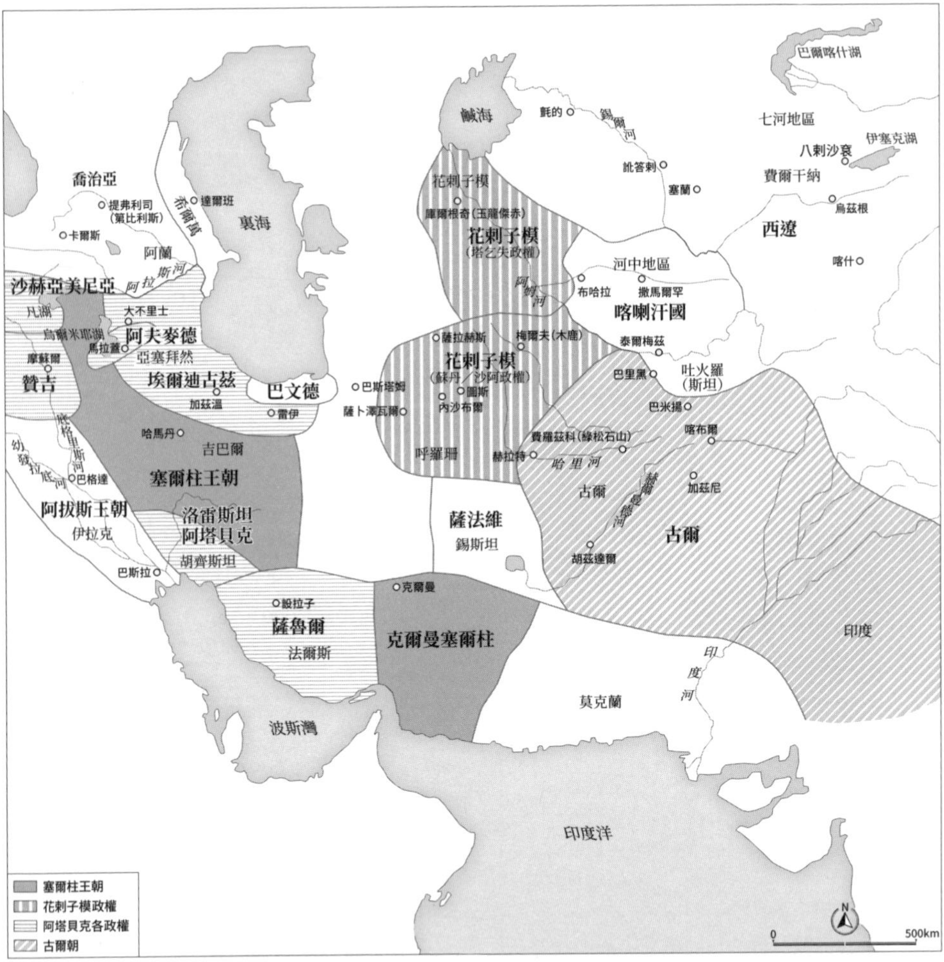

1180 年左右的西亞、中亞地圖

出處：依據 J.A. Boyle (ed), *The Cambridge of Iran, Vol5, The Saljuq and Mongol Periods*. Cambridge University Press, 1968, p. 188 製成

在哈丁之戰方興未艾的一一八七年之際，塞爾柱王朝的君主也正為了重返榮耀而陷入惡戰苦鬥中，因此肯定無暇思考怎樣對抗十字軍。往前回溯一世紀，也就是塞爾柱第三任君主馬立克沙一世（一〇七二—一〇九二年在位）統治期間，塞爾柱王朝曾支配包含耶路撒冷在內，擴及敘利亞、伊拉克、法爾斯、亞塞拜然、花剌子模、呼羅珊、喬治亞、河中地區的廣大領域，但如今已全然不見當初風采，這些原屬王朝的領域也呈現地方割據之勢。這些雜亂林立於西亞的地方政權無法團結一致，而哈丁之戰也不過是其中一個地方政權——阿尤布朝所引發的一起事件罷了。

塞爾柱後繼各政權的時代

一一八七年時除了塞爾柱王朝嫡系之外，還有好幾個各自建國的支系，包括安納托利亞的魯姆蘇丹國（Sultanate of Rum，一〇七七—一三〇八年）*、克爾曼的克爾曼塞爾柱（一〇四八—一一八八年）等都健在，但除了魯姆蘇丹國以外，其他都瀕臨存亡危機（譬如敘利亞塞爾柱〔一一四八—一一一七年〕早在半世紀前就已絕嗣）。舊有領土上除了前述的埃爾迪古茲朝外，還有法爾斯的薩魯爾朝（一一四八—一二八二年）、洛雷斯坦的哈札拉斯皮德朝（一一五五／五六

* 這裡的魯姆為 Rum，意指羅馬人，阿拉伯人以該詞稱呼居住於中東、巴爾幹及拜占庭領地的人群。之後魯姆蘇丹國於安納托利亞建立政權，因而得此稱呼。

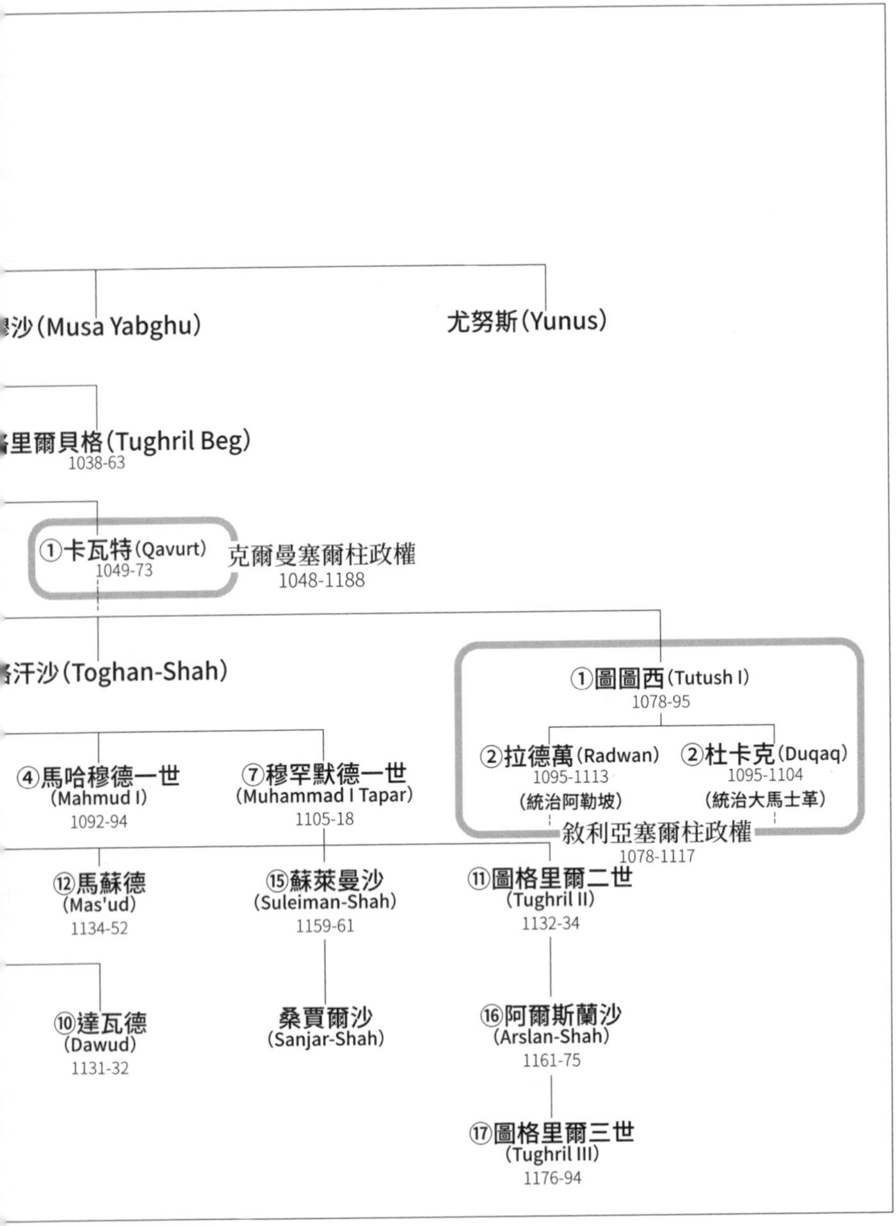
沙(Musa Yabghu)
尤努斯(Yunus)
里爾貝格(Tughril Beg)
1038-63
①卡瓦特(Qavurt)
1049-73
克爾曼塞爾柱政權
1048-1188
汗沙(Toghan-Shah)
①圖圖西(Tutush I)
1078-95
②拉德萬(Radwan)
1095-1113
(統治阿勒坡)
②杜卡克(Duqaq)
1095-1104
(統治大馬士革)
敘利亞塞爾柱政權
1078-1117
④馬哈穆德一世
(Mahmud I)
1092-94
⑦穆罕默德一世
(Muhammad I Tapar)
1105-18
⑫馬蘇德
(Mas'ud)
1134-52
⑮蘇萊曼沙
(Suleiman-Shah)
1159-61
⑪圖格里爾二世
(Tughril II)
1132-34
⑩達瓦德
(Dawud)
1131-32
桑賈爾沙
(Sanjar-Shah)
⑯阿爾斯蘭沙
(Arslan-Shah)
1161-75
⑰圖格里爾三世
(Tughril III)
1176-94

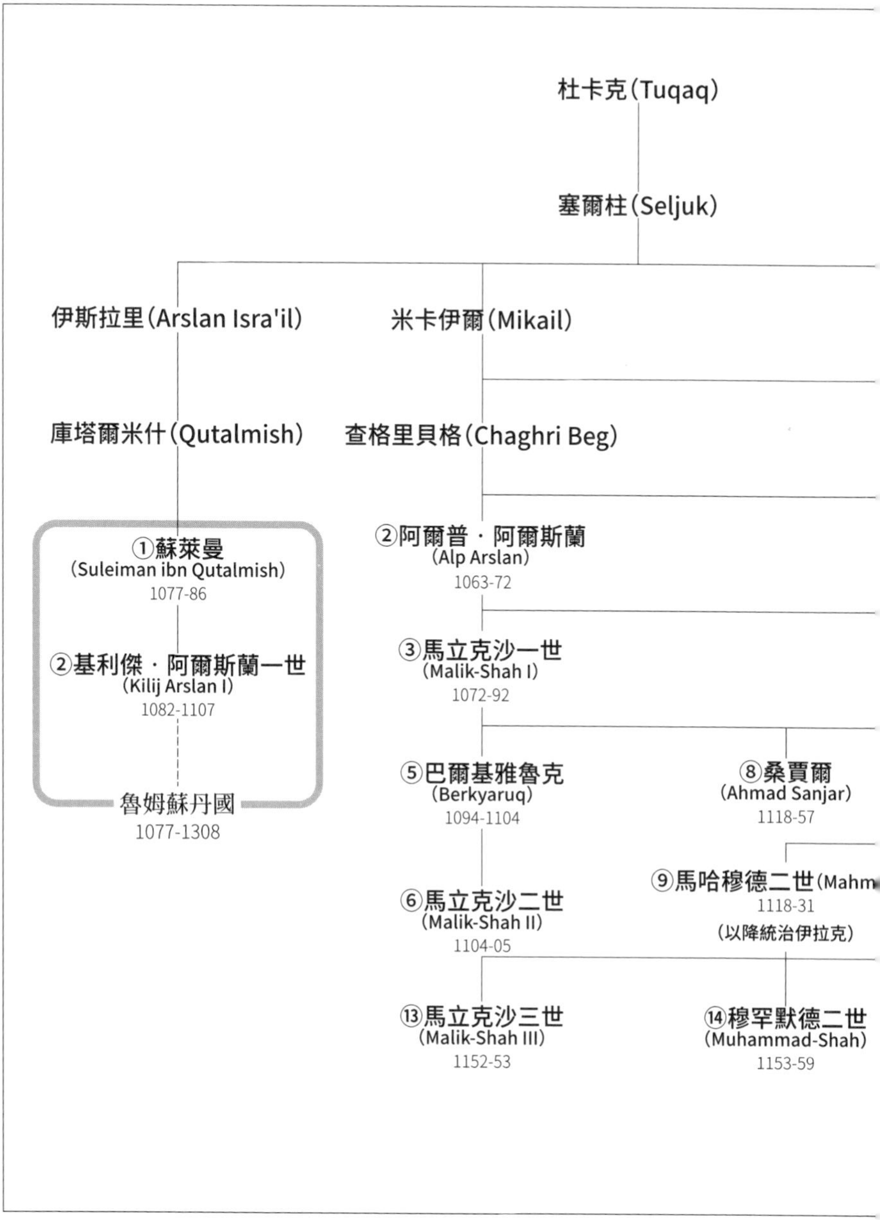

塞爾柱王朝(1038-1194)世系圖

一四二四年）與庫爾希德朝（一一八四—一五九七年）、馬拉蓋的阿夫麥德朝（一一二二年左右—一二二〇年）、亞茲德阿塔貝克朝（一一四一年左右—一二九七年），以及敘利亞的贊吉朝（一一二七—一二五一年）等統稱「阿塔貝克」的地方政權，呈現群雄割據的局面。薩拉丁建立的阿尤布朝也在這一連串趨勢中崛起，從贊吉朝獨立出來。這些地方政權都採用塞爾柱王朝的行政體制，在宮廷內設有總管、祕書長、掌馬官、廚師長等官職，全都由突厥軍人出任；關於這點，出身塞爾柱王朝的奴隸傭兵建立的花剌子模（一〇九七—一二三一年）也是一樣的。敏哈吉（Minhaj-i-Siraj Juzjani）在著作《納賽爾史話》（*Tabaqat-i-Nasiri*，一二五九／六〇年）中，將這些因應塞爾柱王朝衰退而興起的地方政權以塞爾柱中興君主——第八代君王桑賈爾（一一一八—一一五七年在位）之名統稱為「桑賈爾系諸王」，視作是塞爾柱的後繼政權。

做為轉換期的塞爾柱王朝時代

對撰寫伊斯蘭時代西亞史的人來說，塞爾柱王朝是個相當微妙的時期。從《新版世界各國史叢書》（山川出版社）來看，自先知穆罕默德（六三二年逝世）開始的《西亞史》通史敘事，是由〈阿拉伯〉與〈伊朗、土耳其〉等兩卷所組成，分歧點就在塞爾柱王朝時代。在阿拉伯史的脈絡中，敘述對象只及於王朝第一代君主圖格里爾貝格（Tughril Beg，一〇三八—一〇六三年在位。貝格為首領尊稱。）進入巴格達，以及全盛期的第三代君主馬立克沙的統治，接下來的敘事就直接跳到贊吉朝、阿尤布朝，然後直抵馬木路克蘇丹政權（一二五〇—一五一七年），不曾放眼東方的歷史。另一方面，伊朗及土耳其史的脈絡則以塞爾柱王朝滅亡為止的歷史為敘述對象，對敘利亞和埃及的歷史則不曾觸及。做為長時間支配西起阿拉伯語圈的敘利亞、東至波斯語圈的伊朗及中亞，如此廣大領域的最後一個王朝，塞爾柱王朝在十二世紀的衰退，堪稱是伊斯蘭信仰圈分裂為東西兩部的重大轉換期。以下將試著分析塞爾柱王朝時代對伊斯蘭信仰圈產生的影響。

2 塞爾柱王朝的霸權與行政體系的確立

塞爾柱王朝的起源

遺憾的是，塞爾柱王朝初期編纂的史書現已不存於世，所以我們無從確知該王朝的起源。現在留下的只有被後世史書引用、上呈給第二代君主阿爾普．阿爾斯蘭（一〇六三—一〇七二年在位）的塞爾柱王朝史《君王之書》（*Maliknama*）的斷簡殘篇而已。塞爾柱家族據說是出身突厥人部族的名門乞尼黑（qiniq）氏族，原先居住在鹹海東方，不過大多數族人和家畜之後都移居河中地區，冬天留在布哈拉的努爾、夏天則在撒馬爾罕的粟特一帶紮營。關於乞尼黑氏族，在獻給阿拔斯王朝、現存最古老的突厥語／阿拉伯語辭典《突厥語辭典》（*Diwān Lughāt al-Turk*，一〇七七年）中，有著以下的記述：

> 烏古斯：突厥的一個部族，由土庫曼等二十二個氏族所構成。為了識別彼此的家畜，在家畜上烙有各自的標誌。其核心為乞尼黑氏族，當代的蘇丹正是屬於此一氏族。
>
> ——《突厥語辭典》，二〇頁背面

文中「當代的蘇丹」這句，指的是當時被阿拔斯王朝認可為統治者的塞爾柱王朝君主，其家族乃是出自烏古斯部族的領袖氏族。這二十二個被列舉出來的氏族中，包括了建立鄂圖曼政權（一二九九—一九二二年）的海亦氏族（Qayi）、白羊汗國（十四世紀後半—一五〇八年）的伯顏都兒氏族（Bayundur）、黑羊汗國（一三七五年左右—一四六九年）的亦哇氏族（Yiweh）、薩魯爾朝的薩魯爾氏族（Salur），以及阿夫沙爾朝（一七三六—一七九六年）的阿夫沙爾氏族（Afshar）等等。

塞爾柱王朝成立時，其他突厥部族已經以奴隸傭兵之姿滲入西亞及中亞，並建立了加茲尼政權（九七七—一一八六年）等突厥系國家。塞爾柱王朝跟這些政權最大的差別，在於進入中亞前已改宗伊斯蘭教，也非出身奴隸傭兵；除此之外，塞爾柱部族進入中亞不是以個人為單位，而是集體入侵。

塞爾柱部族的始祖塞爾柱將四個兒子分別命名為伊斯拉里（以色列）、米卡伊爾（米迦勒）、穆沙（摩西）、尤努斯（約拿），全都是猶太名字；由此可知，他們和同屬突厥系的可薩人一樣，原本信仰猶太教。關於塞爾柱人改宗的經過，有種種不同的傳說；據傳由薩多爾・胡賽尼所著的《有關塞爾柱王朝的種種事情》（*Akhbār al-umarā' wa-al-mulūk al-Saljūqiyah*，一二二五年左右），就有以下記述：

> 總督塞爾柱跨上馬，帶著他的馬和軍隊，往伊斯蘭各國的邊界邁進，要傳播哈納菲教派的福音。之後，他選定了氈的（Jend）地區，趕走了當地的異教徒徵稅官，在那裡強大起來。
>
> ——《有關塞爾柱王朝的種種事情》，二四至二五頁

這是已接納伊斯蘭教的塞爾柱部族，在發動「聖戰」的族長指揮下進行集體移居的清楚記述。或許正因為這樣的特性，塞爾柱王朝有很多君主的稱號都包含了像是「魯坤丁（宗教的柱石）」或「丁（宗教）」之類的詞彙。只是，他們是在集體遷徙後立刻建立王朝，所以和迄今為止的各政權不同，並不熟悉居住地的文化。

圖 1-2　圖格里爾之塔（德黑蘭市）

相傳是圖格里爾貝格的陵墓。經過幾度整建，現聳立於德黑蘭市的雷伊地區。

塞爾柱王朝的霸權

之後，塞爾柱捲進了喀喇汗國（八四〇—一二一二年）與加茲尼政權的河中霸權爭奪戰；在這過程中，塞爾柱的兒子伊斯拉里被加茲尼政權俘虜殺害。不過，另一個兒子米卡伊爾的兩個兒子圖格里爾與查格里（Chaghri Beg），則是趁著加茲尼政權第三任君主馬哈茂德（九九八—一〇三〇年在位）死後的混亂，於一〇三八年成功拿下了內沙布爾城。兩年後，他們又在丹丹納干戰役（Battle of Dandanaqan）中取得勝利，從而取得呼羅珊的控制權。之後，查格里留在呼羅珊環伺東方，圖格里爾則往西進，擊退布伊政權（九三二—一〇六二年）攻下伊斯法罕，在一〇五五年入主巴格達。

當時阿拔斯王朝的哈里發受信奉什葉伊斯蘭的布伊政權所控制，同時又得對付與什葉伊斯蘭法蒂瑪朝（九〇九—一一七一年）聯手的將軍白薩西里（Basasiri）；焦頭爛額之際，他們自然對這個信奉順尼伊斯蘭的塞爾柱王朝大加讚賞，稱之為「順尼伊斯蘭的復活」。

順帶一提，一般都將一〇五五年塞爾柱王朝君主進入巴格達、獲阿拔斯王朝哈里發頒贈「蘇丹」稱號，視為是「蘇丹制」的開始。但實際上，圖格里爾在這之前就已經開始使用蘇丹稱號，而加茲尼政權的君主馬哈茂德也自稱蘇丹；因此這時阿拔斯王朝哈里發的舉動，不過是比照先前的時代承認一個軍事政權的統治權，而不是授與全新稱號這樣的特別行為，這點必須留意。故此，我們對於「蘇丹制」該怎麼評斷有重新思考的必要；事實上，自圖格里爾以降的塞爾柱王朝君主都使用了「蘇丹」稱號。

塞爾柱王朝的統治結構，是將地方有力人士直接納入支配。他們賦予地方統治者稱為「伊克塔」的徵稅權，同時要求地方統治者納貢做為回報，並將塞爾柱君王名號放入呼圖白（Khutbah，宣教演說詞）或是貨幣上，表示承認其統治權。同樣地，他們也將王族分封到各地，比方說圖格里爾的叔叔穆沙就以錫斯坦（Sistan）為據點，被任命為加茲尼政權邊境的管理者。這個制度基本上是布伊政權時代伊克塔制的延伸。

圖格里爾的後繼者

一〇六三年，圖格里爾在雷伊病逝，引發了繼承人之爭。這是突厥各政權在王位繼承之際特有的現象。突厥系游牧民族並沒有明確的王位繼承原則，而是看實力取勝，在繼承人之爭中勝出者就是最適合的新君主。這時的競爭者是圖格里爾的姪子阿爾普·阿爾斯蘭，以及他的堂兄弟庫塔爾米什。最後是阿爾斯蘭勝出，確立了塞爾柱家族內部的權力關係，此後的君主也都由圖格里爾一脈中選出。另一方面，敗北的庫塔爾米什則成了旁支，在庫塔爾米什的兒子蘇萊曼（一〇七七—一〇八六年在位）時期成立了安納托利亞的地方政權——魯姆蘇丹國。

新任君主阿爾普·阿爾斯蘭的統治期間相當短，幾乎是在對各地的遠征、特別是和非穆斯林各王朝的戰爭中度過，直到最後都不曾造訪過巴格達。儘管如此，史書還是把他評價成事事虔敬的明君。阿爾斯蘭所獲得的最大戰果，就是在一〇七一年的曼齊克特之戰（Battle of Manzikert）擊破企圖抵抗他遠征敘利亞與亞美尼亞的拜占庭帝國（三三〇—一四五三年）皇帝羅曼努斯四世（一〇六八—一〇七一年在位）；這一仗開啟了日後安納托利亞的突厥化及伊斯蘭化。可是在之後的遠征中，阿爾斯蘭被自己的俘虜暗殺而喪命。

之後即位的是馬立克沙，這時也不例外爆發了繼承人之爭，其中聲勢最大的是他的叔叔卡瓦特（克爾曼塞爾柱創立者，一〇四八—一〇七三年在位）。不過馬立克沙成功擊退了卡瓦特，接著又在東方擊破喀喇汗國，壓制河中地區，在西方攻陷阿勒坡與安條克，王朝版圖達到極盛。在背後支撐他統治的，是聲望崇隆的宰相尼札姆．穆勒克（Nizam al-Mulk，一〇九二年逝世）。

只是我們必須注意，這位名宰相與君主馬立克沙之間關係並不睦。一〇八〇年代初期，據說馬立克沙已經開始疏遠尼札姆，到了晚年更將尼札姆的孫子處死，同時重用尼札姆的政敵達修．穆勒克（一〇九三年逝世）。尼札姆在一〇九二年遭到尼札里派*的暗殺者所殺，但有紀錄顯示，馬立克沙很有可能參與其中；據傳是因為尼札里被捲進了包含王妃在內、暗地活躍且激烈的馬立克沙繼承者之爭。

---

* Nizari，什葉伊斯蘭中最有影響力的支派伊斯瑪儀派的分支，曾被稱為阿薩辛派，其教派活躍於八至十四世紀，可受雇於不同政治目的勢力，熱衷於培養刺客刺殺敵人，日後成為英語「刺客」（assassin）的詞源。

塞爾柱王朝的分裂傾向

在尼札姆遭暗殺後不久，馬立克沙也猝逝，塞爾柱王朝因而迅速邁向分裂，動盪規模遠勝於圖格里克與阿爾普．阿爾斯蘭時期。這時由馬立克沙的兩個兒子——馬哈穆德一世（第四代君主，一〇九二—一〇九四年在位）與巴爾基雅魯克（第五代君主，一〇九四—一一〇四年在位）展開了將王朝一分為二的王位爭奪戰。兩股勢力的鬥爭最後以馬哈穆德病逝作收，隨即又引來叔叔圖圖西（敘利亞塞爾柱創始者，一〇七八—一〇九五年在位）的介入；直到一〇九五年圖圖西於雷伊近郊敗死，大勢才終於塵埃落定。

也就在這年十一月，克勒芒大公會議開始號召十字軍東征，但塞爾柱王朝卻無法團結一致對外。在地方上，幾乎都是由地方政權負責實際統治，所以直接面對十字軍的也不是塞爾柱王朝嫡系，而是統治安納托利亞與敘利亞的地方政權。塞爾柱王朝的君主在大部分情況下，對西方發生的事情都漠不關心；而從伊朗高原以東興起的王朝大部分都不關心海洋，塞爾柱王朝也不例外。即使在同時代史料中，對十字軍也只是持續稱呼其為代表西歐人的「法蘭克人」（Ifranj、Firanj），完全看不出什麼宗教對立的態勢。

在巴爾基雅魯克的統治時期，此後也接連不斷發生叛亂；一一〇四年，他在協議下將亞塞拜然、阿蘭、亞美尼亞、伊斯法罕、伊拉克（除了提克里特之外）讓給了異母兄弟穆罕默德，另一位異母兄弟桑賈爾則分到了呼羅珊，勉勉強強讓事情做個了結。可是，不久後巴爾基雅魯克便逝世，原本由兒子馬立克沙二世即位（第六代君主，一一〇四—一一〇五年在位），但大權隨即落入穆罕默德一世（第七代君主，一一〇五—一一一八年在位）手中。結果，巴爾基雅魯克的舊有領土由穆罕默德繼承，而之後的塞爾柱王朝就以桑賈爾統治東部、穆罕默德控制西部的形式一分為二。在這樣的過程中，原本處於塞爾柱王朝庇護下的阿拔斯王朝勢力開始復甦；在第二十九任哈里發穆斯塔爾希德（Al-Mustarshid，一一一八—一一三五年在位）統治期間，哈里發親自率軍占領土地，與塞爾柱王朝敵對。

塞爾柱王朝的地方政權

這種家族間反覆激烈進行繼承人之爭的過程中，在權力鬥爭中敗北的人往往會在地方樹立政權。如前所述，領有克爾曼的查格里之子卡瓦特，在兄弟阿爾普．阿爾斯蘭過世後起兵挑戰繼位的馬立克沙權威，結果戰敗身死。然而在這之後，他的子孫仍然盤踞克爾曼，維持勢力；這個政權就被稱為「克爾曼塞爾柱」。

另一方面，馬立克沙的弟弟圖圖西則以敘利亞為據點，透過對魯姆蘇丹國的勝利擴大權勢，但在一〇九五年敗給巴爾基雅魯克的軍隊而喪命。他的子孫拒絕臣服巴爾基雅魯克，繼續維持被稱為敘利亞塞爾柱的獨立政權。只是，這個政權也不例外地爆發了繼承人之爭，陷入阿勒坡由拉德萬（一〇九五—一一一三年在位）、大馬士革由杜卡克（一〇九五—一一〇四年在位）掌控的分裂狀態，以至於在面對十字軍入侵時，無法採取有效的應對手段。

塞爾柱地方政權當中保持命脈到最後的，是以安納托利亞為據點的魯姆蘇丹國。馬立克沙派遣造反的庫塔爾米什之子蘇萊曼遠征疆土最遠處的安納托利亞半島，結果蘇萊曼成功征服了尼西亞，在當地建立政權就此駐留。魯姆蘇丹國不只和十字軍作戰，也向塞爾柱王朝各政權發起挑戰；第二任君主基利傑．阿爾斯蘭一世（一〇九二—一一〇七年在位）就在一一〇七年對塞爾柱王朝第七任君主穆罕默德發動叛亂，結果戰敗身死。就像這樣，魯姆蘇丹國與塞爾柱王朝一直處於對立關係；不過我們也可以看見，在塞爾柱王朝末代君主圖格里爾三世敗死之後，做為唯一殘存的塞爾柱地方政權，在很多紀錄中他們都以阿爾普．阿爾斯蘭與馬利克沙的後裔，以及塞爾柱王朝的後繼者自居。

塞爾柱王朝型行政體系的確立

塞爾柱王朝承繼了前面各政權的行政體系，採行以宰相為首的官僚制度；不過在這當中，也可以發現如「阿塔貝克」等塞爾柱王朝獨有的制度。這個行政體制，一般咸認是完成於馬立克沙時代。在至今依然不減其價值的伊朗史概論《劍橋伊朗史》中，該領域的權威朗姆頓（Ann Lambton）曾對塞爾柱王朝的行政體系有著如此評論，「許多塞爾柱王朝時代的制度，在表面上（雖然有時會更換名詞）一直延續到二十世紀，」大加強調對這個時代的重要性。有關宰相扮演的角色，尼札姆·穆勒克的說明如下（為求翻譯全文統一，本章對部分用語做了修正）：

> 徵稅官和他們的業務都在宰相的管轄下，因此好的宰相會讓帝王的舉止和評價廣受好評。創造不朽偉業、號令世人、聲名遠播直至復活之日的帝王，每一位都有好的宰相輔佐；在這方面，偉大的先知們也是一樣的。
>
> ——《治國策》（*Siyasatnama*），二二一頁

之後他列舉出所羅門和摩西等先知與他們的宰相（或者地位相當的人物），比方說先知穆罕默德的宰相，就是第一任正統哈里發巴克爾（Abu Bakr，六三四年逝世）。至於宰相的資質，他則認為「必須由虔敬清純的哈納菲或莎菲懿派出身、能力夠、熟知相關業務、文筆優異且敬愛帝王的人出任」（《治國策》，二二二頁）。*關於上述這兩個法學派，哈納菲派是塞爾柱王朝君主支持的學派，莎菲懿派則受尼札姆支持，因此尼札姆的這番話反映了當時的環境。就這樣，塞爾柱王朝時代為宰相塑造了一個固定的形象，被後世繼承。十二世紀後期納札姆·庫米編纂《宰相傳》，將塞爾柱王朝的宰相列傳，也開了後世收錄歷代王朝宰相事蹟、用波斯語寫成的「宰相傳」史書的先河。

---

* 順尼伊斯蘭教法學有所謂的四大主流學派，即莎菲懿派（Shafi'i）、哈納菲派（Hanafi）、罕百里派（Hanbali）馬立克派（Maliki）。

塞爾柱王朝的統治階層雖是突厥系游牧民族，但支撐行政體系的是波斯人官僚。在宰相底下，設有負責財政、文書、軍事、地方監察等業務的官署。一一七八年左右編纂的王朝正史《塞爾柱王朝史》（參見專欄）在各君主本紀的末尾，除了描述君主的樣貌外，最後還列出了擔任要職的宰相與侍從（hajib）一覽表。比方說，阿爾普．阿爾斯蘭的宰相是尼札姆．穆勒克，侍從則是阿卜都拉赫曼．阿卡吉、塔勞格、庫馬修等人。從這些人名可以發現，宰相通常是由波斯人官僚擔任，侍從則包含了突厥人將領。

宮廷官員常常被賜予伊克塔，這也是促成塞爾柱王朝分裂的其中一項因素。比方說，在馬立克沙統治時期，負責捧水盤的官員會獲賜花剌子模一帶的地租徵收權，負責衣裝的官員則有胡齊斯坦地區的權限。儘管伊克塔至未必就會導致分權，但當君主權力衰弱時，擁有伊克塔的人就會展現出自立意圖；最典型的事例就是後面會提到的花剌子模，他們的君主就是從捧水盤官員獨立出來的。至於塞爾柱王朝的王子們也會被賜予各自的伊克塔，然後由擔任監護人的阿塔貝克管轄當地；而王朝第一位阿塔貝克，就是尼札姆．穆勒克。之後阿塔貝克被制度化，成為前任君主死後即位王子的監護人，有時視情況也會迎娶前任王妃。

宮廷通常都設在君主所在地，國庫與包含妃子在內的家族也隨著君主一同遷徙，有時甚至會前赴戰場。其中較重要的宮廷地點，是內沙布爾、雷伊、伊斯法罕、梅爾夫等城市。比方說，一〇五二年圖格里爾統治時期，造訪伊斯法罕的納賽爾．霍斯洛（Nasir Khusraw，一〇七二年逝世）就盛讚這個城市是波斯語圈中最繁榮的城市。

說到王室，王妃在政治上扮演了重要角色，也屢屢介入繼承人之爭。塞爾柱王朝相當重視聯姻政策，和烏加伊利德（九九〇年左右—一一六九年）、布伊、卡庫伊德（一〇〇八年左右—一一四一年）、馬茲亞德（九六一年左右—一一五〇年）等政權勢力都有聯姻關係。對阿拔斯王朝的哈里發也是一樣，圖格里爾就史無前例地獲准迎娶哈里發的女兒，而馬立克沙的女兒也嫁給了哈里發。

3　塞爾柱王朝與伊斯蘭

順尼伊斯蘭的復興

在伊兒汗國（一二五六—一三五七年）時代編纂、由卡夏尼（Abu al-Qasim al-Qashani）所著的《歷史精髓》（*Zubdat al-Tawarikh*，一三〇〇年）裡，有關「伊斯瑪儀派史」的這一章中，記載了人稱暗殺教團的尼札里派所殺害的名人列表。這張列表地最開頭是教團始祖哈桑．薩巴赫（Hassan-i Sabbah）在位期間（一〇九〇—一一二四年）所暗殺的四十七人，其中列名頭號人物的就是尼札姆．穆勒克。表上還列出了其他馬立克沙的重臣（包括尼札姆的兒子法夫爾．穆勒克在內），塞爾柱王朝與尼札里派的激烈對立，由此可見一斑。

圖 1-3〈伊斯馬儀派史〉的〈哈桑・薩巴赫傳〉末尾記錄的遭暗殺名人一覽表
《歷史精髓》（德黑蘭本）
藏於德黑蘭大學附屬圖書館，Ms. 9067, fol. 225a, 1581 年書寫

尼札米・阿魯茲（Nizami Aruzi）在《四論集》（*Chahár Maqála*）中收錄了一則描述尼札姆・穆勒克性格的逸聞。這是一位以馬立克沙的稱號「穆伊斯丁」（Mu'izz al-Din）被賜予「穆齊茲」雅號的宮廷詩人（一一八四年逝世）的怨恨言論：

> 我侍奉國王已超過一年，但在這段期間，國王卻只遠遠看過我一眼，就連一曼恩、一第納爾的薪資都沒給過。我整個人入不敷出、快要被借款逼到劃脖子自盡、腦袋一片混亂。不只如此，宰相尼札姆・穆勒克也對詩完全沒有任何興趣；說到底，他對詩根本一竅不通，除了導師（伊瑪目）以及神祕主義者（蘇非主義苦行僧）以外，什麼都不關心。
>
> ——《四論集》，二四七頁

相較於先前的薩曼朝（八七三—九九九年）和加茲尼政權對詩人的厚待禮遇，塞爾柱王朝普遍被評為怠慢詩人、重視宗教為正統穆斯林君主權威根源的一個政權。事實上，塞爾柱王朝是從什葉伊斯蘭的布伊政權手中奪取巴格達，又和埃及的什葉伊斯蘭法蒂瑪朝對峙，所以相當努力保護順尼伊斯蘭法學。另一方面，以一萬四千冊藏書自豪、巴格達最大的什葉伊斯蘭圖書館（九九三年捐贈）於一〇五九／六〇年的火災中燒毀，又遭民眾掠奪，這些都讓什葉伊斯蘭遭受重挫。據說當時塞爾柱王朝的宰相昆特里（一〇六四年逝世）也曾經拿走了一部分的藏書。

誠如上述，塞爾柱王朝時代被形容為「順尼伊斯蘭的復興」，大體上順尼伊斯蘭勢力處於重振狀態，但在庫姆、雷伊、阿瓦等城市，什葉伊斯蘭依然占大宗。在這樣的環境下，順尼伊斯蘭信徒編纂了一本名為《拉菲特派的醜惡行為》(*Ba'z faza'eḥ al-Rawafez*)、對什葉伊斯蘭十二伊瑪目大加批判的書籍；而什葉伊斯蘭也不甘示弱，由教士阿布德．阿賈爾編纂了一本《反駁之書》(*Ketab al-Naqz*，一一六三／四—一一七〇／一年)，雙方展開了激烈論戰。關於當時什葉伊斯蘭的處境，《治國策》(一〇八七—一〇九二年間成書）中有這樣的記述：

在馬哈穆德、馬紹德、圖格里爾、阿爾普．阿爾斯蘭的時代，祆教徒、基督徒、拉菲特派信徒不管多受矚目，都沒有在突厥人面前公然現身的勇氣。突厥人的副官職務，全都是交給呼羅珊出身的財務官僚去辦理，而這些來自呼羅珊的人，都是虔誠的哈納菲派或莎菲懿派信徒。

——《治國策》，二〇四頁

引文中的「拉菲特派」(al-Rawafez)，是對什葉伊斯蘭的一種蔑稱。從這段記述中可以看出，從加茲尼政權到塞爾柱王朝時代，什葉伊斯蘭與非穆斯林人士的處境有多麼艱難。只是，儘管有這種反什葉伊斯蘭的傾向，在上述各城市以外的地區，什葉伊斯蘭勢力還是很廣泛。舉例來說，曾擔任阿拔斯王朝第二十九任哈里發穆斯塔爾希德、以及塞爾柱第九任君主馬哈穆德二世（一一一八—一一三一年在位）宰相職位的阿努希爾萬．本．哈利德（Anushirvan ibn Khalid，一一三八年逝世），據說就是什葉伊斯蘭官僚；他逝世之後，被埋葬在什葉伊斯蘭首任伊瑪目阿里（Ali，六六一年逝世）陵墓的旁邊。之外也有這樣的紀錄：「在馬立克沙統治時期的伊斯法罕，伊斯瑪儀派又重新復活，到處宣教；他們得到了力量，攻陷了一個又一個堅固的堡壘。」（《史話要說》，三一五頁）換句話說，同時代的文獻反而強調了什葉伊斯蘭勢力的擴張。

什葉伊斯蘭之所以能擴大勢力，很大程度有賴於信徒的「美德詠讚」（manaqib-khwanan），在路旁和市場不停歌詠讚揚阿里及其家族的頌詩。在這段期間，什葉伊斯蘭也編纂了讚揚阿里事蹟的韻文體史書《阿里之書》（一〇八九／九〇年）。另一方面，順尼伊斯蘭陣營則發動了讚美正統哈里發巴克爾與歐麥爾（Omar，六四四年逝世）、貶抑什葉伊斯蘭的「美點詠讚」（-khwanan），來跟對手抗衡。

尼札米亞學院與宗派對立

在塞爾柱王朝時代的順尼伊斯蘭保護政策中，最具象徵意義也最值得強調的，就是推展順尼伊斯蘭教育，尼札姆．穆勒克對尼札米亞學院（Nizamiyah）的建設與營運也是其中一環。這所學院附有寄宿設施，經費仰賴各方的捐贈，從捐贈資金中撥出款項做為教授的薪水，並發給學生獎學金。同時它也設有大型圖書館，為當時的知識環境帶來了重大轉變。尼札米亞學院在塞爾柱王朝疆土內的主要城市一共設立了九所，負責培養烏理瑪（教士）。其中扮演核心角色的是設在巴格達的學院，最早是由思想家嘎札里（Al-Ghazali，一一一一年逝世）執掌教鞭。嘎札里在伊斯蘭法學、神學、哲學、護教論、神祕思想這五大領域都留有赫赫功績，對順尼伊斯蘭思想的確立居功厥偉。除此之外，還有許多神學家也在學院內，比如嘎札里的老師、有「兩座聖都的導師」之稱的志費尼（Al-Juwayni，一〇八五年逝世）、札馬克薩利（一一四四年逝世）、侍奉桑賈爾的沙赫拉斯塔尼（一一五三年逝世）、伊本・沙斯懿（一二〇一年逝世）、法赫魯丁・拉齊（一二〇九年逝世）等都相當有名。

只是必須注意，因為尼札姆・穆勒克在故鄉內沙布爾是拜師莎菲懿法學派，所以這所學院的正統法學派也以莎菲懿派為宗。之所以強調這點，是因為塞爾柱王朝君主支持的是哈納菲派；雖然同屬順尼伊斯蘭，但兩派之間卻屢屢產生對立。史料中常常提及順尼伊斯蘭內部的對立，比方說《塞爾柱王朝史》對一一五四年的內沙布爾就有這樣的描述：

> 古斯（烏古斯）離開後，城鎮的人們因為法學派的差異，累積了層層的舊恨。每個晚上在某街區，都會有某個集團起來引發騷動，並在對立勢力的街區放火。
>
> ——《塞爾柱王朝史》，六五—六六頁

就像這樣，即使同屬順尼伊斯蘭勢力，但彼此間也未必就團結和睦。尼札姆對心中苦境的述懷，最能清楚表現這一點：

> 在這世上有兩個好的法學派，（兩者）都是依循著正道而行。其中之一是哈納菲派，另一個則是莎菲懿派；除此之外的都是空疏、脫離正軌（bid'ah）、可疑的論述。但是，殉教者蘇丹對自己所屬的學派抱持著堅定的信念，老是這樣說話：「真是太可惜了，如果我的宰相不是莎菲懿派就好了啊！」他布下了嚴格的統治，也充滿了威嚴，同時對自己的學派（哈納菲派）抱持著真摯且堅強的信念；因為他不認同莎菲懿派，所以我總是感到憂心與惶恐。
>
> ——《治國策》，一二一頁

文中所提的「殉教者蘇丹」，指的是第二任君主阿爾普．阿爾斯蘭。由此可知，即使是身為宰相的尼札姆，對於和君主之間的宗派差異，也感到萬分糾葛。事實上，除了莎菲懿派的尼札米亞學院外，夏拉夫．穆勒克（阿爾普．阿爾斯蘭的財務官）建立的哈納菲派學院，以及阿拔斯王朝宰相建立的罕百里學派學院，也都扮演了重要的角色。

在對立浮上水面的同時，塞爾柱王朝君主其實也相當關注疆土內各宗派的動向。比方說一〇八七年，馬立克沙就在尼札姆陪同下一一參拜了什葉伊斯蘭第七代伊瑪目穆薩．卡齊姆（七九九年逝世）、神祕主義者馬魯夫．卡爾希（八一五／一六年逝世）、罕百里學派祖師伊本．罕百里（八五五年逝世）、哈納菲學派祖師阿布．哈尼法（七六七年逝世）等各宗派及法學派重要人物的陵墓。

尼札姆死後，他的子孫繼續經營尼札米亞學院，但到了十二世紀後期，罕百里派在巴格達漸占優勢，於是當地的尼札米亞學院遂趨荒廢。只是，當塞爾柱王朝滅亡後，阿拔斯王朝第三十六任哈里發穆斯坦綏爾（一二二六—一二四二年在位）又建立了穆斯坦蘇利亞學院；這所學院雖是以尼札米亞學院為典範，但裡面則一概教授四種法學派。除此之外，在贊吉朝統治下的敘利亞、魯姆蘇丹國統治下的安納托利亞，也都推廣建設學院。宛如鉛筆狀細長的叫拜樓（Minaret），即是這個時代的建築特徵。隨著學院的增加，伊斯蘭理念遂在塞爾柱王朝及其舊有領域落地生根。

神祕主義的發展

塞爾柱王朝時代，伊斯蘭教之所以能在各個階層廣泛生根，除了有賴學院等宗教設施的整飭以外，還有神祕主義思想（蘇非主義）的發展。以最早期的蘇非主義詩人阿布．薩伊德（Abu Sa'id Abu'l-Khayr，一〇四九年逝世）為先驅，這時期有相當多神祕主義者活躍一時。其中特別有名的是庫希里（一〇七二年逝世）、安沙利（一〇八九年逝世）、嘎札里、沙那伊（一一三四年逝世）、阿達爾（一二二一年逝世）等人。就像桑賈爾保護阿夫麥德．雅米（一一四一年逝世）一樣，塞爾柱王朝的君主常常會保護神祕主義者。這個時代的神祕主義者不只建立了修道場，而且也日漸組織化，廣泛在民間流傳。

到了十二世紀，則陸續誕生了卡迪里耶教團、亞薩維教團、蘇赫拉瓦迪耶教團、庫布拉維教團等蘇非主義教團。

誕生於伊比利半島的蘇非主義哲學家伊本·阿拉比（Ibn Arabi，一二四〇年逝世），也活躍於這個時代，他在一二〇五年造訪魯姆蘇丹國治下的安納托利亞。之後，在安納托利亞以梅夫拉維教團始祖魯米（一二七三年逝世）為首，將伊本·阿拉比的哲學思想加以體系化的古納維（一二七四年逝世）等人也相當活躍。

4　塞爾柱王朝與波斯化文化*

被視為停滯期的塞爾柱王朝初期

塞爾柱王朝雖然是由突厥系游牧民族建立的政權，但負責官僚業務的主要是波斯人官僚，所以宮廷受波斯語及波斯文化的影響很深。只是在王朝初期，塞爾柱君主還不算相當熟悉波斯化文化，也

＊原文為ペルシア語文化，指起自九、十世紀中亞一帶突厥系伊斯蘭政權使用波斯語、受波斯文化影響的傾向。本處以「波斯化」（Persianate）一字指稱，也可稱之為突厥—波斯文化（Turco-Persian tradition）。

不重視文藝活動，所以一般認為比起先前的薩曼朝和加茲尼政權，此時的波斯化算是處於停滯期。

儘管如此，在圖格里爾統治時期編纂的《錫斯坦史》（*Tarikh-i Sistan*，一〇五三年以降）、以及同時代由法夫爾·戈爾尼（Fakhruddin As'ad Gurgani）所著、呈獻給伊斯法罕太守的敘事詩《維斯與拉敏》（*Vis and Ramin*，一〇四〇—一〇五〇年），都已被證實存在。不只如此，為圖格里爾詠詩的拜巴爾希（一〇七四年逝世）、為阿爾普·阿爾斯蘭詠詩的阿布德·阿爾馬立克·布哈尼（一〇七二年逝世）和拉米伊（卒年不詳）等詩人，也都相當活躍。除此之外，在阿爾普·阿爾斯蘭的兒子、擔任呼羅珊首長的杜剛沙（卒年不詳）的宮廷內，阿茲拉奇（一〇七二年左右逝世）相當活躍，另外也有阿瑪尼獻上的《約瑟夫與斯拉哈》（一〇八三年左右）。從這些文人的活躍來看，把這個時期評價為「停滯」似乎有點違和，但就像前面介紹過的，宮廷詩人穆齊茲對尼札姆的疏遠深深感嘆，在《四論集》也可以看到以下的記述：

> 之後進入塞爾柱王朝時期，因為他們都是游牧民族，對國政和諸王的優秀業績全然不識，以至於在這個時代，王者的慣習大多荒廢，統治的要義也大多消失。光是從驛站的設置這點，就可以推知其他的情況。
>
> ——《四論集》，二二七頁

圖 1-4　傾聽老婆婆陳訴的桑賈爾
《祕密寶庫》哈佛本
藏於哈佛大學附屬美術館，No. 2002.50.146，1584 年書寫從這樣的記述可看出，不只是在詩文領域，塞爾柱君主的波斯化，還需要相當一段時間。

成為波斯化文化旗手的塞爾柱王朝

現今以詩人身分享有盛名的數學家及天文學家奧瑪．開儼（Omar Khayyam，一一三一年逝世），他也活躍於馬立克沙的宮廷；在這之後，波斯化文化再度獲得了重大的發展，在桑賈爾時代達到極盛期。前述的穆齊茲在侍奉馬立克沙之後，也繼續侍奉桑賈爾。除了他以外，還有阿迪夫．沙比爾（一一七四年左右逝世）、阿穆爾克．布哈拉伊（一一七四年左右逝世）、安瓦里（一一八七年逝世）、賈巴里（一一六〇年左右逝世）、哈珊．賈斯納維（一一六〇年逝世）等詩人，也活躍於桑賈爾的宮廷。侍奉喀喇汗國的諷刺詩人蘇薩尼，也曾獻詩給桑賈爾。在文書事務領域，有桑賈爾的文書廳長官蒐集編纂的公文集《文書處理的門檻》。順道一提，同樣的公文集在花剌子模第五任君主塔乞失（一一七二—一二〇〇年在位）期間，也由他的文書廳長官進行編纂，從而在這個時代確立了「文書處理指南」這個新的文獻類型。至於科學領域，則有哈茲尼在梅爾夫編纂的《桑賈爾天文表》（一一三五／六年）。

另一方面，在這個時代也編纂了許多從韻文寫成的古代波斯史——菲爾多西的《列王記》中衍生出來的英雄敘事詩；伊蘭夏安（卒年不詳）將著作《巴赫曼的歷史》獻給了第四任君主馬哈穆德，《庫什論象牙》則獻給了第七任君主穆罕默德。同時，伊本．法爾西也將自己撰寫的

《法爾斯之書》獻給了穆罕默德。另一方面，波斯文通史《史話要說》(*Mujmal al-Tawarikh wa-'l-Qisas*，一一二六／七年），咸認也是獻給塞爾柱王族的著作。在文學方面，哈米德丁將《故事集》(*Maqamat*）編譯為波斯文，也是重要的成果。除此之外，如前述的「美德詠讚」和「美點詠讚」般，同樣型式的「列王記詠讚」也相當活躍，當中的種種軼聞故事都深植於民眾心底。波斯化的影響也廣及到敘利亞等阿拉伯語圈，阿尤布朝大馬士革政權（一一八六—一二六〇年）的本達理（一二四一年逝世）就將《列王記》翻譯成阿拉伯文散文。

「君王鏡鑑」(Mirrors of princes）類的作品也發展起來。尼札姆·穆勒克將《治國策》呈獻給馬立克沙，嘎札里則將《給諸王的忠告》(*Nasihat al-muluk*，一一〇九年左右）呈獻給穆罕默德。這種作品也可在塞爾柱地方政權見到，比方說魯姆蘇丹國，就有尼桑·亞夫雅將《品行的真實》呈獻給第十一任君主凱庫巴德一世（一二二〇—一二三七年在位）。

桑賈爾逝世後，獻詩給第十六代君主阿爾斯蘭沙的阿蘇爾·阿夫斯卡提（一一八一年左右逝世）、獻詩給圖格里爾三世的伊瑪迪·加斯納維（一一八九年左右逝世）、以及獻詩給這兩位君主的穆希爾·巴拉卡尼（一一九七年左右逝世）等人依然相當活躍。獻給塞爾柱家族的頌詩大多不是用阿拉伯文，而是用波斯文寫成。

圖格里爾三世統治的期間雖然只有二十年不到，卻編纂了許多文獻。從他自己寫的詩流傳後世來看，他本人應該也相當喜好文學。在他的統治時期，前述的《塞爾柱王朝史》和圖西（卒年不詳）的《被造物的驚異》均編纂成書。詩人尼札米(Nizami Ganjavi，一二〇九年逝世）也活躍於這個時代，他的五部作品之一、長達六千五百句的浪漫敘事詩《霍斯魯與西琳》（*Khusraw and Shirin*，一一七七—一一八一年），咸認就是獻給圖格里爾三世。不過在這首詩的序文裡，也提到了埃爾迪古茲朝第二任君主查罕・巴夫拉萬（一一七五—八六年在位），以及第三任君主克孜爾・阿爾斯蘭。此外，尼札米也受阿夫麥德第四任君主克魯布・阿爾斯蘭（一一八八—一二〇八年在位）委託撰寫《七美人》，受希爾萬沙君主阿胡斯坦（一一六〇—一一九七年在位）委託撰寫《萊伊拉和馬季農》，簡單說就是接受了相當多有力人士的援助。卡克尼（一一九九年逝世）也是侍奉阿胡斯坦的詩人，由此可見，地方政權也同樣在保護波斯化文化。侍奉克爾曼塞爾柱的阿布達爾・克爾瑪尼（一二一八年逝世），在政權滅亡後繼續侍奉古斯族的馬立克・第納爾（一一八六—一一九五），並將修辭凝鍊、文筆極盡巧妙的史書《至高的首飾》（一一八八年）呈獻給他。

5 塞爾柱王朝的重新統一與後繼各政權

對桑賈爾的評價

初期繼承人之爭不斷而導致分裂衰退的塞爾柱王朝，全因一位明君而得以重新找回光輝，這位明君就是第八任君主桑賈爾。他的名聲從尼札米五部敘事詩的第一部《祕密寶庫》（*Makhzan ol-*

Asrar）中收錄的〈桑賈爾與老婆婆的故事〉就可見一斑。此外，關於這段軼聞有很多附有插畫的版本，雖然尼札米的五卷詩在前近代穆斯林知識分子中評價相當高，但其中唯獨桑賈爾的圖像不斷為人所描繪。傾聽臣民聲音的桑賈爾形象，正是體現正義的王之象徵。就像這幅插畫所示，在塞爾柱王朝歷代君主之中，桑賈爾獲得極高評價。據傳薩多爾．胡賽尼的《有關塞爾柱王朝的種種事情》中，對桑賈爾就有這樣的評價：「他統治了除父親馬立克沙以外，前無古人後無來者的廣大各國。」（《有關塞爾柱王朝的種種事情》，一八〇頁）當然，關於他的統治疆域形容有點誇張，但整個伊斯蘭信仰圈內都流傳有這樣的記載：

全部的伊斯蘭國度以及穆斯林居住地區的講道壇上，都會把他的名字放進呼圖白當中。不管是哪一位蘇丹，或者是阿胡拉斯雅布朝（喀喇汗國）與加茲尼政權那些受讚頌的君主，都沒有這位蘇丹那麼成功。

——《史話要說》，三一七頁

根據《塞爾柱王朝史》記載，在呼圖白中提及桑賈爾名諱的地區，東起喀什，經葉門、麥加、阿曼、彌蘭、亞塞拜然、甚至直達安納托利亞半島與保加利亞；這種現象直到他過世後一年仍然持續。就像這樣，對於重新統一塞爾柱王朝、控制廣大領域的桑賈爾，同時代人給他的評價一樣很高。現在和塞爾柱王朝史有關的通論往往重視圖格里爾與馬立克沙的統治，卻鮮少提及桑賈爾。相對於此，筆者認為桑賈爾將近四十年的統治，實為塞爾柱王朝、甚至整個西亞史的一大轉換期。

身為大蘇丹的桑賈爾

在馬立克沙逝世後的繼承人之爭中，握有主導權的第五代君主巴爾基雅魯克委託桑賈爾經營以呼羅珊為中心的東部地區。巴爾基雅魯克逝世後，第七代君主穆罕默德脫穎而出，但東部依舊由桑賈爾控制。由於桑賈爾和穆罕默德是同母兄弟，所以他使用王子的稱號「馬立克」，而用君主的稱號「蘇丹」稱呼穆罕默德，意思是承認他的宗主權。可是當穆罕默德逝世、其子馬哈穆德二世即位時，桑賈爾就拒絕臣服於自己的姪子，改稱自己為「蘇丹」。他在沙瓦近郊擊破馬哈穆德，一路攻到巴格達，反過來逼對方臣服於己。後來，桑賈爾把自己的女兒嫁給馬哈穆德，確立了自己身為大蘇丹、馬哈穆德為副蘇丹的體制。在這時代編纂的《史話要說》中，兩人的稱號也分成「至高的蘇丹」與「偉大的蘇丹」，箇中意涵令人玩味。

在這之後，桑賈爾對外不斷累積重大戰果。根據《塞爾柱王朝史》記載，他在四十年間獲得了十九次重大勝利，其偉業讓人盛讚「不知敗北為何物」。面對建國以來的宿敵加茲尼政權，他也介入了第十三任君主馬紹德三世（一〇九九—一一一四年在位）逝世後的繼承人之爭，並且頭一次攻陷了敵國首都加茲尼。結果，加茲尼政權以承認塞爾柱宗主權及納貢為條件，按照桑賈爾的意向由巴赫朗姆沙（一一一八—一一五二年在位）登上王位。接著他又干涉喀喇汗國的內政，於一一三二年立自己妹妹所生的兒子、也就是馬黑木（一一三二—一一四一年在位）為王。另一方面，從塞爾柱王朝獨立出來的花剌子模也承認桑賈爾的宗主權，第二任君主阿即思（一一二七—一一五六年在位）即位時，也是由桑賈爾授予其王位。但阿即思在一一三六年與桑賈爾割袍斷義，企圖掀起叛亂，於是桑賈爾在一一三八年率兵討伐，阿即思兵敗潰逃。關於當時的戰後處理，《全史》有著以下記載：

桑賈爾控制花剌子模後，將該地的伊克塔授予自己的兄弟穆罕默德之子基雅斯丁．蘇萊曼沙，並在其下設置宰相、阿塔貝克、侍從等官員；等到他的基礎穩固之後，便在這年的第二個主馬達月回到了梅爾夫。

——《全史》一一卷，六七頁

從這段敘述中可以看到，桑賈爾雖然給予自己的姪子花剌子模的伊克塔，將當地納入統治，卻又在姪子底下設置了包括宰相在內的主要官員。由此可知，塞爾柱王朝的行政體系，在中央有以君主為頂點的官僚機構，在地方也有以王族和權臣為中心的官僚機構，也就是用中央的「大」政權，綁住地方的「小」政權。正因如此，當中央力量衰弱時，地方政權就會不斷嘗試自立。

再度統治廣大領域的桑賈爾，就如前述，有許多宮廷詩人活躍於此時，文化上也獲得了重大發展。可是，一一二五年隨著東亞的遼國（九一六—一一二五年）瓦解，西遼（黑契丹）從東方突如其來地出現在塞爾柱王朝眼前；面對這個威脅，桑賈爾在一一四一年的卡特萬之戰吃了大敗仗，連王妃都被俘虜。失去河中地區的桑賈爾威信動搖，各地的敵對勢力全都蠢蠢欲動。為了應付這些人，桑賈爾在一一四七年擋住了花剌子模、一一五二年又擋住了古爾朝（一〇〇〇？—一二一五年）；但在一一五三年，高齡七十歲的桑賈爾在和非穆斯林突厥集團——古斯人的戰鬥中敗北，不只梅爾夫城遭到掠奪，他本人也被俘虜。雖然三年後他成功逃脫，但礙於囚禁生活疲苦，不久後便逝世。他的遺體葬在梅爾夫，自己生前蓋好的陵墓當中。

現在仍聳立在梅爾夫的桑賈爾陵墓，即便在一百五十年後伊兒汗國時期拉施德丁（Rashid al-Din Hamadani）編纂的《史集》(*Jami' al-Tawarikh*，一三〇七年）中，依舊稱其為世界最大的建築物。據說伊兒汗國第七任君主合贊（一二九五—一三〇四年在位）為了與之抗衡，也建造了自己的陵墓。

就像這樣，桑賈爾的名號和事蹟一直殘留在後世的記憶中；和桑賈爾爭奪霸權、繼承他舊有領土的花剌子模各君主，之後也以「第二個桑賈爾」自稱。在面對蒙古西征時，花剌子模末代君主札蘭丁（一二二〇—一二三一年在位）也和已故塞爾柱王朝末代君主圖格里爾三世的女兒結婚；之所以如此，可以想成是他要借用塞爾柱王朝的權威，來對抗魯姆蘇丹國。此外，花剌子模雖然有一段時期保護什葉伊斯蘭，但基本上是繼承信奉順尼伊斯蘭的塞爾柱王朝的行政體系。

桑賈爾逝世後的塞爾柱王朝

重新統一塞爾柱王朝的桑賈爾逝世後，沒有留下子嗣，王朝再次陷入大混亂。在東部，前述的桑賈爾外甥、喀喇汗國君主馬黑木被推舉出來，桑賈爾的有力將領穆亞伊德·艾伊阿巴也趁勢崛起，最後這個地區被花剌子模併吞。在西部，擔任塞爾柱家族王子監護人的阿塔貝克之間，權力爭奪戰也愈演愈烈。而在過程中，阿拔斯王朝哈里發的權力也逐漸恢復，宰相伊本·胡貝拉（一一六五年逝世）等人開始抵抗塞爾柱王朝的統治。塞爾柱王朝面對東邊的花剌子模、西邊的阿拔斯王朝哈里發以及阿塔貝克各政權，不得不認輸，並在一一六一年被亞塞拜然的阿塔貝克政權——埃爾迪古茲奪走政治實權。對於這種狀況，《納賽爾史話》有著以下描述：

> 桑賈爾的統治告終之時，並沒有留下任何兒子。支配部分伊斯蘭世界的，是他的奴隸；這些奴隸自稱「阿塔貝克」，擁立桑賈爾的姪甥輩為王。換言之，控制各國的全都是阿塔貝克。這個集團又分成好幾支：被蘇丹桑賈爾賜與伊拉克和亞塞拜然的阿塔貝克埃爾迪古茲家族、被賜與法爾斯的阿塔貝克宋古爾、以及統治敘利亞的阿塔貝克摩蘇爾。
>
> ——《納賽爾史話》，二六八頁

就像這樣，擁有阿塔貝克稱號的地方政權趁著塞爾柱王朝衰退，紛紛起來謀求獨立。在這當中最強大的勢力，是敘利亞的贊吉朝和亞塞拜然的埃爾迪古茲朝。

敘利亞的阿塔貝克

敘利亞塞爾柱的杜卡克逝世後，原任阿塔貝克的托特金家族，在大馬士革建立了布里迪朝（一一〇四—一一五四年）；另外在阿勒坡，拉德萬逝世後，則由他的阿塔貝克魯魯（一一一六／七年逝世）掌握實權。在這種分裂狀態下統一敘利亞的，是塞爾柱王朝阿勒坡總督安奎沙克（一〇九四年逝世）的兒子贊吉（一一二七—一一四六年在位）。贊吉實際上是以阿塔貝克的身分擔任兩名塞爾柱王朝王子的監護人。他建立起來的贊吉朝透過和十字軍不斷的戰爭，成功取得了統治的正當性。贊吉朝是基於統治權共有，由家族共同組成的鬆散聯盟，因此樹立了好幾個政權。在這當中，以阿勒坡和大馬士革為據點的努爾丁（一一四六—一一七四年在位）持續對抗十字軍，但他派遣到埃及的薩拉丁卻在當地獨立，建立阿尤布朝，結果反過來吸收了贊吉朝的勢力。

法爾斯的阿塔貝克

在法爾斯興起的薩魯爾政權，是出自突厥系烏古斯族的薩魯爾氏族，血脈悠久。他們應該是跟著圖格里爾移居到西亞一帶。首任君主宋古爾（一一四八—一一六一年在位）在一一四八年、塞爾柱王朝第十二代君主馬蘇德（一一三四—一一五二年）統治期間於法爾斯獨立。他們承認塞爾柱王朝的宗主權，並向之納貢。塞爾柱王朝滅亡後，他們完全獨立，並在第四任君主薩伊德一世（一一九八—一二二六年在位）時代達到繁榮極點。以《薔薇園》、《果園》等著作聞名的薩迪（一二九二年逝世），就活躍於薩魯爾的宮廷。薩魯爾政權雖然冠上阿塔貝克的稱號，但實際上並無證據顯示他們曾擔任過此職。不過這個政權同樣重視與塞爾柱王朝的關聯，以薩魯爾政權為據點、出身法爾斯的知識分子巴達威（一三一六／七年逝世），就曾經記載「第九代君主塞爾朱克沙（一二六三年在位）的母親，乃是塞爾柱王朝的後裔」。

洛雷斯坦的阿塔貝克

以洛雷斯坦地區的伊澤為據點的地方政權哈札拉斯皮德政權，和塞爾柱王朝之間無法確認有直接關係。首任君主阿布．塔希爾（一一五五／六—六一年在位）原本是薩魯爾的軍隊統帥，但在征服洛雷斯坦後便駐留當地，並於一一五五／六年獨立。雖然是後世的紀錄，不過根據哈穆德．阿拉．穆斯塔非的《選史》（一三三九／三〇年）記載，哈札拉斯皮德（一二〇三／四—一二二九年左右在位）統治時期，曾派遣他的兒子迪齊拉前往阿拔斯王朝第三十四任哈里發納賽爾處，請求賜與阿塔貝克的稱號。明明是和塞爾柱王朝沒有直接關係的政權，卻要求阿塔貝克的稱號，塞爾柱王朝行政體系的影響之強烈可見一斑。哈札拉斯皮德和薩魯爾朝一樣冠上阿塔貝克稱號，並藉由和薩魯爾以及花剌子模兩政權的合縱連橫，成功確保了勢力基礎。

同樣在洛雷斯坦地區，也有一個以霍拉馬巴德為據點的地方政權庫爾希德興起；這個政權也自稱阿塔貝克，但同樣和塞爾柱王朝沒有直接關係。

雅茲德的阿塔貝克

在雅茲德興起的地方政權卡庫伊德，於一〇五一年納入塞爾柱王朝麾下；之後透過聯姻等方式，和塞爾柱王朝建立了緊密關係。比如說，卡庫伊德朝末代君主伽薩斯普二世（一〇九五—一一四一年在位）就和塞爾柱王朝第三任君主馬立克沙關係密切，還迎娶了他的女兒薩伊拉．哈德溫。後世雅茲德的名士夏姆斯．胡薩尼（一三三二／三年逝世），在他所著的《塞爾柱王朝史的旅途伴手禮》（*al-Uradah fi al-hikayah al-Saljuqiyah*，一三一三年左右—一三一六年）也這樣敘述：「這個地區的阿塔貝克和當地國王，都和塞爾柱家的高貴血統有所關連。薩伊拉．哈德溫正是雅茲德諸王的祖先。」（《塞爾柱王朝史的旅途伴手禮》，六〇頁）由此可知，他們對於和塞爾柱王朝的關聯，有著相當強烈的意識。由於伽薩斯普二世的兒子法拉馬斯（一一四一年逝世）沒有男方子嗣，因此桑賈爾便命他的兩個女兒為繼承人，並由薩姆．本．瓦坦魯斯（一一四一—一一八八年）

擔任阿塔貝克。他和卡庫伊德朝締結婚姻關係，此後便由繼承他血脈的子嗣實際統治雅茲德，而這個政權也被稱為「雅茲德的阿塔貝克」。

馬拉蓋的阿塔貝克

在馬拉蓋興起的是阿夫麥德朝。首任君主阿克宋格爾（一一二二—一一三四年在位）的父親阿夫麥德原本侍奉塞爾柱王朝第七任君主穆罕默德，卻被尼札里派暗殺者所殺，於是兒子阿克宋格爾繼承了他的位子。阿克宋格爾在位期間，鞏固了馬拉蓋的統治，也冠上阿塔貝克的稱號；同時，他也是塞爾柱王朝第十代君主達瓦德（一一三一—一一三二年在位）的實質阿塔貝克。

亞塞拜然的阿塔貝克

一一六〇年至一一八一年，埃爾迪古茲朝將塞爾柱王朝君主置於自己的控制下。首任君主埃爾迪古茲（一一四五—一一七五年在位）原本是欽察系奴隸傭兵，之後被塞爾柱王朝第十二代君主馬蘇德授予阿蘭之地，並和第十一代君主圖格里爾二世的遺孀穆米娜．哈德溫結婚；穆米娜的巨大陵墓現在還聳立在納希切萬，供人緬懷當時的榮耀。穆米娜共生有兩子一女，其中一人是第二任君主賈漢．帕拉萬（Muhammad Jahan Pahlawan），另一人則是第三任君主克孜爾．阿爾斯蘭。也就是說，這兩位君主都繼承了塞爾柱家族的血脈。馬蘇德死後，這個政權將亞塞拜然全境納入自身控制；埃爾迪古茲擁戴自己監護、養育長大的阿爾斯蘭沙為塞爾柱王朝第十六代君主，與妻子穆米娜一起大權在握。因此我們可以說，埃爾迪古茲朝與塞爾柱王朝的終結，有相當重大的關聯。

如前所述，阿塔貝克這個稱號原本是指塞爾柱王朝王子的監護人，但後來普遍化後，在塞爾柱舊領土誕生的地方政權君主，冠上這個稱號的情況也屢見不鮮。只是在魯姆蘇丹國，並未證實他們曾使用過這個稱號。

6 塞爾柱王朝的滅亡

傀儡化的塞爾柱王朝君主

竭力擁戴阿爾斯蘭沙的埃爾迪古茲，獲得了「大阿塔貝克」的稱號，掌握了政治實權。只是在正史《塞爾柱王朝史》中，埃爾迪古茲朝的君主不過是被當成一介侍從看待而已（參照專欄）。

埃爾迪古茲以亞塞拜然為據點，劍指伊斯法罕，積極展開軍事活動，阿爾斯蘭沙則以哈馬丹為據點。然而，阿拔斯王朝哈里發承認埃爾迪古茲朝的統治，卻不承認塞爾柱王朝的統治。到了一一七五年，發生了讓這個體制產生激烈震盪的一連串事件。關於事件經過，《塞爾柱王朝史》是這樣記載的：

〔阿爾斯蘭沙〕抵達大不里士時，接到納希切萬傳來有關蘇丹母親逝世的訊息。直到抵達哈馬丹為止，蘇丹都還不知道這件事；於是他在當地舉行了盛大的追悼會。這位幸運的哈德溫夫人，可說是為了王朝的規律與秩序竭盡心力。在她過世後一個月，幸運的阿塔貝克也在納希切萬隨之而去。兩人的棺木被運往哈馬丹，在已建造好的眾學院間巡迴。蘇丹本身也為病所苦；在〔五〕七一年的第一個主馬達月，他和賽義德．法夫爾丁．阿拉．阿塔烏拉的姊妹蘇伊德．法蒂瑪結婚；在第二個主馬達月上旬，蘇丹遷移到她的宅邸，但一星期後，也就是這個月的中旬，蘇丹便踏上了前往阿拉應許之地的旅程。

——《塞爾柱王朝史》，一一八頁

就這樣，在幾個月之間，支撐該體制的三位重要人物陸續駕鶴西歸。繼承埃爾迪古茲的，是他的兒子賈漢．帕拉萬，意思是「世界的勇者」。他和阿爾斯蘭沙是異父兄弟，但阿爾斯蘭沙為了奪回實權，動員軍隊對付他，卻在途中不幸病逝。關於阿爾斯蘭沙的死因，有傳說是遭到賈漢．帕拉萬毒殺。

「明君」賈漢．帕拉萬

控制住這片混亂的賈漢．帕拉萬，擁戴當時只有七歲的阿爾斯蘭沙之子圖格里爾三世即位，完全掌握了實權。在上呈給魯姆蘇丹國的塞爾柱王朝史，由拉萬迪（Muhammad ibn Ali Rawandi）所著的《胸膛的安息》（*Rahat al-sudur*，一二〇六／七年）中寫到，在賈漢．帕拉萬麾下的圖格里爾三世，享受的名聲是馬立克沙和桑賈爾都遠遠不及的。在埃爾迪古茲朝領地，圖格里爾三世的名字被放進呼圖白，也被鑄在貨幣上。這時候，即使和巴格達的阿拔斯王朝哈里發針鋒相對，塞爾柱王朝還是可以行使其影響力。《胸膛的安息》也做了這樣的評價：「圖格里爾三世負責召開宴會，賈漢．帕拉萬則從事戰鬥。」後者還組織了自己的奴隸傭兵軍團「帕拉萬軍團（帕拉瓦尼亞）」，以此聞名於世。

然而就在這時候，獲得敘利亞政權的薩拉丁也對東方產生興趣，準備展開瓜分天下的決戰。一一八二年，企圖恢復贊吉朝舊有領地的薩拉丁進攻摩蘇爾；一一八五年，他向埃爾迪古茲朝提出了借道的要求。關於這件事的來龍去脈，《胸膛的安息》這樣記載：

五八一年，薩拉丁（薩拉爾丁）從敘利亞前往摩蘇爾。他高舉有名的「聖戰」號召，請求阿塔貝克讓他通過王國，攻擊與破壞加茲溫、巴斯塔姆、達姆甘等卑劣異教徒盤踞的堡壘，同時建立一個踏足伊拉克的橋頭堡。阿塔貝克得知此事後深思良久，最後不得已，決定出陣擊退薩拉丁。為了擊退對方，阿塔貝克使出了諸多策略，結果染上了赤痢；最後薩拉丁撤退，阿塔貝克的病也一直沒好起來。

——《胸膛的安息》，三三七頁

薩拉丁不只針對十字軍，在討伐順尼伊斯蘭各政權的仇敵尼札里派時，也高舉「聖戰」的大旗；可是，賈漢．帕拉萬警戒薩拉丁可能以討伐尼札里派為口實，侵入自己的領土，於是發兵迎擊將他擊退。

在塞爾柱王朝時代編纂的公文集，穆罕默德．阿塔巴基的《書簡選集》中，收錄了一般認為是保存在伊斯法罕、十二世紀後期的公文抄本。當中也包含了賈漢．帕拉萬寫給兄弟克孜爾．阿爾斯蘭的書信。從這封書信中可以得知，他的目標是從薩拉丁手中守住摩蘇爾。他也提及了塞爾柱王朝君主的名號，好正當化自身的統治。

這個時代的政治史，往往都將目光焦點集中在埃及的薩拉丁，但東方其實也有賈漢．帕拉萬這位「明君」和他並駕齊驅。對他來說，薩拉丁所高舉的「聖戰」，不過就是「侵略」罷了。

關於這位「明君」之死，《全史》有著以下的記載：

這年年初，帕拉萬．穆罕默德．本．埃爾迪古茲逝世了。做為山岳地帶、雷伊、伊斯法罕、亞塞拜然、阿蘭等地的統治者，他以公正無私、品行優良、賢明堅忍的態度，實現王權統治。在他的統治期間，這些地區享受了和平，臣民也得以安寧。但在他逝去後，伊斯法罕的莎菲懿派與哈納菲派便展開了無休無止的戰鬥、殺戮、戰火與掠奪。卡迪是這個地區哈納菲派的領袖，一本．布詹迪則是莎菲懿派的領袖。另一方面，在雷伊的順尼伊斯蘭與什葉伊斯蘭間也爆發了重大的騷亂；城鎮居民流離失所、遭到殺害，城鎮也被破壞殆盡。

——《全史》一一卷，五二五—五二六頁

賈漢．帕拉萬的逝世讓各國陷入一片混亂。侍奉塞爾柱王朝的祖法塔卡尼在他的《葉米尼史翻譯》（一二〇五／六年）中，也評論身為「王國掌舵者」的賈漢．帕拉萬之死，導致了塞爾柱王朝的崩潰。

埃爾迪古茲朝治下的亞塞拜然也和塞爾柱王朝一樣，在波斯化文化方面綻放出美麗的花朵。在他們的宮廷內，有阿蘇爾．阿富蘇卡迪、穆希爾．巴拉卡尼、薩希爾．法爾雅比（一二〇一年逝世）、尼札米、齊瓦米．穆塔里蘇（一一八〇年逝世）等詩人活躍其間。

就像這樣，埃爾迪古茲朝確立了身為塞爾柱王朝後繼政權的地位，可是有一篇流傳於世、興味深長的文獻，讓我們得以一窺埃爾迪古茲方面的見解。那是獻給第六任君主烏茲別克（一二一〇—一二二五年在位）、屬於君王鏡鑑類的作品《諸道的珍珠》（一二一三年）。內容主張，自傳說中的波斯王法里東以降，歷經凱霍斯洛、亞歷山大、加茲尼政權的穆罕默德、塞爾柱王朝的馬立克沙等明君後，象徵波斯王權的神聖光環，在賈漢．帕拉萬時代已然轉移到埃爾迪古茲朝。

塞爾柱王朝最後的輝煌

賈漢·帕拉萬並沒有子嗣，在他身後的繼承人之爭中，王妃伊南吉·哈德溫有著舉足輕重的影響力。雖然即位的是帕拉萬的兄弟克孜爾·阿爾斯蘭，但王妃卻支持力圖奪回實權的圖格里爾三世，雙方因此展開鬥爭。關於這方面的狀況，《全史》是這樣記載的：

> 蘇丹圖格里爾·本·阿爾斯蘭·本·圖格里爾·本·穆罕默德·本·馬立克沙，和帕拉萬一起君臨這個領域，然而，儘管身為蘇丹，他的名字被放在呼圖白當中，卻沒有任何實權可言。事實上在這片領土，總督和正稅都為帕拉萬所掌控，而當帕拉萬逝世後，圖格里爾便脫離了克孜爾的控制。
>
> ——《全史》一一卷，五二六頁

阿拔斯王朝的哈里發一向支持克孜爾，但在一一八七年，圖格里爾三世還是獲得了勝利，放逐了伊斯法罕的親埃爾迪古茲派。正如本章開頭所介紹，一一八七年是塞爾柱王朝為自身存亡而戰的一年；對他們而言，薩拉丁攻下耶路撒冷不過是發生在遙遠西方的一起事件，更罔論為此歡欣鼓舞。翌年、也就是一一八八年，他們在哈馬丹近郊擊敗了阿拔斯王朝軍隊，還俘虜了對方的宰相賈拉爾丁·烏帕德·阿拉。至此，塞爾柱王朝在圖格里爾三世的統領下，似乎又恢復了生機。另一方面在西方，薩拉丁仍持續對十字軍發動聖戰。

可是到了一一九〇年，克孜爾．阿爾斯蘭又重振旗鼓。圖格里爾三世兵敗被俘，被關進亞塞拜然的牢獄，克孜爾改立塞爾柱王朝的王子桑賈爾。之後，克孜爾又應阿拔斯王朝的要求，廢黜桑賈爾，由自己即位。關於事情的來龍去脈，《胸膛的安息》有著以下記述：

> 阿塔貝克．克孜爾．阿爾斯蘭之後一直待在哈馬丹，穩固了他的王權。他將馬立克．桑賈爾．本．蘇萊曼趕出城，自己坐上王座，向總督頒布伊克塔文件。接著他前往伊斯法罕，迎娶了伊南吉．哈德溫，在極大的榮譽與喜悅中獲得了王位。從哈里發所在的都城傳來訊息，騙他該登上蘇丹大位，他才把桑賈爾趕走，自己繼任蘇丹，並定下新的慣例。然而，真主對於忘恩與策謀的行為是不會祝福的；篡奪圖格里爾的政權與蘇丹之位，實為不祥之舉。
>
> ——《胸膛的安息》，三六三頁

克孜爾這一連串對待塞爾柱王朝的作為，讓伊南吉．哈德溫與伊拉克的總督都覺得廢除圖格里爾三世是不當之舉，於是他們便趁著克孜爾在帳篷裡酩酊大醉的機會，暗殺了他。在這之後，圖格里爾三世又恢復了權勢，不過克孜爾的繼承人庫特魯克．伊南吉（一一九一—一一九六年在位）與阿拔斯王朝哈里發向花剌子模送去書信，請求他們支援。結果，花剌子模軍隊在雷伊近郊擊破圖格里爾三世的軍隊；圖格里爾三世戰死，他的首級被送到阿拔斯王朝的都城巴格達。借用當時史家的話來說，「塞爾柱王朝始於圖格里爾，也終於圖格里爾。」這時，受花剌子模庇護的庫特魯克·伊南吉獲得保證，得以維持領土完整。原本只是區區地方政權的花剌子模，遂控制了從中亞到西亞的廣大地域，並重新一統塞爾柱王朝的舊有疆土。而引發這個契機的，正是埃爾迪古茲朝。

在這之後的伊斯蘭信仰圈

以上就是本章對塞爾柱王朝做為西亞史轉換期之時代意義所做的考察。塞爾柱王朝滅亡後，再也沒有出現過長時間控制含敘利亞在內的西亞全境的政權。即使是滅亡花剌子模、一時間席捲歐亞大陸的蒙古大軍，之後也不得不從敘利亞撤兵。之後，西邊的阿拉伯語圈和東邊的波斯語圈，便產生了極大的分歧。

在敘利亞建立政權的阿塔貝克勢力贊吉朝，以及之後從贊吉朝獨立出來的阿尤布朝，都打著「聖戰」的旗幟將自己的統治正當化；他們並不關心東邊的塞爾柱王朝，只和阿拔斯王朝一起推動對十字軍的戰爭。擁有從軍對抗十字軍經驗的史家伊本·阿茲爾，對於十二世紀後期的敘述，就幾乎都集中在對十字軍戰爭，完全不關心塞爾柱王朝的動向。另外在東方，十字軍並不被視為問題，埃爾迪古茲朝一邊和阿拔斯王朝哈里發維持關係，一邊掌握政治實權。塞爾柱王朝君主雖仍健在，卻不過是沒有實權的傀儡，反倒是擔任監護人（阿塔貝克）的埃爾迪古茲君主被評價為最公正的君主，還有詩人詠讚其事蹟。

一一八七年，就處於這樣的一種政治氛圍：塞爾柱王朝面臨存亡之際，想要奪回最後的光輝，但如此企圖卻以失敗告終。一一九四年，塞爾柱王朝正式滅亡。可是，以薩魯爾朝為首的阿塔貝克諸政權仍舊使用塞爾柱王朝授予的「阿塔貝克」稱號，而埃爾迪古茲朝也以擁立傀儡君王的形式，繼續尊奉塞爾柱王朝君主；由此可知，對於這個曾一度為塞爾柱王朝統御的地區，該王朝的權威仍屬必要。就像之後被蒙古帝國統治過的歐亞大陸各地都十分看重成吉思汗血脈一樣，在這個時代，塞爾柱王朝的權威也格外被看重，王族的血統更受重視。即便日後進入蒙古帝國時代，在地方政權層級，此種觀念依然存在於眾人的記憶裡。塞爾柱王朝滅亡後，魯姆蘇丹國之所以採取和以前不同的策略，強調自己和塞爾柱王朝的強烈血緣關係，想必也是在這種脈絡下所致。

就像這樣，曾一度被塞爾柱王朝控制的地域，分成了主要屬於阿拉伯語圈的阿尤布朝，以及屬於波斯語圈的埃爾迪古茲與花剌子模政權。這些地區在日後雖然有時彼此相沿，但基本上走向了不同的道路（在這之後，現在的西亞史書寫也分成了阿拉伯史和伊朗／土耳其史）。另一方面，即便諸如阿塔貝克等官職、伊克塔制等行政體系、學院建設等宗教信仰都共同受塞爾柱王朝的影響，但在這之後，它們還是走向了各自不同的發展形式。

◆ COLUMN ◆

《塞爾柱王朝史》與巴托爾德

近年新刊行有關塞爾柱的重要波斯文史料，是札希爾・尼沙布里（Zahir al-Din Nishapuri，一一八七年逝世）的《塞爾柱王朝史》（*Seljuk-Nama*，一一七八年左右）。作者據說是塞爾柱王朝第十六代君主阿爾斯蘭沙的教師。這是一本由精通塞爾柱王朝內情的知識分子，在第十七代君主圖格里爾三世的命令下編纂而成的作品。它從王室的起源談起，一直敘述到圖格里爾三世即位為止。在各君主本紀的末尾都會有對君主的容貌描寫，以及其有力家臣的一覽表，令人深感興味。比方說跟作者關係親密的阿爾斯蘭沙，就被如此描述：

〔阿爾斯蘭沙的〕統治期間是十五年七個月又十五天，生涯則是四十三年。他有著一張酡紅臉頰、容貌端正、下巴留著長鬚、頭髮稀薄、額頭寬廣、中等身材、不胖也不瘦。他的宰相是瓦蘇爾・席哈普丁・本・蘇卡；瓦蘇爾・法夫爾丁・本・穆英丁・穆夫塔斯；瓦蘇爾・賈拉爾丁・本・奇瓦姆丁。侍從是總督・哈吉布・穆沙法爾丁・巴斯達爾；總督・哈吉布・阿塔貝克・阿雅茲；總督・哈吉布・努斯拉特丁・帕拉萬。

——《塞爾柱王朝史》，一一九頁

關於容貌的描寫，除了作者親眼目睹的同時代君王外，大概都是以王室傳承下來的資訊為準。

在序文中，他讚揚塞爾柱王朝是穆斯林各政權中最偉大的政權，同時也因為他的作品強烈呈現了塞爾柱王朝君王的立場，所以被評為「正史」。

這本《塞爾柱王朝史》，對後世史家產生了重大影響。包括《胸膛的安息》（一二〇六／七年）和《塞爾柱王朝史的旅行伴手禮》（一三一三年左右—一三一六年）這兩本賽爾柱王朝史，都是立基於這本正史的內容，以技巧性修辭重新寫就並補足資訊。除此之外，也有像阿布．哈米德這樣以圖格里克三世統治期間為對象，對這本正史加以增補撰寫的《續篇》（一二〇二／三年）。經過《續篇》補充的《塞爾柱王朝史》被收錄於《歷史精髓》（一三〇〇年）和《史集》（一三〇七年）當中，一直殘存到今日；而札希爾．尼沙布里的名字也在《選史》（一三二九／三〇年）和哈菲斯．阿布爾的《歷史集成》（一四二七年）等後世通史中不斷被提起，從而一直流傳下去。

這份史料長久以來一直處於散佚狀態，直到莫頓（A. H. Morton）在倫敦皇家亞洲學會進行比對後「發現」了它的手稿，才在二〇〇四年將這份手稿付梓刊行；也從這時開始，它的內容才頭一次被正式介紹給學界。不過，學會的手稿本目錄裡載有《塞爾柱王朝史》，這點早就由俄國東洋史學者巴托爾德（Vasily Bartold，一九三〇年逝世）指出了。可是他的調查未能確定這份手稿的存在，之後這份手稿就被認定是已然佚失了。這是為什麼呢？原來是這份手稿在重印時，被放在別的手稿後面一起裝訂，所以便從書架上消失了。這大概也出乎巴托爾德的意料之外吧！於是，《塞爾柱王朝史》儘管被收藏在近在咫尺的機構內，卻沒有任何人察覺它的存在，這點實在令人痛心；由此可見仔細調查第一手手稿資料的重要性。

第二章　伊斯蘭與印度的邊疆

稻葉穰

1　特萊戰役（一一九一—一一九二年）

穆斯林軍的敗北與重振

蘇丹卡茲伊（穆伊茲丁．穆罕默德．古爾）整飭伊斯蘭軍，朝著塔巴爾辛達城壘（巴廷達城）前進，征服了那座城。（中略）庫拉的國王辛德拉直逼〔巴廷達城〕附近；蘇丹為了迎擊他，回到了特萊。印度斯坦的國王全都跟著庫拉王一起。戰爭一開打，蘇丹卡茲伊就取過長槍，對準一頭大象發動攻擊。這頭大象是德里王寇辛．拉伊的坐騎；德里王騎著這頭象，在前線不斷奮戰。蘇丹卡茲伊是人稱當代的獅子、羅斯丹再世的英勇戰士，他拿著長槍襲擊那頭象，擊打坐在象上的寇辛．拉伊；受到蘇丹的擊打，那個該死的男人折斷了兩根牙齒，但他也向伊斯蘭蘇丹投擲標槍，讓〔蘇丹的〕手腕受了深深的傷。蘇丹調轉馬頭想要退後，但因為傷口太深無法繼續騎馬。伊斯蘭軍也開始敗退，每個人都無法堅持下去。眼見蘇丹落馬只是時間問題，這時一名哈拉吉族勇士發現了蘇丹，和蘇丹並駕奔馳，將他一把抱上馬，然後策馬脫離了戰場。

伊斯蘭士兵找不到蘇丹的身影，全都開始大叫大嚷。之後敗兵在異教徒的追擊下，總算安全抵達住宿的驛站，這時蘇丹突然出現了；總督們，還有古爾的年輕人以及有名的戰士，他們看見蘇丹和那名哈拉吉族的「幼獅」一起，立刻發覺〔蘇丹在這裡〕，然後團團聚集過來。他們折斷長槍，做成轎子和臥鋪，把蘇丹扛在上面，載往住宿的驛站。所有人直到這時候，才都鬆了一口氣。

——《納賽爾史話》第一卷，三九八至四〇〇頁

這是十三世紀史家敏哈吉在著作《納賽爾史話》中描寫的第一次特萊戰役（一一九一年）。這裡看到的塔巴爾辛達即巴廷達城（Bathinda），是旁遮普地區的東方要衝，十一世紀初期曾一度被穆斯林軍（加茲尼朝）占領，但到了十二世紀末則被支配拉賈斯坦（Rajasthan）到哈里亞納、德里，乃至於更東南方一帶的拉傑普特人政權——喬漢王朝的普利色毗羅闍三世（Prithviraja III，一一七八—一一九二年在位）所控制。引文中的「庫拉之王辛德拉」，指的就是普利色毗羅闍；至於騎乘大象與穆斯林作戰的寇辛．拉伊，則毫無疑問是他的兒子、受託統治德里的哥文達拉夏四世。

在這場戰役稍早之前的一一八六年，穆伊茲丁（Mu'izz al-Din Muhammad Ghori，又稱古爾的穆罕默德）將加茲尼朝最後的統治者霍斯洛．馬利克圍困在拉合爾，逼他投降；這次進軍巴廷達，是古爾

十二世紀北印度與阿富汗、巴基斯坦地圖

朝正式踏足北印度的第一步。在這一戰的前年，軍隊在巴廷達幾乎沒碰到甚麼激烈抵抗，所以穆伊茲丁一度折返加茲尼，但他接獲報告，得知率領拉傑普特聯軍的普利色毗羅闍很有可能從阿傑梅爾（Ajmer）出發逼近巴廷達，於是又立刻往東折回，結果兩軍在古老的塔聶沙爾近郊的特萊（Tarain，現今哈里亞納省卡納爾近郊的塔拉歐里）相互遭遇。戰鬥的結果就像敏哈吉所講的，指揮官受到重傷的穆斯林軍混亂敗走，而擊敗號稱無敵的穆斯林軍團（自從加茲尼朝以來的印象）的英雄普利色毗羅闍，名氣也一下子水漲船高。在特萊戰役同時期、由詩人賈賈納卡寫成的韻文〈普利色毗羅闍的勝利〉中，就將普利色毗羅闍譽為毗濕奴神為了懲罰蠻族，而派到地上的第二位羅摩。

另一方面，敗將穆伊茲丁則在第二年火速率領軍隊，再度進攻印度斯坦。敏哈吉在介紹中敘述，當時的穆斯林軍包括了高達十二萬名的重裝騎兵，接著又這樣記載：

蘇丹（穆伊茲丁）做好了出兵的準備。他把中軍、行李隊、軍旗、陽傘、象隊留在幾庫洛夫（一庫洛夫約等於兩英里）的後方，自己整飭〔前陣的〕陣型，慢慢前進。蘇丹命令沒穿鎧甲的輕裝騎兵分成四隊，配置在異教徒的四面，然後下令道：「從四面對異教徒軍的右翼、左翼、後衛、前衛，各派一萬騎兵發射弓箭，持續攻打異教軍。假使那些該死的傢伙派出大象和騎兵攻擊，你們就馬上後退，騎著馬和敵人保持距離。」

——《納賽爾史話》第一卷，四〇〇頁

結果印度聯軍徹底潰敗，普利色毗羅闍也從大象換乘馬匹，狼狽而逃；可是當他逃到薩拉斯迪（現在的西爾薩進）時，遭到穆斯林軍捕殺。德里的哥文達拉夏也戰死沙場。就這樣，第二次特萊戰役後，包含阿傑梅爾的王國、哈恩西、薩拉斯迪，以及其他地區的斯瓦利格（現在是喜馬拉雅山脈群的名字之一，但過去指的是哈里亞納到拉賈斯坦之間的廣大地帶），全都落入古爾朝的手中。

在特萊獲勝以後，北印度已經沒有足以阻擋古爾朝的勢力，於是穆伊茲丁和他的將軍庫多夫丁·阿貝格、塔吉丁·尤爾多斯，以及哈拉吉族的族長穆罕默德·巴夫迪亞爾·哈拉吉等人就如同後述，一一征服北印度的重要據點。

偶發事件與轉換期

言歸正傳，本叢書名叫「歷史的轉換期」，而本冊以一一八七年做為主題。如何定義歷史上的轉換期與轉捩點，實在是相當困難的問題；大致上來說，都是依循各自的見解，看每段時期、每個局勢在哪個點發生了什麼樣的「轉換」來定義吧！可是在此同時，我們會意識到這個「點」或時期，是因為我們看見了政治、社會、經濟、宗教等在我們生活世界中重大的趨勢或潮

圖 2-1　阿傑梅爾的普利色毗羅闍三世雕像

圖 2-2　穆伊茲丁

流，在這個點的前後產生了某種變化。（儘管如此，還是會有人批評：「到底產生了什麼變化也不是那麼明確，怎麼能稱作轉換期／轉捩點呢？」於是就變成了一種套套邏輯，所以問題沒那麼單純）事實上，自從布勞岱爾使用「長時段」概念描繪地中海世界的歷史以來，相較於長時段或中時段的持續（社會結構的變化、制度變遷等），對於短時段或瞬間的事件，也就是所謂「偶發事件」的關注，一度變得相當淡薄。然而，自二十世紀下半葉以來，對於偶發事件或事件歷史的關心再次高漲。之所以如此，是因為我們重新掌握了偶發事件的意義；簡單說，如果把長時段或中時段的波動比喻為歷史變動的伏流，那事件或偶發事件，就是因某種契機使得這道伏流噴出地表的狀況。就如同我們可以從這道噴泉來分析地下水脈，透過對偶發事件的種種分析，也可看出背後中長期變動的軌跡。這就是當代的思考方式。

本章的任務，就是探討在十二世紀末這段夾縫期間，伊斯蘭化的西亞與印度世界產生了怎樣的接觸、交流與衝突，特別是對之後北印度的歷史產生了怎樣的影響。抱持這樣的自覺下，若能援引上述的視角——比方說本章開頭描述的兩次特萊戰役的種種情境——或許就能看出某種中長時段的變動軌跡。於是，我試著擷取出（1）救出瀕死的穆伊茲丁的「哈拉吉族的勇士」，和（2）普利色毗羅闍率領的拉傑普特諸侯聯軍這兩點，來探討在這背後隱含的十二世紀伊朗／伊斯蘭世界以及印度世界的種種變動，究竟是怎麼一回事。

2 穆斯林侵略北印度的序曲

阿拔斯王朝分裂後的東方伊斯蘭世界

首先，我們就從這位冒險救出瀕死的穆伊茲丁的勇敢戰士開始談起。事實上，相對於敏哈吉稱這名英勇戰士為「哈拉吉族的勇士」，約莫同時代的伊本．艾西爾則將其記載為「穆伊茲的奴隸傭兵」（古拉姆）。究竟誰才正確，這點稍後再談，我們首先要思考的是這時期古爾朝軍隊的組成與特徵——這其實也反映了古爾朝成立前西亞的種種歷史淵源。

古爾朝的軍隊基本上包含了山岳地帶的部族人民，以及購自中亞的突厥系奴隸傭兵。事實上，這是十世紀以降東方伊斯蘭世界多數地方政權的共通特徵。十世紀初擊破薩法爾朝、控制河中地區與呼羅珊的薩曼朝，為了打破跟做為政權基礎的迪赫坎（Dehqan，大地主階級）之間的平衡，於是大量採用突厥系奴隸傭兵，將他們大量送到阿姆河以西的地區。十世紀中葉壓制伊朗高原西部、入主巴格達的布伊政權，也是由德萊木（Daylam）人與突厥系奴隸傭兵組成的軍隊。在這群薩曼朝的奴隸傭兵中，有征服加茲尼的阿爾普特勤，以及原為阿爾普特勤麾下奴隸傭兵、日後建立加茲尼朝的蘇布克特勤。此外，十一世紀上半葉擊破加茲尼朝、征服伊朗高原的塞爾柱王朝，也為了對抗土庫曼勢力，逐步提升突厥系奴隸傭兵的戰力。

之所以出現採行這種軍事體制的地方政權，跟阿拔斯王朝歷經九世紀前期的內戰後，實質分裂的結果有關。八一三年和兄弟阿明的內戰中獲得勝利的馬蒙（八一三—八三三年在位）為求慎重起見，於八一九年將據點從梅爾夫移到巴格達。這時，他把原先的勢力基礎呼羅珊託付給將軍塔希爾，這就是阿拔斯王朝分裂的具體開端。詳細內容在第三冊已敘述過，日後塔希爾的後代就以阿拔斯王朝家臣之姿，囊括了呼羅珊及周邊地區；他們自行任命各地總督，代替哈里發政權徵稅，實際上已然具備了獨立政權的機能。受塔希爾朝委託統治阿姆河以北的迪赫坎、薩曼家，後來也自立為薩曼朝。

另一方面，自九世紀開始，哈瓦利吉派勢力不敵阿拔斯與塔希爾朝總督的劫掠剝奪，往西方逃走，造成了治安紊亂；在這種困難狀況下，地區性自衛集團艾亞爾（Ayyar）也將勢力拓展到錫斯坦（阿富汗東南部）。九世紀後期，以這種自衛集團為基礎自立的雅庫布·本·阿爾萊斯（八六一—八七九年在位）征服了阿富汗東部到北部，接著攻陷內沙布爾，滅了塔希爾朝，之後更遠征巴格達，大膽地和哈里發政權交戰。這個稱為薩法爾朝的勢力，在雅庫布的弟弟阿穆爾·本·萊斯（八七九—九〇一年在位）統治時期敗給了受哈里發之命出征的薩曼家領袖伊斯瑪儀·本·艾哈邁德（Isma'il ibn Ahmad，八九二—九〇七年在位），此後便以錫斯坦地方勢力之姿盤據當地。

吉哈德國家

擊潰薩法爾朝，成為名符其實的伊斯蘭世界東方霸者，薩曼朝開始積極越過東方邊境，向錫爾河以東乃至興都庫什山以南進軍；薩曼朝的實質創始者伊斯瑪儀，更以對八剌沙袞的突厥人發動吉哈德（聖戰）而著稱。透過這樣的戰略，薩曼朝向眾人宣示自己是整個伊斯蘭世界的正統領導者；戰略背後是「能和異教徒作戰、把『伊斯蘭之家』擴展出去，擔負起引領信徒重要大任的人，就是最適合統領整個伊斯蘭共同體的領袖」這樣的思維。過去對於薩曼朝的建立，常有見解認為是「被阿拉伯征服的伊朗民族，再度取回政權」，但根據近年來對於在薩曼朝統治下的布哈拉地區撰寫而成的各種波斯語著作（比如說塔巴里的阿拉伯語世界史《歷代先知帝王史》波斯文譯本）所進行的研究，發現薩曼朝的各種舉動，徹頭徹尾都打算以伊斯蘭世界的正統領導者自居。

其實，跟阿拔斯王朝敵對的薩法爾朝，也因先前對阿富汗東部的伊斯蘭化有一定貢獻，所以宣稱自己才是伊斯蘭世界的正統領導者。承繼這股時代風氣，加茲尼朝也有這樣的傾向，第三任君主馬哈茂德（九九八—一〇三〇年在位）送給巴格達哈里發、報告遠征印度勝利的書信中，就強調自己以「正統伊斯蘭的守護者」之姿而活躍。另一方面，塞爾柱王朝宰相尼札姆．穆勒克在《治國策》中，也介紹了這樣一段逸聞：馬哈茂德覺得自己身負遠征印度的偉業，卻只從哈里發那裡獲得兩個尊稱（laqub），相形之下，喀喇汗國的可汗卻獲得更多尊稱，他感到相當不滿，於是使盡各種花招，想弄到新的尊稱。從這段逸聞可以一窺加茲尼朝欲向伊斯蘭世界展示自己在印度取得重大成功的企圖心。

奴隸傭兵

上述的吉哈德戰略之所以能實現，投入伊斯蘭世界東方邊疆的奴隸傭兵，貢獻也是功不可沒。正如前述，薩曼朝不只組織性地招募中亞突厥系奴隸傭兵，還以將其轉運到伊斯蘭世界各地而著稱；這跟他們隔著錫爾河與游牧民族對峙，並屢屢展開攻防戰密切相關。八四〇年，回鶻人的根據地被黠戛斯人攻陷，此後帕米爾高原以東地區便陷入了游牧民族互爭霸權的大混戰。在這樣的混亂中，有許多部族人民向西移動，形成被西方世界稱為「烏古斯」的混合集團。面對烏古斯集團的西進，扛住壓力、擔負起防波堤責任的，即是薩曼朝；然而在王朝防線的錫爾河沿岸，部族人口密度也不斷上升，為了牧地與水源發生不少紛爭。在描述加茲尼朝首任君主蘇布克特勤前半生的《忠告之書》中，蘇布克特勤自述因部族鬥爭而導致親人遭害、自己也被擄走賣給奴隸商人的來龍去脈；從敘述中清楚可見，這些因鬥爭遭擄、被販賣的人們即是奴隸傭兵的來源。就這樣，被引進伊斯蘭世界的奴隸傭兵成了一種手段，讓前述眾多政權用來打破權力平衡、對抗強橫且不服統治的部族及地方豪強。

另一方面，衍生自薩曼朝的加茲尼朝，在這件事上也大同小異。九六〇年代，原任呼羅珊總督的阿爾普特勤在布哈拉的宮廷鬥爭中敗北而出逃，往南越過興都庫什山，征服了加茲尼地區；這時候跟隨他的，都是他私人的奴隸傭兵或出身奴隸傭兵的將軍。阿爾普特勤過世後，好幾位有力軍人接連擔任加茲尼軍團的領導人，到了九七七年由蘇布克特勤統領後，加茲尼軍團的控制領域便開始急遽擴大。蘇布克特勤沿著喀布爾河，往犍陀羅方向出兵，同時也掌握從南方坎達哈通往印度河下游的路徑，從此加茲尼朝積極進攻印度。蘇布克特勤之子馬哈茂德利用這條路徑，三十餘年的統治期間共發動將近二十次對印度的大型遠征。這般聲勢盛大的吉哈德之成功，將周邊各種勢力都吸引到加茲尼朝的旗下；不只是來自中亞的游牧民族，也有許多西亞部族集團（阿拉伯人、庫德人、德萊木人）傭兵投身其中。要統領這群五花八門的雜牌軍，就得仰賴君主直屬奴隸傭兵組成的強力精銳禁衛軍，周圍再配置各種軍團。這樣的加茲尼軍隊，在馬哈茂德時代幾乎無敵，未曾嘗過敗績。此外，加茲尼朝遠征印度期間也引進印度人奴隸傭兵，但和中亞奴隸傭兵相比，留下的資料實在不多；之所以如此，大概跟兩者間戰鬥能力的落差有關吧。

如同以上彙整，阿拔斯王朝分裂後誕生的各地方政權為確立自身正統性，莫不積極對異教徒領地發動吉哈德，將新納入的人民伊斯蘭化。於是包含改宗者在內，有好幾股邊區勢力也開始從邊疆向外擴張影響力，結果促進了伊斯蘭世界內部的權力交替，也讓伊斯蘭世界外部的資源向內部運輸。在這樣的趨勢下，具備「由外部往內部流動的人力資源」這一特質的奴隸傭兵，除了是珍貴的軍事力，更對各地政權的架構產生了廣泛影響。說得更精確一點，奴隸傭兵的出現與運用，和伊斯蘭世界邊疆的成立，以及造就伊斯蘭世界擴張的地方政權種種作為之間，有著密不可分的關係。

部族集團

話說回來，敏哈吉描述那位拯救穆伊茲丁的哈拉吉族勇士，他的真實身分究竟為何？哈拉吉人（Khalaj）是這時在東部阿富汗相關事件中屢屢登場的部族集團；據十世紀的地理學者伊斯塔赫里（Istakhri）所言，哈拉吉人是「突厥人的一支，來自印度與錫斯坦之間的古爾地區內陸；他們飼養家畜，具備突厥特徵，衣著和語言也跟突厥人相同」。所謂古爾地區內陸指的是喀布爾、加茲尼以西的山岳地帶，因此哈拉吉人大概是六到七世紀左右從興都庫什山北側移入東部阿富汗的集團。他們之中的一部分人在七世紀中葉於喀布爾及加茲尼建立政權，阻擋了從吐火羅南下、以及從錫斯坦北進的穆斯林勢力，長達兩世紀之久。喀布爾王朝在九世紀前期敗給來自犍陀羅的印度系王國，加茲尼朝則在九世紀後期被薩法爾朝的雅庫布攻滅，但哈拉吉人仍繼續居住在阿富汗東部。十世紀由無名氏所著的波斯文地理書《世界境域志》（*Hudud al-'Alam*）就提到：「哥疾寧（加茲尼）及其周圍地區，住著名為哈拉吉的突厥人。他們擁有相當多羊群，因應氣候逐水草而居。在巴里黑、吐火羅、布斯特、古思卡南等地區，也有很多哈拉吉人。」由此可知，十世紀左右的哈拉吉人在失去王朝後，仍廣泛分布於阿富汗周圍山岳地帶。順帶一提，他們的子孫現在仍生活在德黑蘭南方的哈拉吉斯坦地區；由此也可得知，哈拉吉的一部分族人後來遷移到了伊朗高原西部。

在這個集團當中，也有很多人被加茲尼軍隊所雇用（但這些人是不是已經伊斯蘭化，目前則無定論）。根據十世紀烏特比（Abu'l-Husain Utbi）所編纂的編年史《葉米尼之書》（*Tarikh Yamini*）所

圖 2-3　一般認為是哈拉吉人初期的居住地
哈扎拉賈特東部瓦爾達克地區的烏納隘口（Unai Pass）

述，蘇布克特勤於九七八年左右征服南方庫斯塔爾地區（現今巴基斯坦俾路支省東部）後，有「數千名阿富汗族與哈拉吉族」士兵加入他的軍隊。在這裡登場的「阿富汗族」，應該跟後來的阿富汗普什圖族關係匪淺，也跟七世紀玄奘從印度河流域前往加茲尼時在山中記錄到的「阿薄健」是同一民族。在這之後，一〇〇六年馬哈茂德為了擊退越過阿姆河南下的喀剌汗國王子伊列克．納斯爾（Nasr Bin Ali Han），於是從正在攻打的木爾坦（Multan）揮軍北上，這時哈拉吉人也被中途召集，加入加茲尼的軍隊。接著在一〇四〇年，加茲尼朝在丹丹納干戰役敗給塞爾柱王朝後，為了懲罰趁火打劫的哈拉吉人，也曾對其派遣遠征軍。從這些地方來想，在加茲尼朝時代，哈拉吉人主要是居住在加茲尼南側（一部分人更擴散到北部與西部），應能徵召成有用的軍事力量，但同時也是個不甚服從控制的部族集團。

這樣的哈拉吉人會包含在古爾朝的軍隊裡，和該王朝的成立過程及架構有很大的關係。以下就針對這點詳細說明。

3 古爾朝的出現

古爾朝的伊斯蘭化

現今阿富汗的中央山岳地帶，屬於分枝林立、群山環繞的興都庫什山脈西端。哈里河貫穿這片山區向西流，河岸南端的地區即為「古爾」。這是一片平均海拔三千公尺以上的高山險阻地帶，即便到今日，外界要與之接觸仍不是那麼容易。一九五五年，身為京都大學探險隊一員、深入古爾地區的民族學家梅棹忠夫寫成了《莫戈勒族探險記》，這個地方因而廣為人知。根據十世紀的阿拉伯文地理書，古爾這塊地區西接赫拉特、南鄰錫斯坦和阿爾斯・阿達瓦爾、東和巴米揚及胡寔健為鄰、北則與加徹斯坦接壤。從周邊進入古爾的道路，大致可以分為三條：第一條是從赫拉特沿赫拉特河東行的路，第二條是從現在的拉什卡爾加（過去的布斯特）沿赫爾曼德河北上的路，第三條則是從巴米揚、喀布爾、加茲尼等阿富汗東部往西前進的路。

在這片自古將交通幹道團團環繞的山岳地帶，每座山間谷地幾乎都有豪強割據，在十一世紀之前完全看不見統合勢力的可能。然而，之後卻出現了一個突如其來、短命卻在歷史上扮演重要角色的政權，那就是古爾朝。古爾朝建立者為桑沙巴尼家族（Sansabani，或桑沙布〔Sansab〕），從這個家族的名稱桑沙布（波斯名古什納斯普〔Wišnasp〕的轉音）來看，有人認為他們原為伊朗裔，但有關伊斯蘭化之前的桑沙巴尼家族，幾乎沒有留下任何資料。

言歸正傳，繼承上述薩曼朝吉哈德戰略的加茲尼朝，在不斷入侵印度的同時，也積極展開對古爾山岳地帶的軍事遠征。蘇布克特勤時代採取前述的第二條路，從布斯特數度向古爾方面發動遠征。在馬哈茂德時代，首先在一〇一〇到一四年和蘇布克特勤一樣，是從布斯特往古爾方面展開遠征；接著在一〇二〇年，則是由馬哈茂德的兒子馬蘇德從赫拉特方向往古爾進攻。一〇一〇年馬哈茂德的遠征規模相當大，有許多名將都參與了戰事。當時桑沙巴尼家的領袖穆罕默德·本·蘇黎被圍困在恰赫恰蘭城，被迫投降，和兒子西追一起被帶往加茲尼；為了替代穆罕默德，加茲尼朝命令他的另一個兒子阿布·阿里接任桑沙巴尼家領袖。這就是加茲尼朝與桑沙巴尼家族的關係之始。

另一方面，一〇二〇年的馬蘇德遠征，也讓當時古爾地區的政治軍事勢力樣貌清楚浮現。首先，馬蘇德軍隊在一開始，就得到了兩名古爾豪強的協助；不只如此，在他一座座攻陷各堡壘的期間，也有其他有力首領前來歸順。簡單來說，馬蘇德一面分化瓦解古爾內部的小勢力，一面將從赫拉特河到恰赫恰蘭這一帶尚未歸順的小勢力各個擊破，從而達成勝利。

接著，被加茲尼朝立為桑沙巴尼家領袖的阿布．阿里，在加茲尼朝繼任君主馬蘇德統治時期（一〇三一—一〇四一年在位）被姪子阿拔斯趕下大位，結果引來加茲尼朝易卜拉欣（一〇五九—一〇九九年在位）親征古爾，最後廢黜了阿拔斯，擁立阿拔斯的兒子穆罕默德。之後，穆罕默德和弟弟格多布丁．哈珊兩人一邊和加茲尼朝保持良好關係，一邊則利用時機在古爾地區累積實力。

賈漢蘇茲（燃盡世界之人）

到了格多布的兒子伊茲丁的時代，桑沙巴尼家族和塞爾柱王朝締結關係，逐漸站穩腳步。據說伊茲丁將領地分割給諸子：格多布丁．穆罕默德獲得瓦爾夏塔、賽伊夫丁．蘇黎獲得伊斯迪亞、納賽爾丁．馬哈茂德獲得馬伊丁、拜巴丁．薩姆獲得曼迪休的首都桑格、阿拉丁．胡珊獲得瓦蘇爾城，而法夫爾丁．馬蘇德則獲得卡西城（許多地名至今都還未確定其所在位置）。

在這當中，格多布丁為了找尋合適居地，於是進入菲爾茲庫赫，在當地建造城市，卻因此導致了兄弟間的紛爭，只好逃到加茲尼朝的巴赫朗姆沙（一一一七—一一五七年在位）處，結果被加茲尼朝懷疑謀叛，因此遭到毒殺。為了替他復仇，一一四九年賽伊夫丁率軍攻打加茲尼，但因為冬季隔絕他和古爾的聯繫，導致軍隊陷於孤立，結果被巴赫朗姆反攻慘遭殺害。面對如此狀況，拜巴丁和阿拉丁兩人也為了報兄弟的仇進軍加茲尼。拜巴丁中途不幸逝世，於是由阿拉丁接任統帥；他從布斯特向加茲尼進軍，兩度擊破前來迎擊的軍隊，並趁勢攻進加茲尼城。為了復仇，他放火燒遍城內建築，加茲尼朝歷代君主的墳墓也付之一炬；據說這場火燒了七天七夜，收藏在加茲尼寶物庫的貴重物品全都化為灰燼。阿拉丁在這場勝利後，便得到了「賈漢蘇茲」（Jahansuz，燃盡世界之人）這樣的稱呼。

阿拉丁（一一四九—一一六一年在位）挾著勝利餘威，繼續攻打塞爾柱王朝的桑賈爾蘇丹，結果卻不幸敗北，被囚禁一年。當他獲釋之後，一方面承認桑賈爾的宗主權，另一方面則把吐火羅、巴米揚、塔瓦爾、布斯特等地納為己有，接著更壓制山岳地帶西部，成為古爾和周邊地區名副其實的領導者。阿拉丁逝世後，兒子賽伊夫丁·穆罕默德釋放了被父親幽禁的拜巴丁的兩名兒子，也就是他的堂兄弟基亞斯丁和穆伊茲丁。賽伊夫逝世後，基亞斯丁在王都菲爾茲庫赫坐上王位，而協助兄長給印度西北部的加茲尼朝最後一擊，更進一步實現攻打印度計畫的，就是穆伊茲丁。

入侵旁遮普

基亞斯丁（一一六三—一二〇二年在位）擔任蘇丹時，東部阿富汗的要衝加茲尼被來自北方的古斯（烏古斯）部族占領，加茲尼朝的霍斯洛沙於是將首都遷到旁遮普地區的拉合爾。一一七三年，穆伊茲丁在歷經一番苦戰後擊退古斯人，獲得了加茲尼，之後便以此為據點開始入侵北印度。首先是一一七五年，他再度討伐先前臣服於加茲尼朝馬哈茂德的木爾坦伊斯瑪儀派教徒，奪取了烏傑（Uch）。接著，他進軍南方遮婁其王朝的首都安希爾瓦拉（亞納希拉瓦達，今古吉拉特省的

圖 2-4　據傳是基亞斯丁建造的賈姆宣禮塔

安黑普爾巴丹），但在聯手周邊諸王的遮婁其王穆拉．拉夏二世（一一七五—一一七八年在位）手下吃了敗仗，只好撤退。重整旗鼓的穆伊茲，沿著好不容易才確保的喀布爾河沿岸道路，朝著加茲尼朝的新據點拉合爾進軍。經過一番圍城戰，一一八六年加茲尼朝末代君主霍斯洛．馬利克開城投降，被移送到菲爾茲庫赫。穆伊茲丁從這裡進一步向印度河流域進軍，結果和對抗他的印度諸王聯軍在特萊遭遇，於是就有了本章開頭的那場戰役。

古爾朝的架構

總而言之，在第一次特萊戰役古爾朝敗北，而瀕死的穆伊茲獲救脫身；這個逸聞本身的意涵，其實就象徵了古爾朝的內部結構。正如上述所示，桑沙巴尼家族先是以加茲尼朝為後盾，成為古爾地區、或說阿富汗中央山岳地帶最強大的勢力，因此可將他們看成是代表並統合其他當地勢力的領導者。在古爾朝擴大勢力的過程中，山岳地帶東側的哈拉吉人也加入了桑沙巴尼家主導的這個集團。然而就算有這樣的來龍去脈，桑沙巴尼家族對其他勢力的控制力還是不強。事實上，各地勢力經常做出背叛桑沙巴尼家族的舉動，其中特別顯著的，就是阿拉丁和桑賈爾作戰失敗、淪為階下囚的時候。當時眼見桑沙巴尼家族統治地位不保，古爾及其周遭勢力紛紛造反，想搶奪領導者的寶座；幸好阿拉丁及時返回，鬥爭才緩和下來，但從這件事可以看出古爾朝經常得面臨這種危險。更進一步來說，就像前面看到的，桑沙巴尼家族的內訌也很激烈，不斷為了由誰掌握領導權一事出現對立。阿拉丁將自己的姪子基亞斯、穆伊茲兩兄弟打入大牢；賽伊夫丁死後，為了打倒繼位的基亞斯丁，也有家族成員率軍攻向菲爾茲庫赫。有鑑於這樣的背景，這位「哈拉吉族的勇士」不顧危險救出穆伊茲丁，其實是件相當特異的事；或許也正因如此，他才會被譽為「幼獅」吧！

如上所述，由桑沙巴尼家族統馭的古爾朝是一個立基於山岳地帶各溪谷、自主性甚高的部族集團聯盟，而桑沙巴尼家的內部控制也不是很穩固。從某種意義上來說，這樣的聯盟其實相當脆弱。也正因如此，做為聯盟領導者的桑沙巴尼家族為了確保統治權，不斷向外招募奴隸傭兵，這點也和前述其他地方政權相同。可以說，不管是敏哈吉的版本（哈拉吉族勇士救了穆伊茲）、還是伊本·艾西爾的版本（古拉姆／奴隸傭兵幫助了穆伊茲），這則有關特萊戰役的逸聞，都象徵性地呈現了這個政權的特質。

4 後笈多時期的北印度

政治的分裂與區域化

接下來，我們就從這則特萊戰役逸聞中呈現的第二點，也就是普利色毗羅闍三世所率領的印度聯軍，來分析它的背景。

如前所述，伊斯蘭世界會朝東方擴張，其實是以阿拔斯王朝的分裂為導火線，所引發的一連串連鎖反應；但類似的動向也發生在北印度，而且比西亞更早。四世紀初一統北印度的笈多王朝，在五世紀後期被來自西北、被稱作嚈噠人的集團入侵而衰弱。有種說法認為，同一時間北印度面臨貨幣經濟的崩潰，城市發展因而衰退，經濟基礎轉移到農村。面對這樣的潮流，政治上出現了地方分權的傾向；至於宗教方面，以城市為基礎的佛教信仰衰退，先前的婆羅門教則以農村為基礎，化身為印度教獲得重生，且大為興盛。在二十世紀主導這種論述的，是印度享譽盛名的歷史學家夏爾瑪（Ram Sharan Sharma），但對於他提出的「城市衰退論」（屬於他的「封建化理論」當中一環），有很多人抱持異議。不過，先不管城市實際上究竟有沒有嚴重衰退，這個時代以權力者對婆羅門的土地賞賜為契機，透過在地方上持續開發新耕地，造就了地區城鎮及其周圍相當規模的經濟圈。結果產生了許多以地區為單位的政治勢力，導致北印度甚至南印度進一步出現政治分裂與區域化現象。而隨著這種地方政經圈的發展，方言（vernacular）的使用與相關文學作品也大為興盛。簡單來說，這是印度歷史上一個文化、政治及經濟圈各自林立的分裂時代。

然而，出現這種堪稱轉換期的開端及契機，究竟該以什麼事件來判斷呢？關於這點有許多分歧的見解。譬如夏爾瑪就主張，轉換期的開端雖可追溯到六世紀笈多王朝崩潰的時點，但在此之後，包括各地方政權的成形及村落社會的結構變化等等，大概都是到八世紀左右才出現。不管怎麼說，本章要探討的是穆斯林正式入侵北印度前後的時期；以這個時點來看，轉換期即是所謂「拉傑普特時代」的八世紀到十二世紀。

根據歷史學者三田昌彥的說法，拉傑普特人是原居於拉賈斯坦，後來散布到各地的戰士及王族種姓，一共有三十六個氏族。之後在蒙兀兒帝國時代，拉傑普特氏族中的許多貴族推選出國王做為代表，進而將氏族團結起來。可是，關於本章提及的時代，也就是拉傑普特人剛出現時，許多情況仍舊不明朗；說到底，就連拉傑普特人究竟是怎樣的一群人，也還沒有定論。只是，被認為是拉傑普特人故地的拉賈斯坦，對當時的北印度政權而言乃是邊陲地區；這個在笈多王朝時期印度文化所不及的邊境，反而從各方面來說與西北的關係密切，也有許多部族從阿富汗高原移入此地。笈多王朝瓦解後，從當地崛起的拉傑普特人各勢力建造了許多城市據點；不只如此，這些新興政治勢力為了確立權力與統治的正統性，也大興印度教寺院。他們捐贈土地與村落給這些寺院和婆羅門，從而在新耕地開發的同時，也促進了地區的印度教化。總而言之，地方經濟的發展、政治勢力的出現、王都建設、土地開發、印度教化的進程，是一邊相互結合一邊進行的；而擔任主要推手的，正是拉傑普特集團。在這方面，我們可以將前一節所述的內容，也就是伊斯蘭世界對邊疆的開發與伊斯蘭化、隨之而來的地方政權建立，還有新一波的伊斯蘭教擴張，和拉傑普特集團的種種發展一併考量（這點在後面也會提及）。

環繞著卡瑙傑的爭霸

話說七世紀前期，以卡瑙傑（Kannauj，又稱曲女城）為首都、勉勉強強統一北印度的戒日王朝，在戒日王逝世後便陷入瓦解。之後在當地林立的小勢力，最早崛起的是普臘蒂哈臘王朝。據說該王朝原本侍奉戒日王朝，但一直到納加巴塔一世（七三〇—七五六？年在位）的時代，才成為較明確的政治勢力。在稍早之前的七一一年，阿拉伯穆斯林軍隊在穆罕默德・本・卡蘇姆的率領下，征服了印度河下游地帶。在穆罕默德之後的總督修奈德・本・阿卜杜拉的時代（七二四—七二九年），穆斯林軍更進一步劍指東方的摩臘婆及古吉拉特；然而，當時以烏闍衍那為據點的納加巴塔一世，率領普臘蒂哈臘氏族的各集團擊退了阿拉伯穆斯林（七八三年左右？）。幾乎同一時間，東印度有以摩揭陀（Mudgagiri）為首都的波羅王朝，德干高原則處在打倒遮婁其王朝的羅濕陀羅拘陀王朝控制下。就這樣，八世紀中葉的印度出現了三個強大的國家；在之後的兩個世紀左右，這三個國家環繞著戒日王的舊都卡瑙傑，展開了一連串的爭霸戰。

最早控制卡瑙傑的是波羅王朝的達摩波羅（七八〇—八二一年左右在位），但之後被北進的羅濕陀羅拘陀王朝瞿頻陀三世（七九三—八一四年在位）逐出卡瑙傑。不過瞿頻陀沒待太久，就班師返回首都阿恰爾普爾，於是趁這個空檔，普臘蒂哈臘王朝納加巴塔二世將卡瑙傑納為己有（九世紀初）。普臘蒂哈臘王朝在這之後將近一世紀的時間確保了卡瑙傑，同時也創造了接近戒日王朝的廣大疆土。可是，羅濕陀拘陀羅王朝的因陀羅三世（九一五—九二七年在位）遷都馬尼凱特，此後國力日益增強；他征服了卡瑙傑，普臘蒂哈臘王朝的控制力開始慢慢鬆弛，領地內各個新的拉傑普特人勢力也紛紛自立。

總之，十一世紀初穆斯林軍開始入侵北印度時，主要面對的是拉賈斯坦的喬漢王朝、印度河中游的加哈達瓦拉王朝、古吉拉特的遮婁其王朝、摩臘婆的帕拉瑪拉王朝，以及恆河南岸的昌德拉王朝等新興拉傑普特人勢力；可是這些勢力單憑自己都不足以抵抗穆斯林，所以才屢屢組織聯軍。在加茲尼朝時代，他們已經組織過很多次聯軍，可是像一一九二年第一次特萊戰役這樣以聯軍大勝作收的情況，其實相當罕見。

德里政權的成立

之後，在第二次特萊戰役獲勝的穆伊茲乘勢平定了哈恩西、薩馬納、古拉姆等城鎮，將拉賈斯坦北部與河間地區（Doab）北部納入掌控。之後班師返回加茲尼時，他將出身奴隸傭兵的將軍艾伊拜克（Qutb al-Din Aibak）留在印度，將侵略北印度的任務交給了這位將領。一二〇三年基亞斯丁逝世，穆伊茲丁成為古爾朝的蘇丹，因此沒有回到北印度，但艾伊拜克在這段時間陸續征服了德里、阿里格爾（戈里）、桑吉爾、瓜廖爾、巴達溫、卡瑙傑、卡林加爾等城市，兵鋒據說遠至古吉拉特。一二〇六年穆伊茲丁遭暗殺，穆伊茲的奴隸傭兵將領紛紛自立，艾伊拜克也從德里移往拉合爾（Lahore）即位，後稱奴隸王朝。*可是，因為我們沒有找到艾伊拜克在位期間發行的貨幣等文物，所以不知道他究竟只被認為是古爾朝的總督，還是被大家承認為北印度之王。不過隨著日後古爾朝臣服花剌子模（Khwarazmian dynasty），末代蘇丹也於一二一五年被廢黜，這個問題就變得無關緊要。換句話說，到了這種地步，北印度的古爾朝殘存勢力也不得不各自獨立。艾伊拜克在一二一〇八到〇九年左右於拉合爾逝世，在這之前他一直和承繼穆伊茲、據有加茲尼的塔吉丁·尤多斯，在拉合爾地區展開反覆爭鬥。另一方面，之後鞏固奴隸王朝的第三任君主伊勒杜迷失（Shams ud-Din Ilutmish，一二一一—一二三六年在位），以及擔任木爾坦總督的庫巴察（Nasir ad-Din Qabacha），兩人都娶了艾伊拜克的女兒，與之聯姻，但壓制東印度的穆罕默德·巴夫迪亞爾及其哈拉吉族人，則不願服從德里政權。艾伊拜克在世時，德里奴隸王朝不過是當地諸多勢力之一，這點對他逝世後繼承王位的阿拉姆沙來說也是一樣情形。一二一一年，就在伊勒杜迷失成為德里蘇丹的差不多同一時間，和德里敵對的尤多斯被花剌子模沙阿摩訶末趕出加茲尼，來到了拉合爾；他在那裡對庫巴察的行政官發動攻擊，驅逐對方。伊勒杜迷失揮軍出擊，在一二一五年大破尤多斯，將他囚禁至死。接著，被蒙古逐走的花剌子模末代沙阿札蘭丁（Jalal al-Din Mangburni）也逃往拉合爾，但伊勒杜迷失將他引向庫巴察的領地，趁勢削弱後者。就這樣，在西方確立自身地位的伊勒杜迷失，開始認真準備東征孟加拉。

當初在穆罕默德．巴夫迪亞爾率領下到達孟加拉的哈拉吉人，在穆罕默德以後也出現了好幾位有力領導者，形成一股獨立勢力，但聽聞伊勒杜迷失的軍隊接近，他們便表態臣服。接著，伊勒杜迷失又征服了德里北方的曼達瓦爾，以及南方的蘭丹博爾。態勢益發嚴整的伊勒杜迷失，開始對過去的盟友庫巴察發動統一戰爭，出兵攻打烏傑(一二二七年)。庫巴察被包圍三個月後，於逃亡途中溺死於印度河。之後，控制信德地區（Sindh）的馬立克．蘇南丁也承認了伊勒杜迷失的宗主權。一二二九年，伊勒杜迷失獲得阿拔斯王朝哈里發穆斯坦綏爾賜衣、頒布詔書；至此，他的統治權遂獲得了伊斯蘭「官方」承認。

就這樣，北印度揭開了穆斯林統治的序幕，但這並不意味著北印度此後便急遽且廣泛地伊斯蘭化。十三世紀以降的印度，就一直維持著少數穆斯林控制社會的特殊狀態。

＊ Mamluk dynasty of Dehli，由於政權建立者艾伊拜克出身馬木路克（奴隸傭兵），因此有奴隸王朝之稱。

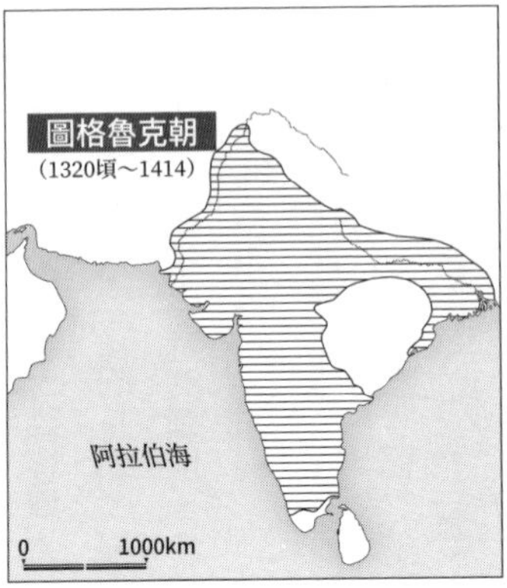
圖格魯克朝
（1320頃～1414）
阿拉伯海
0 1000km

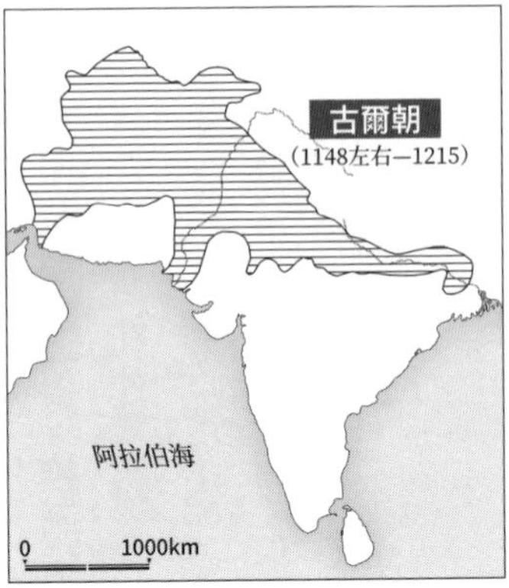
古爾朝
（1148左右—1215）
阿拉伯海
0 1000km

賽義德朝
（1414左右—1451）
摩臘婆蘇丹政權
（1401左右—1531）
阿拉伯海
0 1000km

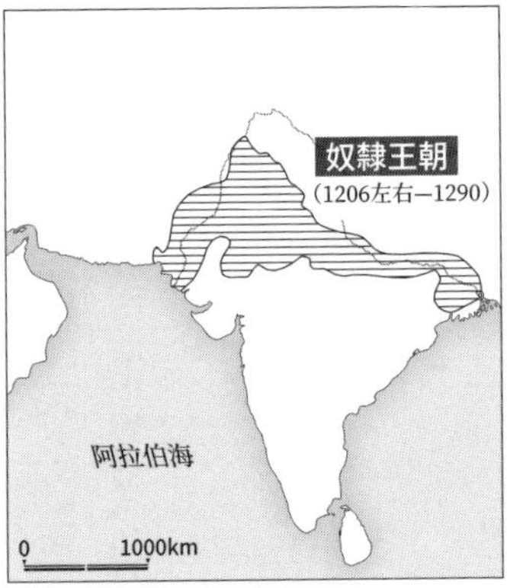
奴隸王朝
（1206左右—1290）
阿拉伯海
0 1000km

卡爾吉朝
（1290左右—1320）
阿拉伯海
0 1000km

十三至十四世紀的南亞

5 德里政權與西北邊疆

花剌子模、蒙古、德里

艾伊拜克之後，以德里為中心陸續興起了奴隸王朝、卡爾吉朝、圖格魯克朝、賽義德朝、洛迪朝等五個伊斯蘭政權*；直到十六世紀初期，德里政權大約維持了三百年之久。然而，關於這個時代的資料相當零碎，以至於像是穆斯林統治者與非穆斯林臣民之間的關係等令人深感興趣的議題，至今仍不甚明朗。儘管如此，透過比較同類型資料中提及的政治、軍事樣貌（特別是德里政權與西北邊疆的關聯）、已有初步研究成果的社會面向觀察（伊朗、中亞移民的增加），還有文化層面的描述，我們還是可以稍微思考一下做為本冊標題的「巨大信仰圈」彼此間的關聯，也就是穆斯林／伊斯蘭教與非穆斯林／印度教的關係。

德里政權自成立伊始，就受西北邊疆外敵的影響甚鉅。說到底，艾伊貝克等原隸屬穆伊茲丁的將領之所以會在北印度自立，原因正如前述，是古爾朝被花剌子模所滅、讓他們失去宗主所致。但之後不久，花剌子模於勢力極盛之際，卻被西征的蒙古大軍所滅。花剌子模沙阿摩訶末於一二二〇年敗死於裏海沿岸。摩訶末的兒子札蘭丁向東逃竄，集結了阿富汗東部的花剌子模殘餘軍隊，

---

* 五個政權一般統稱為德里蘇丹政權（Delhi Sultanate）。本章維持作者用詞，以德里政權稱之。

朝旁遮普進軍。他的軍隊一度在興都庫什山脈南麓的八魯灣擊退蒙古軍，但在印度河畔又被打敗（一二二一年）。躍馬渡過印度河、好不容易活下來的札蘭丁再次集結殘存勢力，又有自伊朗高原逃亡而來的人員加入，勢力復振的他將旁遮普到西印度一帶納入控制。他擊破了烏傑的庫巴察，壓制住烏傑、木爾坦、拉合爾，一時間直逼德里。札蘭丁尋求和伊勒杜迷失聯手對抗蒙古，但後者不只拒絕，還在烏傑之戰時派軍支援庫巴察，意欲和札蘭丁對抗。札蘭丁判斷在印度不能充分整頓自己的軍隊，最後經由彌蘭返回了伊朗高原。

另一方面，當初打敗札蘭丁的蒙古軍，之後也對楠達那（鹽嶺）、拉合爾、木爾坦等地發動攻勢，但沒有待太久就撤退了。就這樣，從西北邊疆的威脅中暫時獲得自由的伊勒杜迷失，就如前述般攻打了占據木爾坦和烏傑的庫巴察，將印度河流域納入版圖。從以上狀況來看，花剌子模及之後的蒙古人對旁遮普的攻擊，讓德里政權的敵對勢力疲弊、弱化，從而為該政權統一北印度作出了很大貢獻。

西北邊疆

一二三五年，蒙古軍沿著喀布爾河向東進軍，攻陷白夏瓦。在這場戰爭之際，過去曾參加札蘭丁軍的部族集團全都被駐留白夏瓦的人驅逐，遷徙到木爾坦。這個集團的主力是哈拉吉族，他們的歸順為德里政權提供了重要的兵力。另一方面，阿富汗東部、加茲尼及喀布爾等地，則是落入了一位名為賽伊夫丁・哈珊・卡魯魯克（Saif al-Din al-Hasan Qarlugh），又被稱為瓦法・馬立克的人手中。哈珊・卡魯魯克曾加入札蘭丁的軍隊，在八魯灣與蒙古軍作戰，這是有關他事蹟的最早紀錄。在此之後行蹤不明，但在一二二四年札蘭丁從印度返回伊朗高原時，他被任命為加茲尼和古爾的統治者。根據二宮文子所述，此人與其說是花剌子模或德里政權的臣屬，不如說是自律性軍事集團的頭領；而從他的姓氏來看，很有可能是突厥系卡魯魯克（葛邏祿）族的末裔。在這之後，他雖一時成為德里政權的友軍，但一二三〇年代中期，當窩闊台派遣一部分探馬赤軍抵達阿富汗東部時，他又臣服於蒙古；而在一二三八至三九年，他還是被安班・那顏與尼庫塔兒・那顏的軍隊逐出了加茲尼。哈珊・卡魯魯克之後來到木爾坦，以此為根據地。蒙古軍為了追趕他，抵達了印度河流域，並在一二四一年攻下拉合爾，但這時窩闊台正好逝世，不得已只好暫時撤退。接著在一二四五年，蒙古軍攻下了木爾坦，但這時德里的援軍到來，於是蒙古軍只好又撤退。即使如此，蒙古軍之後還是像例行公事一樣，每年對印度河流域展開軍事遠征。這跟加茲尼朝的馬哈茂德每年對印度遠征的行動頗為相似。順道一提，根據敏哈吉的記述，參與對抗蒙古軍、立下軍功的人員當中，就有後來德里政權的統治者巴勒班（Ghiyas ud din Balban）。

巴勒班的統治

巴勒班原本是伊勒杜迷失的兒子納賽爾丁．馬哈茂德（Nasiruddin Mahmud，一二四六—一二六六年在位）的攝政官，是位掌握實權的突厥系實力派人士。他曾一時遭反對勢力趕下台，但仍保有相當勢力。就如上述，他和每年到來的蒙古軍交戰、持續擊退對方，於是也立下軍功實績。接著，他更與剛成立的旭烈兀．兀魯思（Hülegü Ulus，伊兒汗國）建立外交關係，一二六〇年旭烈兀．兀魯思派遣外交使節前來德里。在這之後印度西北邊疆的情勢，就形成了在中亞建立察合台．兀魯思（Chaghatai Ulus，察合台汗國）的察合台家都哇（Duwa）及其後裔，伊朗高原的旭烈兀．兀魯思，還有德里政權三者複雜交織的局面。

一二六六年馬哈茂德逝世，巴勒班憑藉實力登上德里政權的王位（一二六六—一二八七年在位）。即位後，他施展鐵腕統治，削弱貴族勢力，整飭舊有的突厥系軍人，引進新血重編軍隊。另一方面，他也強化旁遮普地區各城壘，並派防衛軍戍守。如此這般，一群以印度河流域防衛線為據點、在蒙古防衛戰中成長、強勢主導德里政權的軍閥開始誕生。這可說是巴勒班統治下建立的型態。

卡爾吉朝與憨哈納思

接著談談其中一位軍閥——賈拉勒丁．哈拉吉（Jalal-ud-din Khalji），他是率領以哈拉吉人為主的軍團、據守薩馬納的總督。原本跟隨蒙古軍的他，之後轉換陣營投靠德里，跟著巴勒班的王子奎爾巴德駐紮在薩馬納，之後自任為總督。一二八七年巴勒班逝世，整個德里政權陷入門閥集團的權力鬥爭，這時賈拉勒丁率領自己的軍團進入德里進而掌權。一二九〇年，他建立了德里政權的第二個政權——卡爾吉朝。

賈拉勒丁即位六年後，被自己的姪子阿拉丁（Alauddin Khalji，一二九六—一三一六年在位）所毒殺。但在阿拉丁即位的同時，西北邊疆出現了一支被稱為憨哈納思（Qara'unas）或尼庫塔利的集團，屢屢對印度展開掠奪性遠征。這個集團據說是源於窩闊台時代駐紮在阿富汗東部的探馬赤軍。十三世紀末他們一度臣服於察合台汗國，但有好幾位領導人不接受這樣的安排，於是和伊兒汗國聯合，企圖驅逐親察合台的將軍，結果導致察合台汗國派兵來攻。從這裡可以看出，他們在蒙古帝國內訌下喪失了原本機能，在政治和軍事上被邊緣化。更進一步說，他們處在伊兒汗國、察合台汗國及德里政權，也就是西亞、中亞、南亞的共同邊疆——阿富汗東部，是由各個領域中被逐出的人員集結成的一群人，擁有好幾位軍事統領、內部鬥爭不斷，但偶爾也會團結對抗外敵，並以「化外之民」姿態掠奪周邊地區。當然，他們也屢屢掠奪遠征印度，威脅旁遮普的防衛前線。

圖格魯克朝的成立

一三〇二至〇三年，阿拉丁對吉多爾發動遠征之際，發生了德里被蒙古軍襲擊掠奪的事件。雖然這支軍隊只待了幾個月就撤退，但之後蒙古軍仍持續來襲；就在勉勉強強將他們擊退的過程中，兩位有力將領馬利克・卡富爾和卡伊吉・馬立克的實力日益增強。前者後來擔任卡爾吉朝的攝政，掌握實權，但卡伊吉・馬立克卻起而反叛，並於一三二〇年控制了德里。他改名為吉亞斯丁・圖格魯克（Ghiyath al-Din Tughluq，一三二一—一三二五年在位），創立了新的圖格魯克朝。但據十四世紀旅行家伊本・巴圖塔（Ibn Battuta）所述，吉亞斯其實是憨哈納思的一員；不知為何他脫離了憨哈納思集團，投奔德里政權，並反過來強化了德里政權戍守西北阿富汗防衛前線的兵力。在奪取政權的過程，他和賈拉爾丁・哈拉吉有很多共通點。不只如此，在埃米爾・霍斯洛後來獻給吉亞斯的頌詞中，也提到吉亞斯的軍隊包含了「古斯、突厥、魯姆與羅斯的蒙古人、呼羅珊的塔吉克人」，這點或許也反映了吉亞斯的出身——憨哈納思人的狀況。

從巴勒班時期、卡爾吉朝到圖格魯克朝，在面對蒙古侵略時，旁遮普的防衛前線發揮了相當有效的機能。同一期間，德里政權則向南方開疆拓土，在圖格里克朝時代已擴展到德干高原的相當一部分。可是到了十四世紀，隨著帖木兒的出現，在中亞及西亞也就是印度的西北部出現了強大的政權，從而使得情勢為之一變。圖格魯克朝在穆罕默德・圖格魯克時代（Muhammad bin Tughluq，一三二五—一三五一年在位）推行了種種改革，結果反倒造成經濟和軍事一路走下坡；繼任者菲魯茲沙・圖格魯克（Firuz Shah Tughlaq，一三五一—一三八八年）逝世後，分裂衰弱的德里政權完全無力抵抗帖木兒對印度的遠征。結果，德里被帖木兒帝國征服，圖格里克朝也很快被親帖木兒陣營的賽義德朝希茲爾汗（Khizr Khan）所取代。

如上所述，對德里政權而言，如何阻止入侵旁遮普的蒙古人，是他們整個十三到十四世紀外交軍事的最大課題；然而，強化這條防衛前線，也讓軍閥勢力對政治的影響力日益增強，從而不斷建立篡位的新政權，這樣的模式十分顯著。事實上，自卡爾吉朝、圖格魯克朝到洛迪朝，甚至是中間較特殊的賽義德朝，它們的創立者都是在德里政權與蒙古勢力間的邊疆——旁遮普地區累積實力的軍事將領。印度歷史學者蘇尼爾・庫馬爾（Sunil Kumar）就特別稱賈拉爾與吉亞斯為「邊疆出身者」（frontiersmen），強調德里政權與西北邊境防衛前線的密切關係。

6 巨大信仰圈的關聯

是穆斯林？還是突厥人？

由少數的穆斯林統治者支配絕大多數非穆斯林人民的德里政權，這樣的架構到底是如何成為可能？關於這點，要明確解釋其實並不容易。一直到巴勒班時期為止，這個政權的高層都是當初侵入印度西北的突厥（或非突厥）系軍人貴族，但在巴勒班去世後的混亂中，出現了對抗舊有統治階層的運動，從而建立了卡爾吉朝；在這之後，哈拉吉人等阿富汗系民族就取代突厥系而崛起。另一方面，卡爾吉朝、圖格魯克朝在積極遠征南方時吸納了一些非穆斯林的中小領主群，當中也出現了和德里政權合作並得勢的人。這些人靠著協助突厥系集團，逐漸形成德里政權的全新統治階層；某種意義上來說，也就是政治及軍事的有力人士階層逐漸在地化。但即便如此，身為少數的穆斯林仍然掌握著德里政權。之所以會如此，還是要從十一世紀以降、包含西北威脅在內的軍事動盪局勢來分析。十三世紀穆斯林史家齊亞丁·巴拉尼（Ziauddin Barani）就記載，當哈拉吉族的賈拉勒丁登上德里政權寶座時，當地民眾對於突厥人以外的統治者感到相當不安，因此賈拉勒當初進城時並沒有那麼順利。德里民眾擔心的，恐怕是「除了突厥人以外，其他統治者有辦法保護我們面對蒙古的威脅嗎？」真下裕之認為，民眾心中的「突厥人」與其說是民族，可能更接近一種社會性的存在，也就是巴勒班的奴隸傭兵，或身為解放奴隸的有力軍事將領；但不管怎麼說，在當時的北印度，「突厥人＝勇武之民」的印象已在一定程度上深入人心。不僅如此，這樣的「突厥人」在蒙古威脅強烈的十三世紀，已經不是襲擊印度的存在，而是搖身一變，成為以武力守護北印度的存在。三田昌彥就指出，印度教居民是徹頭徹尾地將德里政權當成是「突厥人」，而不是出自宗教角度的「穆斯林」之類的理解；換句話說，印度教徒對他者理解的基礎不是出於宗教文化，而是出於語言。德里政權至少在初期只被看成是北印度此起彼落的中小政權之一，因此對他們的期待，首先還是軍事政治上的保護，這點或許正是穆斯林政權能以少數統治者之姿，一直存續下去的背景。

印度的過去與伊斯蘭的現在之連結

另外，三田提醒我們注意，非穆斯林民眾在德里政權的統治下，常常將蘇丹王權以印度的方式加以詮釋。事實上，巴勒班就被認為是世界之王，也被當成是濕婆的化身。與此相對應，德里政權也沒有強求民眾接受伊斯蘭文化與習慣，而是採取比較寬容的方針。

德里郊外的古達明納塔與古達卜清真寺，是將原本在當地的印度教神廟加以解體，再利用其材料重新建築，因此常被當成是穆斯林征服北印度的象徵。伊斯蘭藝術史學者費因巴．福拉德（Finbarr B. Flood）討論包含這兩座建築物在內的古達卜建築群（Qutb complex）究竟在伊勒杜迷失時代的基礎上擴建多少的同時，也指出蘇丹其實是有意將這裡打造成「印度的伊斯蘭聖地」。比方說，這裡的「沙姆西泉」是用朝聖者從麥加帶回來的滲滲泉水注入其中，形成的印度版滲滲泉；透過這樣的傳承，他們要以這個新建立的北印度伊斯蘭社會中心，向眾穆斯林展現出一種明確可見的形象。古達卜清真寺的大幅擴建，就是基於這樣的想法。然而必須同時注意，這些外來的穆斯林統治者，是如何將自己的存在與印度的過去相互連結？將滲滲泉的水運到沙姆西泉，達成某種聖性的轉移，這樣的行為其實是以「朱羅王朝的拉真陀羅一世運來恆河的水，好淨化污穢首都的水」這樣的一則逸聞為基礎，因此在這當中也可看到他們有意識地連結至印度傳統。在建築方面，古達卜

圖 2-5　古達明納塔（Qutub Minar）

圖 2-6　法拉什班德城（Firuzabad）
中間柱子是挪來再利用的阿育王柱

清真寺使用了很多獅子和象的浮雕，這些都是印度象徵傳統王權的動物，因此也可解釋成清真寺的建造者有意展示「自己乃是印度王權的所有者」。

在許多方面都逐漸在地化／印度化的圖格魯克朝時代，這樣的傾向變得更加顯著。穆罕默德・圖格魯克咸認是位對印度教信仰與文化抱持強烈關心的君主，當他遷都到德干高原的道拉塔巴德時，就將恆河的水運到新都做為呈獻。到了穆罕默德的繼承人菲魯茲沙，他在德里郊外建設法拉什班德城時，更直接把阿育王柱搬了過去。不用說，阿育王柱上面刻的是孔雀王朝阿育王的敕令，但在喬漢王朝的時代，柱上被多刻了新的碑文，而菲魯茲沙又接在後面刻上波斯語的碑文。由此可見，他將自己放入自古印度傳承下來的諸王系譜內。

伊斯蘭與印度要素融合的事例，自德里政權中期以後變得更加豐富。這樣的演變過程，其實跟德里政權從北印度許多中小政權之一，歷經卡爾吉朝、圖格里克朝，蛻變成不只限於北印度、而是整個印度次大陸支配者的過程，是齊頭並進的。在這當中，我們也不可忽視蘇非主義在北印度的流行、發展及影響。一直以來都有人指出，在穆斯林到來前後，印度曾經流行所謂的「奉愛」（Bhakti）思想，而這和蘇非主義的修行及「與神合一」體驗之間，有著極高的相似性。事實上，根據二宮文子的報告，蒙兀兒時代以降曾有印度教徒拜蘇非主義聖者為師，而外川昌彥的研究也提到，諸如孟加拉的穆塔帕廟、斯里蘭卡的聖足山（亞當峰）、卡塔拉加瑪神殿等等，都是穆斯林與印度教徒雙方共同崇敬的聖地。

印度教徒的地位

那麼，在穆斯林底下的印度教徒，他們的地位又是如何呢？首先應當確認的是，他們（不管軍人或官僚）都受穆斯林統治階層所雇用、重用，是維持德里政權發展不可或缺的存在；特別是在村落層級的統治與徵稅上，更是少不了這些印度教徒。另一方面，他們不只被當成偶像崇拜者，更有被當作「天啟之民」看待的紀錄。所謂天啟之民，原本指像猶太教徒或基督徒之類，接受唯一真神降下啟示的一神教信徒，但穆斯林在征服伊朗高原將之納入統治時，也把祆教徒當成「天啟之民」，認可他們有條件（支付吉茲亞，也就是人頭稅）地維持原本的信仰，好讓自己的征服統治更加順利。在這種情況下，祆教徒的《阿維斯塔》（*Avesta*）即被視為是天啟經典。另外，對印度教徒也是如此，一方面將《摩訶婆羅多》、《羅摩衍那》當成天啟經典認可其信仰，另一方面則對其課以納稅和貢賦義務。這種現實的解決方式，早從八世紀初穆罕默德．本．卡蘇姆征服印度河下游地區時就開始採用了。只是在德里政權時期，這樣的規定實際上發揮了多少機能就不得而知。儘管如此，這群天啟之民是否被課徵人頭稅，其實意義重大；只是德里政權是否基於「原始意義」來徵收人頭稅，這點也是無從判斷。歷史學者彼得．傑克森（Peter Jackson）就指出，德里政權時期的波斯文資料中出現的「吉茲亞」一詞，其意義有可能隨著地區和環境的不同而改變。也就是說，對於那些居住在城市、穆斯林財政官員能夠直接接觸到的印度教工人、手工業者、商人等等，基本上都以個人為單位直接支付人頭稅；但在遠離城市的村落，吉茲亞實際上有可能是被併入地租當中，由地方長官負責上繳。不管怎麼說，在德里政權時期的北印度，包括吉茲亞的支付方式，乃至於對待非穆斯林印度教徒的態度，穆斯林與非穆斯林之間的關係絕不能以單純的二元對立來加以分析。

人的移動、文化的交流

另一方面，來自西方的移民對十二世紀末以降北印度的政治及城市社會樣貌產生了重大變化與影響。從西方前往印度並定居下來的人們，自古以來就已存在；比方說，古印度人對西方異邦人的稱呼「雅瑪那」（Yavana），就是源自前來當地定居的希臘系人民（愛奧尼亞人）。就像本章一開始寫到的，西北印度經常遭受來自中亞與西亞的軍事力量征服，從而建立起一個人群混雜的社會。到了德里政權時代，從中亞、伊朗、阿拉伯半島乃至非洲東岸來到印度定居的人數，明顯比之前多了許多。特別是當伊朗高原和中亞因蒙古征服而陷於混亂之際，有許多人移往印度避難。如同前述，德里政權領剛好也需要對蒙古作戰的兵力，於是很多中亞系與阿富汗系民族移居當地，結果就出現了像卡爾吉朝和圖格里克朝這樣的外來民族政權。另一方面，從伊朗逃來的知識分子大多先投奔烏巴察治下的烏傑，之後再前往德里。舉例來說，記載八世紀初阿拉伯穆斯林征服印度河下游事蹟的阿拉伯文書籍《查丘之書》（*Chach Nama*，信德征服之書），它的波斯文譯本就是阿里．庫非（Ali Kufi）在烏傑翻譯完成的；而《納賽爾史話》的作者敏哈吉也是經由烏傑前往德里。

根據井上春緒的研究，這種人與文化的流動，也對音樂方面造成了重大影響。相對於古印度時代的音樂，穆斯林統治時期以降，印度傳統音樂便融合了波斯／伊斯蘭要素，被稱為「印度斯坦音樂」（Hindustani music）；德里政權時期是這種音樂的萌芽期。現在所知在印度寫成的波斯文樂書中最古老的一種、於菲魯茲沙時期古加拉特一帶撰成的《願望的充足》，基本上就是先前不久以梵語寫成的《音樂的大海》的如實轉譯。雖然要到蒙兀兒帝國以後，音樂內容的變化才更加明顯，但在實際演奏中融合印度與波斯／伊斯蘭要素，應當在更早之前就已發生。在印度撰寫的波斯語文獻中，這種新型音樂最早可以追溯到活躍於十三至十四世紀的著名詩人暨樂師埃米爾．霍斯洛。埃米爾．霍斯洛雖在印度土生土長，但是不難想像，他曾和來自西方的文人與樂師學到了很多東西。

另一方面，卡爾吉及圖格里克朝時代的德里政權往德干高原開疆拓土之際，擔任先鋒的突厥及阿富汗系軍人，往往駐留在征服地區擔任總督。不久後，德干和古吉拉特頻頻爆發反德里政權的叛亂，這些突厥系軍人也紛紛自立為王，其中最具代表性的就是十四世紀於道拉塔巴德自立的巴赫曼尼蘇丹國。政權創始者阿拉丁．哈桑的出身雖然不明，不過他獨立的原動力是來自北印度的突厥及阿富汗系軍人。巴赫曼尼蘇丹國西濱阿拉伯海，軍人、政治家、商人、蘇非教士等形形色色的人們透過海路，陸續抵達德干。至於西亞和中亞，即使直至蒙古侵略接近尾聲的十五世紀，該地突厥系、蒙古系民族移居印度的風潮也沒有衰退。隨著做為蒙古後繼的黑羊、白羊等部族政權，以及更後來成立的薩法維帝國登場，從伊朗高原部族鬥爭中落敗逃往印度的移民，經常維持在一定數量。另一方面，印度政權也重用來自伊朗的官僚與文人，比方說馬哈茂德．卡萬就在巴赫曼尼蘇丹國君主胡馬雍沙（一四五八—一四六一年在位）的手下擔任宰相，大展身手。十五世紀末，巴赫曼尼蘇丹國分裂成五個穆斯林政權，但就算如此，他們和西方伊斯蘭世界在人的交流方面依然相當顯著。

邊疆與巨大信仰圈

如以上所見，十二世紀末穆斯林正式展開對北印度的統治，在某些層面雖然造成了印度社會重大的變化，但除此之外，舊有的社會構造和文化仍然得以溫存並穩定延續。不只如此，就算有變化也不是急遽的變遷。就以前述印度斯坦音樂的出現為例，若單就文獻來看，這種音樂明顯出現波斯／伊斯蘭要素要在更後面的時期、甚至十八世紀以降才有明確紀錄，這點井上春緒已提及。簡單來說，要變化成肉眼可見的狀態，需要長時間且複雜的進程才行。

另一方面，當我們回顧十二世紀末前後的這段時期，可以指出以下兩個重點：

（1）雖然有時間差，不過西亞和南亞兩方都歷經了廣域帝國的解體。過程中出現的地方政權以十一世紀以降的印度河到恆河流域為舞台，不斷發生衝突。

（2）蒙古大征服影響鄰近旁遮普的西北邊疆甚鉅，進而使這塊地域對德里政權也造成極大的影響。

關於第一點，正如本章中所指出的，廣域帝國推動各種政策，即便遠離帝國中心處的經濟也跟著發展，結果在地方上造就了許多權力中心，這樣的進程在西亞和南亞都清楚可見。就西亞來說，是阿拔斯王朝初期的經濟發展及地方上的伊斯蘭化，促成了伊朗高原東部與中亞的經濟文化中心——城市（重新）發展；同時，遠距離貿易的發達，也養成了一批蓄積財力的人群。以塔希爾朝為開端，薩法爾朝、薩曼朝、加茲尼朝的陸續登場，都是這股潮流的一部分。不只如此，這些政權除了標榜伊斯蘭正統，也將伊斯蘭世界往更東的地區推進；在這過程中，他們成功招募了新加入伊斯蘭世界的游牧民族，做為軍事與政治資源。

另一方面在南亞，過去所謂的城市、農村及貨幣經濟衰退，是否真的在笈多王朝時期便已出現，確實還有議論的空間，但六世紀開始透過贈與婆羅門階級土地和開發新耕地，使得地方經濟力提升，促成政治勢力崛起各自割據，這種傾向毫無疑問是存在的。接著以西部拉賈斯坦地區為中心，出現了某種程度上源自外來勢力的拉傑普特人政權；八世紀開始，這股勢力將印度河及恆河流域的中心地帶盡收掌中。西亞和南亞的政經狀況自是有所差異，所以不可能平行產生相同的現象；但即使如此，「廣域帝國的成立↓地方經濟力的上升↓權力中心多元化」這樣的過程，在兩地區都是顯而易見的。

在權力中心多元化的進程中，西亞和南亞都面臨了邊疆成立的勢力壯大（突厥系國家或拉傑普特政權），以及勢力朝著文化中心擴展，這樣的現象又和上述的第二點有所關聯。所謂邊疆，通常是不同政治勢力、文化圈、經濟圈之間的夾縫，在歷史上國家交錯的場合屢見不鮮。正因如此，邊疆經常會為了防衛國境而派駐軍隊（邊疆的軍事化）。邊疆與國家中心的物理距離遙遠，因此兵力通常不是由中央派遣，而是直接在當地招募；就某方面來說，也是因為熟悉當地環境的兵力較能派上用場。雖然是因地制宜，但在這種情況下，防衛前線的兩邊往往都是屬於同一集團的人。羅馬瓦解時的日耳曼人、漢帝國末期的匈奴，都是防衛線對面的人加入帝國一邊的例子。阿拔斯王朝解體時的東方邊疆也如上述，有很多在吉哈德戰略下加入新伊斯蘭世界的人群。這個時代以中亞突厥游牧民族出身者為核心，他們對邊疆另一邊還未伊斯蘭化的人民積極展開吉哈德，對於擴大伊斯蘭世界居功厥偉。在中亞方面，吉哈德的對象原是過去曾為同胞的游牧民族，但從加茲尼朝開始引入的中亞部族兵力，則是對西北印度到北印度的非穆斯林展開侵略，也取得了重大成果。不用說，邊疆另一邊的勢力愈是強大，這邊投入的軍事資源也必然會愈加龐大；投入印度戰線的中亞部族人民，正是這種龐大資源的代表性存在。

至於德里政權時期的西北邊疆，則又有了不同以往的新變化。從古爾朝開始一路敘述下來，我們知道在阿富汗高地的高聳險山有許多小規模的山岳部族居住；他們一邊經營畜牧和小規模農耕，同時也把襲擊商隊和村莊當成重要的經濟行為（至少到十九世紀的俾路支人仍有這樣的紀錄）。在這塊阿富汗東部的平原地區，儘管有洛加爾河和喀布爾河灌溉，農業生產力還是不高，因此從外部流入此地的勢力為了謀生，往往又會朝向更東邊的犍陀羅和旁遮普地區移動。另一方面，由於西北邊疆位於西亞、中亞、南亞的中間，具備了某種緩衝機能，因此往往成為從各地區中心被趕出來或逃出來的人賴以棲身之地。以上所述這個地區的特質，在憨哈納思等邊緣集團身上體現得最為明顯；在這些「化外之民」中，有的人被德里政權徵召擔任旁遮普防線的守備隊，和昨天還是同胞的人相互對峙或戰鬥。就像剛才講的，敵對勢力的攻擊愈是強大，守備方所需的兵力也得相對強大才行；因此在這裡擔任指揮官的將領，往往會變成實力堅強的軍閥。每當都城陷入混亂的時候，這些邊陲的武裝勢力就會前來奪取政權。這樣的現象當然不限於這時期的北印度，而是古今東西歷史盡皆可數。

如此，我們可以看見十三世紀以降德里政權的特質，很大一部分是形成自旁遮普的防衛戰。然而德里政權下的穆斯林與印度教徒則全然不同，他們之間的對立並沒有那麼顯著。正如蘇尼爾・庫馬爾指出的，德里政權以波斯文寫作的知識分子，相當程度上是站在偏袒伊斯蘭的立場，對於非穆斯林則趨向否定。為何會產生這種傾向，是個值得思考的有趣問題；但對北印度的人民來說，現實上面對來自阿富汗高地的侵略者，若有人能保障自己的生命財產，那麼這些人是不是穆斯林，其實並不是那麼要緊。就本章不斷提及的觀點，少數的穆斯林之所以能統治絕對多數的非穆斯林，雖是以伊斯蘭教與印度教兩個「巨大信仰圈」為前提，但兩者並不是單純的二元對立，而是如本章所述，在彼此的社會層面內有著千絲萬縷的複雜關聯。或者也可以這樣說：在彼此迥異的「宗教文化」（這種稱呼方式有點微妙）之間誕生的邊疆，總是處於搖盪移動的狀態，絕對不是個被固定下來的存在。

第三章　佛教王闍耶跋摩七世治下的吳哥王朝

松浦史明

1　十二世紀末的東南亞

吳哥王朝「最後的大王」

就像阿底提女神透過聖仙（迦葉波），讓思達魯瑪（在眾神集會之所）端坐，誕下眾神之王（因陀羅神）一樣，曷利沙跋摩（第四任君王）的女兒和他（陀羅尼因陀羅跋摩二世），也誕下了闍耶跋摩（七世）王。他是擁有光輝之力的英雄，為了守護大地，在戰鬥中使用（因陀羅神的）武器雷霆，擊殺敵對的英雄。

以上是建於一一八六年的塔布蘢寺碑文裡記載，將闍耶跋摩七世的武勇比擬為印度教神明因陀羅、大加讚美的一節。

在東南亞的大陸區，以現今柬埔寨為中心，這個自稱「甘浦加國」（Kambuja）、如今以吳哥王朝或高棉帝國聞名世界的國家，正迎來重要的嶄新局面。從一一八七年往前回溯六年，闍耶跋摩七世成為這個國家的君王；他奪回了被東邊鄰國占婆占領的王都，在那裡舉行即位儀式，讓國家從戰亂中走出來。

闍耶跋摩七世的統治一直到一二二〇年左右，持續了大約四十年的時間。以王都吳哥城和中心寺院巴戎寺為首，這段時間留下的建築、雕刻與碑文，分布範圍北抵現今寮國永珍、東到越南沿岸的占婆、南到馬來半島北部、西至泰緬國境地帶。雖然實際的統治範圍仍然不明，但一般認為這就是吳哥王朝的「最大版圖」。二十世紀上半葉引領東南亞史研究的法國學者喬治・賽代斯（George Cœdès）就根據這位君王逝世後建廟事業及文字史料的急遽減少，稱他為「吳哥王朝最後的大王」。

吳哥王朝是個相當不可思議的存在。闍耶跋摩七世建造的王都吳哥城，以及半世紀前蘇利耶跋摩二世（Suryavarman II）建立的吳哥窟，都是眾人耳熟能詳的吳哥王朝遺跡。這些遺跡和柬埔寨這個國家飽受外患與內戰所苦、一路跌跌撞撞邁向近現代化的過程相對照，不只是體現本國歷史的存在、國民統合的象徵，更是寶貴的觀光資源，因此一直占據相當重要的地位。可是另一方面，對於吳哥王朝的印象，我們多半只能仰賴殘存下來有關建立寺廟等儀式碑文和銘刻，因此總是偏向王權和宗教方面。如同吳哥窟的搶眼造型，吳哥王朝也給人一種孤立且獨特的存在感。儘管已有不少既往研究，但有關吳哥王朝如何接納以印度教及佛教為首的印度文化，以及它在海上貿易網絡的發展等和廣域歷史發展之間的關聯，還是有許多人不太理解。

既然如此，若要從本書提出的「探索十二世紀末的歷史轉捩點」視角出發，對於當時開創吳哥王朝全盛期的闍耶跋摩七世時代，又該如何評價呢？

圖 3-1
（上）吳哥城南大門
（中）巴戎寺
（下）闍耶跋摩七世像
藏於金邊國立博物館

轉換期的夾縫，或者說另一個轉換期

就算仔細翻遍東南亞，在一一八七年這個時點，還是沒有什麼公認足以動搖整個地區、值得大書特書的歷史事件。十二世紀末的東南亞，正好處在十世紀與十四世紀這兩個轉換期的夾縫：自十世紀開始，東南亞各地陸續有新的國家登場，足以代表各地區歷史的古典文化也紛紛綻放異彩；而之後的十四世紀隨著社會、經濟及氣候變遷，則蛻變出了和近現代直接連結的東南亞近世時代。不過正因如此，做為「夾縫」的十二世紀末東南亞才顯得格外有意思。畢竟十世紀以降發展的古典文化已臻鼎盛；而在此同時，我們也已經可以聽到即將在十四世紀來臨、下一個時代達達的馬蹄聲。

大凡足以稱為「轉換期」的時代，一般都假定其存在兩個面貌：一個是既存體制的變遷或崩解，比方說國家行政、產業、貨幣體系等等，從而產生出新的事物，或是霸權轉移至其他地區。一般所謂的轉換期，大抵都是指這樣的時期。

假使誇張一點，將這種堪稱「世界末日」的局面形容成歷史的低谷，那麼與之相對的，就是歷史的頂點，亦即新生體制經過一定發展孕育出該地域的時代象徵文物，迎向堪稱成熟期或全盛期的局面。這即是所謂「另一個轉換期」。

這樣的一個時期，是時代的分水嶺；一個時代開端的結束，同時也是終結的開始。當然，各種要素不會在同個時點一下子全數變化。要素的變化是否隨時間或地域有所不同，是新時代的預兆還是舊時代的殘渣，這些都需要將時間拉長加以觀察。

圖 3-2　吳哥窟

雖然各地區的時間有所落差，但所謂轉換期的夾縫，正是上面提到的、某種事物結束及另一種事物開始的時期。本冊聚焦的十二世紀末，做為「另一個轉換期」而極度鮮明搶眼的，正是本章要討論的吳哥王朝。

當審視十世紀到十四世紀這段漫長時間吳哥王朝的盛衰時，我們所能感覺到的不只是東南亞，更是包含中國、印度及中東世界在內的巨大歷史洪流。現在就讓我們來思考，這個時期的東南亞究竟結束了什麼，又開始了什麼。

一一八七年前後的東南亞

為了掌握這個時期東南亞的整體歷史動向，在此列舉一一八七年前後東南亞各政權的概況。東南亞的整體面積大約是東西五千公里、南北三千五百公里，大小跟歐洲相當。在這個廣大的空間，有許多政權此起彼落：

（1）**大越**　北越的紅河三角洲地區，這時處於李朝大越第七任皇帝高宗的統治下。這位兩、三歲便即位的幼帝，這時大約十五歲左右。

十世紀以降，唐朝末年亂世導致中國對這一帶的統治土崩瓦解，當地由統稱「十二使君」的豪強割據。打破這種局勢重新邁向統一的，是一〇〇九年即位的太祖李公蘊，以及他所成立的李朝大越。從第四任君主仁宗到第七任君主高宗，都是十二歲以下的幼帝在未遭遇武力政爭的情況下即位；雖然仍蘊含了內部權力鬥爭的因子，但就結果而言，王權和統治體制仍屬安定。然而自高宗晚年的一二〇九年開始，內部抗爭與地方叛亂日益激化，李朝步入了末年混亂期。在這之中崛起的陳氏，便透過和李朝皇族聯姻，讓自己的家族繼承帝位；一一八五年，八歲的陳煚即位，陳朝大越於焉成立。在過程中，兩代王朝驅逐並重編紅河三角洲的豪強割據勢力，以皇族為中心推動規模不一的農業開發，為現代越南的地貌打下了深厚基礎。

十世紀以後，隨著從南中國直抵越南中南部的海路貿易建立，位在越南北部的大越地區貿易機能便相對低落，不過大越卻趁此良機開發境內農業，並引進中國的統治體制，從而確保了安定；不僅如此，他們也將領土最南端的義安打造成貿易重鎮，強化國際地位。

（2）**占婆**　位於越南中部到南部沿海地區的國家。這個地區在本章主角吳哥王朝的闍耶跋摩七世時期，正陷入人稱「三十二年爭亂」的複雜政治局勢。關於這件事的來龍去脈，後面會詳述。

「占婆國」這個名稱雖然打從七世紀左右起就出現在當地的銘文史料當中，但中國的史料古代都稱其為「林邑」或「環王」，九世紀末起則稱「占城」。一一八七年前後的占婆，從北部的美山、中部的毘闍耶（現今平定附近）、南部的卡烏達拉（現今芽莊附近）、賓童龍（現今潘郎附近）等地出土的銘文史料來看，各地城市都是獨自向中國朝貢，因此可以推斷是屬於半獨立的聯盟國家體制。

對背倚綿延險峻安南山脈的占婆而言，確保貿易優勢是國家發展的生命線；為此，它和北邊鄰國大越經常處於競爭關係。十世紀末占婆受大越侵壓，於是將國家核心從越南中部的因陀羅補羅，轉移到更南方的毘闍耶。同時，占婆也積極輸出以沉香等林產為主力的商品；就這層意義上來說，毘闍耶和產地間聯絡方便，也更有利於出口。

（3）**蒲甘王朝**　以現今緬甸伊洛瓦底江中游為核心、繁榮一時的蒲甘王朝，這時正迎來查紐蘇二世（又稱那羅波帝悉都）第十三年的統治。自從一一五六年遭斯里蘭卡攻破，該國歷經了十八年的王位空懸，直到一一七四年才由那羅波帝悉都即位。在他統治期間，使用緬甸文的銘文增加了，寺廟也發展出獨特的建築樣式，堪稱緬甸古典文化的萌芽期。

這個由緬族建立的蒲甘王朝，後世編年史將相傳於一〇四四年即位的阿奴律陀王定為始祖，但事實上緬族從九世紀中葉起就已經在各地發展了。之後，蒲甘王朝積極推動灌溉農業，國力日益增強。這個王朝以王族和有力人士熱愛建立佛塔而聞名，不過他們也吸納了在緬族到來以前定居當地的孟族社會文字和宗教。就這樣，透過灌溉農業充實國力，到了十二世紀末的這個時期，所謂的「緬甸文化」已然開花結果。

（4）三佛齊　自古以來即是海上交通要衝的馬六甲海峽，歷經馬來半島與蘇門答臘島沿岸各港口的聚散離合。這個地區屬於高溫潮濕的熱帶雨林地帶，很難以面的方式拓展領土，只能在零星散布的港口城市形成一個個政治單位。後世史家將這些政治單位命名為「港市國家」。

自十世紀左右起，這些港市國家形成一個鬆散的聯盟，被阿拉伯世界統稱為「zabaj」，中華世界則根據這個讀音，轉寫成「三佛齊」。*在環繞著貿易利害關係的協調與對立中，裡面不時會出現影響周邊海域的有力港市國家，但國家間的地位常常是流動的。

在統稱為三佛齊的聯盟中，一一九六年單馬令（今泰國洛坤府）開始向中國朝貢，並成為整個十三世紀馬六甲海峽地區的要角。一二四七年，單馬令的錢德拉巴努王還曾入侵斯里蘭卡，一時間確保了該島北部的支配權。這是東南亞勢力遠征域外的罕見例子。

（5）諫義里王國　讓我們將目光轉向東南亞島嶼區的另一個重心——爪哇島，這時正值定都於島嶼東部的諫義里城、所謂「諫義里時代」的末期。建立婆羅浮屠、普蘭巴南等佛教及印度教寺廟群的中部爪哇時代於十世紀上半葉告終，權力中心轉移到島嶼東部，是為諫義里時代。十世紀發生中心轉移的背景，一般認為和交易利益有關：以前的爪哇島中部河川最後注入南部的印度洋，但島嶼東部則有布蘭塔斯河通往爪哇海，在連結國際貿易的區位上較為優越。因此，自諫義里時代開始，爪哇島以東的海域及各島嶼——如峇里島和摩鹿加群島——便形成一個巨大的商業圈。

在這片熱帶雨林占優勢的島嶼地帶，唯一屬莽原氣候、利於農業生產的爪哇島中東部地區，便在本章所述的十至十四世紀東南亞變化中處於先驅地位。換句話說，爪哇島在十世紀以前就已經迎來了人口集中的大建築時代，但十世紀以後大規模建築事業減少，進而確立了河域農業生產與海域貿易網絡連動的體制。

（6）**菲律賓群島**　這個地區由於留下的史料很少，所以較難判斷；但在中國史料中，載有名為「麻逸」的國家向中國朝貢的零星記錄。

從東南亞史看轉換期

像這樣將各國並陳瀏覽，或許會給人一種東南亞史複雜難解的印象。畢竟當某地區陷入危機時，另一個地區卻迎來繁盛；在這種狀況下，要看出各地區的相互關係其實很難。然而這種複數政體繁雜紛呈、難以一語道盡的地域情勢，正是東南亞史的特色。

說到底，「東南亞」這個地理性稱呼其實只有一百多年的歷史。這個地區從未經歷像歐洲的羅馬帝國這樣，由單一政體影響大半個地區的情形；唯一堪稱例外的，就只有一九四〇年日本所謂「南方進出」的短期占領而已。為了應付日軍，盟軍在斯里蘭卡的可倫坡設立了「東南亞總司令部」。是故，「東南亞」一詞雖然從以前就開始使用，但一直要到應付日軍入侵（以及相關報導）時，「東南亞」這個概念才廣為流傳。

＊宋代以前的中國古籍則稱為「室利佛逝」（音譯自梵文 Sri Vijaya）。

另外，談到本冊的主題「信仰圈」，在廣大的東南亞可以看到自古流傳的佛教與印度教的影響，然而在地的泛靈信仰也同樣具有影響力；人們接納這些信仰的方式，是重層且多元的。當時的東南亞人民普遍不認為有唯一絕對的神，因此要像歐洲的基督教這樣，將「信仰圈」套用為地域統合的關鍵概念，是很困難的。

這樣想下來，若身處日本的我們對個別地區愈加理解，或許就愈不需要把「東南亞」當成統合該地的必要主詞。

只是，若只把東南亞這個地域概念視為虛構，認為個別地區乃各自獨立發展，這樣的想法其實也是錯誤的。前面說東南亞面積大小和歐洲相當，但兩者間有個重大差異，那就是東南亞包含了寬廣的海域；因此若單看陸地面積，那麼東南亞只有歐洲的一半。「海洋不是隔絕地區的阻礙，而是連結彼此的通道」，這樣的認知雖是近年來歷史學界的常識，但東南亞「自史前時代起就透過海洋進行地域交流」，我們當然無法忽視「東南亞」整體的地域連動性。舉例來說，這個時期的東南亞和地中海世界之間雖然沒有直接的關係，但連繫地中海世界與印度、東南亞的交易網絡自古就已存在。一般認為由古代住在埃及的海員於西元一世紀寫成的《厄立特利亞海航行記》，就是相當著名的史料；同樣住在埃及的修道士，印度航海家科斯馬斯（科斯馬斯·印第科普爾斯茨），也於六世紀中葉寫成了《基督教地理志》，諸如此類有關地中海世界與印度洋世界相互連結的文獻，多不勝數。在考古文物方面，越南南部湄公河三角洲的喔吠遺跡中發掘出羅馬時代的硬幣（只是它不見得只在羅馬時代流通而已），泰國西部北碧府省的彭杜克村也出土了六世紀左右的拜占庭油燈，這些都是極具代表性的證據。

因此，對「東南亞」這個框架不囫圇吞棗地謹慎利用，同時留意此地從未斷絕的交流，就歷史背景來說，或許是最適合這個地區的關注方式吧！近年來研究者的共通認知，乃是著眼於生態環境，將東南亞劃分為「海洋東南亞」與「大陸東南亞」。乍看之下，這和「島嶼區」與「大陸區」的區分方式十分相近，實際上卻有相當程度的差異。所謂的「海洋東南亞」位處樹木繁茂的熱帶雨林，無法支撐大規模人口，但同時該地也是林產的寶庫，對外交通便利，因此誕生了許多港市國家。另一方面，「大陸東南亞」則多屬乾濕季明顯的莽原氣候，仰賴氾濫平原和地下水造就的農業生產力，人口集中，國家明顯呈現面的發展及階層分化。大陸區裡有「海洋東南亞」，島嶼區裡也有「大陸東南亞」，譬如爪哇島的中部和東部擁有莽原氣候及火山帶來的豐富地下水，使得它雖然屬於島嶼，卻能夠出現陸域性質的發展。此外，越南中南部的沿海地區背倚連綿的山脈，又是中國市場的重要門戶，所以雖然位處大陸，卻包含了很多海域的要素。當然，兩者間的界線並沒有辦法那麼明確劃分，有很多情況都是同時包含了海陸兩大要素。

我們就用這樣的視野，再度重新綜觀先前各地的概況；這時吸引我們注意的，是「十世紀的轉換期」。九世紀末到十一世紀初是一段既存政體瓦解、新體制持續建構的時期。在大陸東南亞，蒲甘王朝的阿奴律陀王、東部爪哇的艾爾朗加王、以及吳哥王朝都正式確立領土統治，朝著「統一國家」進展。另一方面在海洋東南亞，馬六甲海峽的三佛齊與越南沿岸地區，各港市國家則逐步形成鬆散的聯盟。

從這種共時性的發展可以猜想，此地區應當經歷過某種共通的體驗，而這恐怕與遠距離海上貿易的變化脫不了關係。我們不能忽視，自宋朝開始中國商人就自行出海，與馬來半島的西方伊斯蘭商人貿易。巴格達出身的地理學者馬蘇迪（八九六左右—九五六年）就表示，華南的黃巢之亂使伊斯蘭商人從中國撤退，結果「中國人的船」一路行駛到馬來半島的吉打，和伊斯蘭商人貿易。包括這些新加入的要角在內，海上貿易的活絡化，帶給東南亞各地區某種共通的衝擊，也因此產生了多采多姿的反應。這種衝擊一言以蔽之，就是地區整體財富的增加。伴隨著財富增長，以支配領土為目標的「大陸東南亞」地方王權開始崛起，並為了維持地區整合而焦頭爛額。至於「海洋東南亞」，特定港市要維持排他性霸權變得愈來愈困難，於是各港市在鬆散的聯盟內試著保持勢力均衡。

就這樣，邁向十世紀轉換期的東南亞，不管是「大陸東南亞」還是「海洋東南亞」，都在各自給定的生態環境中發展其文化。

如同我最初所述，本冊鎖定的十二世紀末，在東南亞史上很少被評價為「轉換期」。之所以如此，最大的原因是我們很難在這個時期的東南亞找到給予整個區域共通衝擊的歷史事件。然而反覆搜索之後我們會發現，若仔細觀察「十世紀以降的東南亞世界」頂點之一的吳哥王朝闍耶跋摩七世時代，就能看出聯繫十世紀和十四世紀兩個轉換期的重大歷史潮流。接下來，我們就開始追溯至闍耶跋摩七世為止吳哥王朝的發展。

蒲甘
伊洛瓦底江
蒲甘王朝
薩爾溫江
紅河
大越
河內(安南)
東京灣
琅勃拉邦
清邁
永珍
孟加拉灣
昭披耶河
湄公河
仰光
素可泰
順化
麻逸
南海
馬尼拉
北碧府
吳哥
暹粒
平定
占婆
洞里薩湖
芽莊
菲律賓群島
金邊
潘郎
胡志明市(西貢)
安達曼海
暹羅灣
達瓜巴
洛坤府
馬六甲海峽
吉打
汶萊
蘇木都剌
三佛齊
加里曼丹島(婆羅洲)
古泰
蘇門答臘島
占碑
蘇拉威西島
巴鄰旁(舊港)
爪哇海
雅加達
布蘭塔斯河
爪哇島
諫義里王國
峇里島
婆羅浮屠
印度洋
N
0
500km

十二世紀末的東南亞

2 吳哥王朝的發展

吳哥王朝的開端與涵蓋領域

吳哥王朝這個稱呼，其實是後世史家命名的。定義雖然因人而異，不過一般所謂的吳哥王朝，指的就是「在吳哥地區建立王都的國家」。按照普遍說法，這個王朝是從八〇二年闍耶跋摩二世在吳哥地區北邊的荔枝山舉行即位儀式並建造王都起算；之後雖然有短暫的中斷，不過這個地方一直都是王都。直到十四世紀左右為止長達六百年的時間，這裡一直在建築寺廟或挖掘儲水池。王都的面積大約有一千平方公里，最多的時候人口據說有七十五萬人，是世界屈指可數的大城市。根據當地留下的銘文史料，這座王都被稱為「耶輸陀羅補羅」（Yasodharapura，名譽之都），自己的國家則稱為「甘浦加國」（由傳說的始祖甘浦創立的國度）。

「吳哥」，是梵語「城鎮、城市」（nagara）的高棉語轉音，通常是用來指稱位於柬埔寨西北部暹粒市近郊、以吳哥窟為首的遺跡群及其附近地區。雖然這個詞按當地語言的發音是「Onkoo」，不過用羅馬拼音來寫高棉語則寫成「Angkor」，所以在日本一般都按照過去殖民母國法國的念法，將之念成「吳哥」，如今成為通用稱呼。順道一提，柬埔寨主要民族「高棉」的念法也是一樣，雖然寫成「Kumae」會比較接近實際的發音，但因為羅馬拼音寫作「Khmer」，所以一般也都念作「高棉」。本章所提到的遺跡其實都有類似情況，但太斤斤計較反而會招致混亂，所以筆者盡可能依常

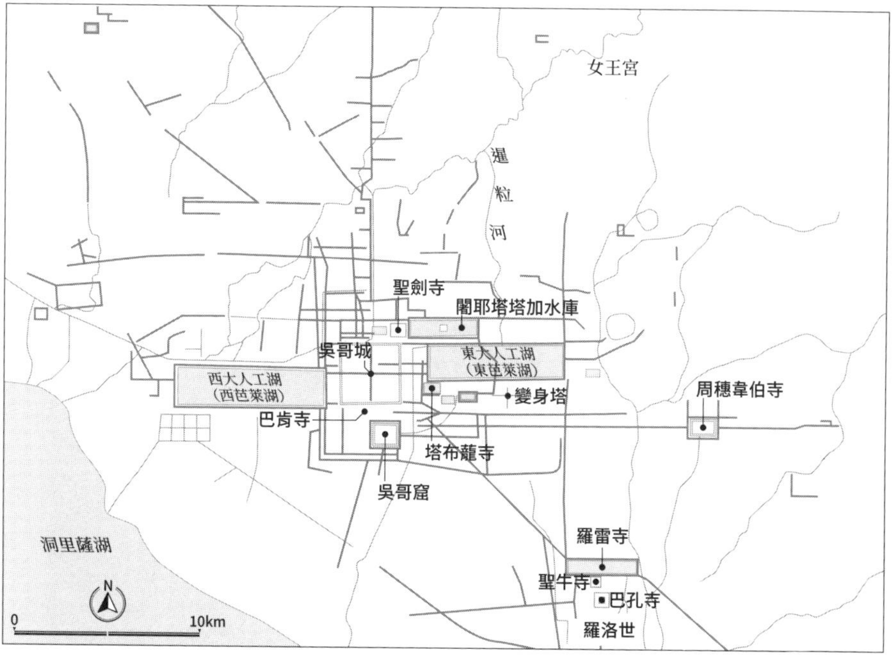

吳哥地區

見的方式稱呼。

吳哥王朝建立之前的柬埔寨，處於一個核心位於其他區域、豪強割據的局勢；這種九世紀以前的時代，一般稱為「前吳哥時代」。與之相對，到了十五世紀後，在吳哥地區已經看不見巨大寺廟的痕跡，王權中心也轉移到柬埔寨南部；這樣的時代，我們則稱為「後吳哥時代」。當然也有人批判，這種「前吳哥、吳哥、後吳哥」的三段式區分法，其實隱含了法國殖民時期「將吳哥時代理想化」的用意。對十九世紀逐步將越南、柬埔寨、寮國納入殖民統治的法國來說，眼前的柬埔寨是相當積弱不振的，因此法國對柬埔寨的「文明化」，正是要找

圖 3-3　銘文史料（東芭萊碑文　K. 282）
藏於吳哥國家博物館

回吳哥時代的榮耀；為了強化這種看法，他們才會傾向過度稱譽吳哥時代。是故，把吳哥以外的時代定位為劣等（或至少是看成劣等），這樣的時代區分方式不過是複製殖民主義的邏輯罷了。這種批評雖然有其道理，但目前也沒有取得共識的可行替代方案。歐美研究往往會傾向使用中國的稱呼方式，將前吳哥時代稱為「真臘時代」，但事實上在中國的史料裡，即使進入吳哥時代也依舊稱該國為「真臘」，所以這樣的作法並不太適切。另外從語言學的立場，也有人將前吳哥時代與吳哥時代統稱為「上古高棉語時期」，後吳哥時代則稱為「中古高棉語時期」。其他還有「古代、中世、古典時代」等區分法，但研究者間要達成普遍的共識，其實相當困難。

從本章的視角來看，時代區分的問題其實可置而不提；之所以如此，是因為這種區分對於「吳哥時代」內部的變化不甚敏感。當然，所有的時期劃分都有其便宜行事之處，按視角選擇不同而採取設定。但就算如此，在「吳哥時代」這個經過彙整的視角、以及對歷代君王的個別敘述當中，我們要怎麼看出時代潮流，跟其中堪稱「轉換期」的事物？不只如此，因應此種時代潮流，我們又該怎麼定位闍耶跋摩七世的時代？這是本章最重要的一點。

接下來，我們要探討吳哥王朝的範圍，也就是它所控制的「領域」。對於沒有明確國界概念的前近代國家而言，這樣的問題很是普遍；但要掌握吳哥王朝的地理範圍，仍是格外困難。

之所以如此，最主要的原因是吳哥王朝在行政、軍事、外交方面留下的史料非常少。當地留存的唯一史料只有銘文史料，這類史料大多都刻在石碑或寺廟牆壁上，是為了新建、改建寺廟或其他宗教活動而留下的內容，要從中推敲出當時的行政制度及地方統治形態，實在強人所難。我們大概只能整理出史料的精確分布狀況，以及銘文中所提及人物的讚詞與頭銜等等，從而類推出當時的統治形態。

所以，當我們探討領域的問題時，考古學、建築史、美術史等「實物史料的史學」，就變得相當重要。歸納各時代的建築物、藝術品、考古文物分布圖，搭配銘文史料的分布狀況及中國史料的紀錄，是我們推估吳哥王朝統治範圍的唯一方法。前段我們介紹闍耶跋摩七世「建立了吳哥王朝的最大版圖」，主要就是依據闍耶跋摩七世時代的建築物與美術品分布狀況來斷定的。

按照以上的作法，我們就來看看各時代君王的蹤跡，以及在「大陸東南亞」發展起來的吳哥王朝這個國家的形態如何變化。

圖 3-4　巴孔寺

王的事蹟與王的條件

相傳，吳哥王朝的創始者闍耶跋摩二世推翻了「爪哇人」的統治，從柬埔寨南部出發，陸續平定各地，並在八〇二年於吳哥即位為「甘浦加國唯一的王中之王」，最後在哈里哈拉拉亞（Hariharalaya，位於吳哥東南方的羅洛世遺跡群）建立王都（順道一提，「爪哇」這個詞在當時不只是指爪哇島，而是指稱包含馬六甲海峽在內的廣大海域世界）。只是，關於這位君王的紀錄主要都來自於後代的銘文史料，因此有關他的實際事蹟還有很多不甚清楚之處。在相傳是他舉行即位大典的荔枝山（近年來在這裡發現了都城的痕跡）等地已有考古調查，希望今後能進一步釐清這位充滿謎團的君王。

要透過同時代史料及建築物來闡明吳哥王的具體事蹟，必須等到八七七年即位的因陀羅跋摩一世。因陀羅跋摩一世在即位兩年後建立了聖牛寺（Preah Ko）。這座寺廟共有六座祠堂，呈兩列配置，在每一座建築物正面入口及另外三面設有裝飾性假門的側柱上，都留有許多銘文。根據銘文可得知，這座寺廟除了祭拜印度教的濕婆神，也是祭祀先王、祖父及父母的太廟。在這之後的八八一年，他又興建了國家的中心寺廟巴孔寺（Bakong），並在北邊挖掘名為因陀羅塔塔加的儲水池。關於這位君王的事蹟，除了興建王都之外，柬埔寨最南部的巴彥寺（Phom Bayang）銘文有他對濕婆神奉獻的紀錄，泰國東北的曼凱遺跡也有銘文提及這位君王，只是這邊的銘文上面只寫了這塊土地的有力人士「在八八六年，因陀羅跋摩統治時期」樹立了佛像，至於這塊土地和君王究竟有什麼關聯則不明。

因陀羅跋摩一世的所作所為，為吳哥王所投身的事業——也就是建立祀奉王室祖先的太廟、大儲水池、國家中心寺廟、還有以此為核心的王都——奠定了基本形式，後世的君王也大多朝這個方向努力。

繼因陀羅跋摩一世，八八九年耶輸跋摩一世（Yasovarman I）經歷激烈的王位繼承戰後登上了王座。他追隨先王事業，建立了太廟羅雷寺、大儲水池耶輸陀羅塔塔加（現稱東芭萊湖），接著更在小山丘上興建中心寺廟巴肯寺（Phnom Bakheng），並建設王都耶輸陀羅補羅（此後，「耶輸陀羅補羅」便成為王都的固定名字）。他特別值得一提的功績，是在全國各地設立稱為「淨修林」（Ashrama）的宗教設施。淨修林是提供宗教人士生活、修行的場所，耶輸跋摩一世為印度教的濕婆派、毗濕奴派及佛教徒等各派宗教人士廣設淨修林。在現今柬埔寨南部到泰國東北、寮國一帶，已經發現了將近二十塊內容大同小異的「淨修林創建碑文」，由此可看出這位君王的影響力有多廣。

耶輸跋摩一世是靠實力奪取王位，而吳哥王朝的王位繼承過程也鮮少平順，新任君王大多都得擊退敵對勢力才能繼位。王位繼承既然沒有制度保障，靠實力確保王位就成為必要。在一個敵對勢力林立的不穩政治環境，君王和他身邊的人會試著用各種方式強化王權，也是不難想像的事。

做為強化王權的一環，以君王名義建立的國家中心寺廟，也就變得規模龐大且複雜。簡單來說，吳哥的寺廟最初只是單一祠堂型，但隨著時代演變，不只祠堂的數量增加，祠堂間也有迴廊聯繫，之後更出現所謂的廟山（prasat），工法和建築裝飾也變得五花八門。這些壯麗的寺廟群與其說是因為王權強大而建立起來的產物，不如說是君王為了展示自身權威而採取的必要策略。之所以如此，是因為除了君王以外，其他有力人士也積極建立寺廟，因此君王必須在為數眾多的寺廟中興建最卓越的一座，這也使得寺廟的規模與裝飾性日益繁複華美。

在王位繼承方面，雖然和過去君王的血緣關係並非決定性依據，但他們也不能完全無視血統。歷代的王即使捏造，也要不時主張自己和過去君王的血緣關係，譬如羅貞陀羅跋摩二世（Rajendravarman II，九四四—九六八年在位）就被譽為是兩個源遠流長的有力家族「月亮與太陽家族」的結合（巴薩曾空寺銘文，K.286/947AD），但實際上，他的血統不過是前王耶輸跋摩一世連襟的兒子罷了。確實，「血統純正」（至少如此主張）是即位的必要條件，但單從血統觀點來看，這種作法其實也同時向許多人敞開了王位大門。據十三世紀的《真臘風土記》所述，許多高官都將自己的女兒嫁給君王；透過聯姻成功和君王締結姻親關係，就等於拿到了君王繼承人的門票。

在其他銘文史料上，除了大加稱讚王的智慧與勇武等個人資質，維持足以打倒敵人的軍事力量自然也是關切的重點。銘文史料之所以提及王的輝煌事蹟，或許正是因為王權不安定，才需要這般積極展示與宣傳吧！

王權與宗教

銘文史料是伴隨宗教活動而生的史料，所以會顯示出當時權勢人士與宗教間的深刻關聯。王與宮廷嫻熟地引進宗教要素來經營國家。將宗教用於強化王權的終極形式，就是所謂的「神權政治」；在這種體制下，王本身會被神格化，變成一種崇拜對象。可是在這裡，王的神格化問題不能如此簡單一語道盡。銘文史料中確實將王的事蹟當成神蹟大書特書，也把王當成崇拜的對象，但我們沒有證據證明臣民就是一味地對王盲信盲從。對於君王神格化的討論，往往反覆圍繞在「王究竟是現人神（神在世間的具體化身）還是區區一介人類」這個單純化的問題打轉；可是，像吳哥王朝這樣不存在唯一真神的世界觀，我們很難在宗教與政治、神聖與世俗、或是崇拜與尊敬之間劃出一條明確的界線。人神之間的界線既然是曖昧的，那麼我們也必須理解在王與神之間那種微妙的距離感。

君王個人崇拜的典型範例，是「將讓人想到君王名諱的神格安置在國家的中心寺廟」這個傳統。比方說，因陀羅跋摩一世在他興建的巴孔寺就安置了名為「因陀羅修瓦拉」的林迦（濕婆神象徵）；繼任的耶輸跋摩一世也將巴肯寺的主神命名為「耶輸達萊修瓦拉」。

從語義上來說，這種命名方式雖可解釋成「因陀羅跋摩王確立的神（寺廟）」，但也可將之想成是融合了祖先崇拜而塑造出的一種君王個人崇拜。比方說在聖牛寺的銘文（K.713/893AD）中，就寫到祀奉因陀羅跋摩一世之父畢底邠跋摩的祠堂，被命名為「畢底邠多萊修瓦拉」；就像這樣，冠上君王家族名字的神被頻繁祀奉。將死去的人物神格化，雖是古今司空見慣之事，但將在世君王以同樣的方式放在寺廟祭祀，則是暗示了王與神之間的親密。

相對於這種傳統，闍耶跋摩四世（九二一—九四一年在位）的作法就很「非主流」。他在距離王都東北八十公里的地方建立了新都城科克（Koh Ker）。這座城的中心神格是梵語所謂的「三界之主」，古高棉語稱為「王國與世界之主」（Kamraten Jagat ta raja）。由此可見，闍耶跋摩四世之所以建立寺廟，並不是為了君王個人崇拜，而是為了重新建構引導整個王國的信仰中心。

可是，在他之後繼任的羅貞陀羅跋摩二世（九四四—九六八年在位）不只重新將都城遷回吳哥，也將名為「羅貞陀羅跋梅修瓦拉」的林迦與神格化祖先一同安置在中心寺廟變身塔。從這層意義上來看，他恢復了舊有傳統。

同時，羅貞陀羅跋摩二世還有一個重大的特點，就是對佛教態度的變化。在東湄本寺的銘文中，有一段解釋他為何信奉佛教的文字：「由於〔佛教〕在促進功德圓滿上乃是無可比擬，所以〔王〕深刻領悟到，要脫離錯誤的道路，除了信奉佛教教理之外，再無他法。」（第一七二偈）可是，這整篇銘文主要還是在讚頌濕婆神，因此之所以有這段文字，或許可以理解成是對當時受部分高官與民眾信奉的佛教多所顧慮之故。換言之，這位君王不只是單純承繼傳統，他也在變遷的社會裡尋求建立新的王權形象。

地方勢力崛起與王權

吳哥王朝的王權概念，到了之後的蘇利耶跋摩一世（一〇〇二—一〇五〇年在位）時，又增添了新的變化。在靠近現今泰國邊境的柏威夏寺（Preah Vihear）的銘文中，有著以下記載：

> 吉祥的蘇利耶跋摩，首先在吉祥的闍耶謝德拉〔建立了〕吉祥的蘇利耶跋摩修瓦拉林迦，接著又在穴（9）、海（4）、空（0）過去之年（西元一〇一八年）於吉祥的西迦雷修瓦拉山頂、吉祥的伊夏納迪爾迪、以及吉祥的蘇利耶托里山上建立了另外三座林迦。

蘇利耶跋摩一世將一直以來只安置在「國家(世界)的中心」、冠上君王名號的林迦，分散放在全國的好幾個地方。這種王權概念的變化，很可能是受到地方勢力崛起所帶來的社會變化影響所致；因為從這時期開始，君王以外人物的銘文史料急遽增加。若從上述個人崇拜的脈絡來看，君王以外的人安置冠上自己名號的神格物，這件事實在引人注目。比方說在高隆寺的銘文(K.232/1016AD，泰國達帕耶地區)中，就寫到當地一位名叫薩馬拉維拉跋摩的官員，將自己建立的寺廟之神命名為「薩馬拉維拉跋梅修瓦拉」。不只如此，在以提及「神王(devaraja)崇拜」而聞名的司多果通（Sadok Kok Thom）碑文（K.235/1053AD，泰國沙繳省）中，也記載到沙達希瓦這個人被賜予「貞陀羅跋摩」的名號，並建立名為「貞陀羅跋梅修瓦拉」的林迦一事。

另一個足以顯示這個時代現象的醒目例子，是一個青銅製的甕。這個甕從曼谷的古董市場流出，所以不清楚原本位在何處，但在它側面的銘文上，寫著它是在一〇〇七年由當時某位有力人士奉獻給神的供品（K.1213）。根據介紹這篇銘文的史帝夫所言，這算是目前發現最早在奉獻供品刻上銘文的例子；在它之後，同樣的現象就不斷出現。儘管在寺廟建成或舉行祭儀時，有權者奉獻形形色色的供品乃是自古以來的慣例，但以往大部分都只將相關事項銘刻在寺廟碑文；然而到了這個時期，卻是直接將奉獻者的名字刻在奉獻物的上面。或許正是因為從事奉獻的人變得多樣化，才有必要明記「到底是由誰奉獻的」吧！

以上這些狀況在在顯示，君王以外的人物也和王一樣，利用參與宗教活動來擴大權力。當一直以來宣揚權力的手段廣泛普及後，就不可避免變得陳腐而無用；面對這種情況，王也不得不思考新的強化王權策略。蘇利耶跋摩一世將冠上君王名號的林迦安置到各處，正可視為是因應時代變化、致力宣揚王權的手段之一。

另一方面，蘇利耶跋摩一世也以要求臣子對自己宣誓效忠而聞名。根據一〇一一年銘刻於王宮空中宮殿塔門壁面上的銘文（K.292）所述，「〔王〕要求所有家臣分成好幾組，在世界之主的神聖目光前宣誓忠誠。」他分出一到四級的「塔姆爾瓦齊」（意為「監察者」，大概指各層級的行政執行官），要求他們「付出生命，發誓無條件獻身，（中略）盡心竭力恪盡其職」。在這之前，王權從來沒有用這麼直接的表現手法來要求家臣效忠，由此也可看出，王為了控制隨行政機構擴大、日益掌權的各地有力人士，是多麼煞費苦心。

可是，蘇利耶跋摩一世的這一連串努力，並沒有被後繼的君王所繼承，因此也沒有形成新的傳統。之後的君王又回到強化王權的另一面，也就是如前所述，用血統、個人資質、軍事力量等等來積極宣傳。

在宗教要素強烈的銘文史例中，王經常被視為等同於神的存在，並被描述成一種理想的姿態。但隨著信仰多樣化與統治機構發達等時代變化，王權（或者說王權所追求的理想形象）也跟著產生多元的變化。

也正因如此，做為吳哥王朝後半期王權概念變化的總結，我們絕對不可錯過「最後的大王」闍耶跋摩七世這一時代。

開展的王朝

到目前為止，我們都是以王和他周遭的事情做為主軸進行探討，但接下來，筆者想談論一下吳哥王朝在對外關係方面的變化。

自古以來談起吳哥王朝，便經常給人一種「內陸農業國家」的印象，然而上段所見的王權變化，絕對不是單憑內部要素便足以說明的。吳哥王朝和外部世界的聯繫一直在慢慢增加，而在這樣的過程中，吳哥王朝本身的樣貌也產生了變化。

根據銘文資料顯示，吳哥王朝自十一世紀開始，便逐漸朝西方擴大影響力。在現今泰國中部的華富里，發現了一篇刻於蘇利耶跋摩一世時代、一〇二二年的銘文；裡頭記載了吳哥王朝一面鎮壓當地的抵抗，一面發布王令，要求當地的大乘佛教與上座部佛教修行者服從（薩爾孫銘文，K.410）。在泰國東北到中部一帶，雖然從前吳哥時期就陸續有不少銘文史料出土，但到了這個時期，我們可以確認吳哥王朝的影響力明顯增加。該地區從六世紀開始就有個名叫陀羅缽地的國家存在，從出土文物中可以看出，它是一個佛教文化燦爛的國度。蘇利耶跋摩一世的王令，一方面是要將泰國的舊陀羅缽地佛教文化圈納入控制，另一方面也可看作是一種企圖擴大影響力的策略。同一時期，吳哥王朝開始興建今日泰國境內屈指可數的高棉遺跡——披邁石宮（Prasart Phi Mai）。隨著吳哥王朝向西擴張，他們毫無疑問也會透過河川等通道，增強自己對通往暹羅灣與孟加拉灣既有貿易網絡的影響力。

吳哥王朝的擴張，在以建立吳哥窟著名的蘇利耶跋摩二世（一一一三—五〇年左右在位）時期，獲得了更進一步的發展。雖然銘文史料對這位君王的事蹟敘述不多，但在大越和占婆的紀錄都提到了他對東方展開遠征。

比起銘文史料，中國史料對十一世紀以降吳哥王朝和域外世界之間的相關變化紀錄，是更加鐵錚錚的證明。

圖 3-5　披邁石宮

從七世紀左右開始，名為「真臘」的國家便在中國史料登場。首度記載真臘事蹟的《隋書．真臘傳》中寫道，真臘原本是東南亞早期霸者「扶南」的從屬國，後來力量逐漸強大，便反過來併吞了扶南國。此後直到十六世紀為止，中國一直稱這個國家為「真臘」。誠如前述，我們所謂的「吳哥王朝」主要存在於九到十五世紀，但從中國的視角來看，吳哥王朝的創始與滅亡，跟這個國家名稱的變更並沒有任何關係。銘文史料稱為「甘浦加國」的政體，與外部視角的「真臘」之間的差異，基本上可以忽視。

中國史料裡描述的初期真臘，可舉以下引文為例：

大業十二年，〔真臘〕遣使貢獻，〔煬〕帝禮之甚厚，其後亦絕。

——《隋書》卷八二〈真臘傳〉

武德六年（六二三年），〔真臘〕遣使貢方物。貞觀二年（六二八年），又與林邑國俱來朝獻。太宗嘉其陸海疲勞，錫賚甚厚。

——《舊唐書》卷二〇九〈南蠻・真臘國〉

另外，唐玄宗開元十年（七二二年）名為梅叔鸞（又稱梅玄成、梅黑帝）的人物起叛唐朝，並和林邑、真臘共謀，企圖攻陷安南府（今越南河內）（《舊唐書》卷一八八〈宦官列傳・楊思勗傳〉），結果這場叛亂被楊思勗率領的十萬大軍平定。

就像這樣，從中國史料來看，真臘的存在感絕對不小。可是九世紀之後有關真臘的史料，卻奇妙地呈現一片空白；自八一四年真臘對中國最後一次朝貢後，就再也沒有紀錄。此後斷絕了將近三百年，直到一一一六年，真臘才又開始朝貢。

八一四年正好是吳哥王朝的創立時期，這絕對不是偶然。在這段期間，關於真臘的情報雖不是完全沒有，但所謂吳哥王朝重視內政更甚於對外關係的「內陸農業國家」這樣的印象，也因為這起斷絕事件而獲得印證。

讓我們將時間快轉，來到一一一六年（蘇利耶跋摩二世即位的第三年）重啟朝貢的相關紀錄：

政和六年（一一一六年）十二月，（真臘）遣進奏使奉化郎將鳩摩僧哥、副使安化郎將摩君明稽嗯等十四人來貢，賜以朝服。僧哥言：「萬里遠國，仰投聖化，尚拘卉服，未稱區區向慕之誠，願許服所賜。」詔從之，仍以其事付史館，書諸策。（僧哥等於）明年三月辭去。宣和二年，又遣郎將摩臘、摩禿防來，朝廷官封其王與占城（占婆）等。建炎三年（一一二九年），以郊恩授其王金裒賓深（按即蘇利耶跋摩二世）檢校司徒，加食邑，遂定為常制。

——《宋史》卷四八九〈外國五・真臘傳〉

這段記載顯示，真臘為了與宋朝首次締結官方關係而遣使，並得到中國認可。在其後的交涉中，他們也得到了對鄰國占婆支配權與地位的保證和認可。一直以來，真臘與宋兩國都互不往來，但這時真臘卻一口氣深化了與中國的關係。

關於重啟朝貢一事，也可以從其他事蹟窺見。大約一個世紀以前，出現了這樣的記載：「大中祥符元年（一〇〇八年）八月，高州（今廣東省高州，位於廣州西方兩百公里處）言占臘（真臘）商賈三人，為交州所逐，迷道至州境，欲配隸本州。上曰：『遠方之民，窮而來歸，可給時服、緡錢，遣人伴送至境，放還本國。』」（《續資治通鑑長編》卷六十九）

在這之後半世紀的嘉祐七年（一〇六二年），又有一篇記載：「占城、真臘二國與交趾為鄰，素不習兵戰，常苦侵軼。而占城日近頗修武備，以抗交趾。見繇廣東路入貢京師，望以恩信撫納之。」（《宋史》〈占城傳〉及《宋會要輯稿》第一九七冊〈蕃夷四・占城〉）由此可見，真臘與越南北部的大越經常處於紛爭。

接著在熙寧九年（一〇七六年）六月，又有這樣的記載：「朝廷命將至占城、占臘（真臘），使牽制交賊（交趾），廣東所備戰船，海風不定，必不能盡達。況占城畏交趾，占臘未嘗至廣州貿易，人情不通，若舟師至而二國疑懼，則事危矣。」（《續資治通鑑長編》卷二七六）將這些來自中國的情報加以彙總可發現，在一一一六年重啟朝貢前，真臘與占城、交趾（大越）的三角關係已在中國擁有一定程度的存在感。此外在一〇七六年這個時點，從「未嘗至廣州貿易」這句話也可以看出，兩國之間尚未有頻繁的直接往來。經過這個時期的緊張與對話，結果是真臘在一一一六年重啟朝貢，而真臘王「金裒賓深」（蘇利耶跋摩二世）也在四年後獲得宋朝皇帝下賜封號。

重啟朝貢後，真臘在中國眼中的存在感急遽擴大。一一七八年成書的《嶺外代答》中，有這樣的描述：

諸蕃國大抵海為界限，各為方隅而立國。國有物宜，各從都會以阜通。正南諸國，三佛齊（馬六甲海峽地區）其都會也。東南諸國，闍婆（爪哇）其都會也。西南諸國，浩乎不可窮，近則占城、真臘為窊裏諸國之都會。

——《嶺外代答》卷二〈海外諸蕃國〉

透過中國史料對東南亞海域進行俯瞰、結構性理解的日本學者深見純生就認為，這裡所謂「都會」指的是一種物流中心，不見得必定是某種政治上的支配—被支配關係；也就是說，當時在東南亞存在著一個國際商品流通圈。以占城、真臘為都會的「窊裏諸國」，一般咸認是指馬來半島北部地區；換句話說，中南半島到馬來半島北部一帶的物流中心，就是真臘與占城；而在朝貢重開後的半世紀，也就是十二世紀下半葉，中國已經認識到真臘在國際交易的重要地位。在更往後的一三五一年成書的《島夷志略》中，也寫到真臘（吳哥）的「州（都城）南之門，實為都會」。換句話說，做為國際貿易市場的真臘，至少享受了將近兩百年的繁榮歲月。

就像這樣，十一世紀以降的吳哥王朝已然擺脫了「內陸農業國家」的框架，以剛柔並濟的方式逐步開展地域間的交流。同時，隨著地區整體財富增長，地方勢力也陸續崛起；在這樣的背景下，王權為了維持領土整合，也不斷摸索強化王權的方法。

那麼，在這種潮流當中，闍耶跋摩七世的統治又帶來了怎樣的變化呢？在下一節裡，我們要開始詳述闍耶跋摩七世時代的發展。

3 闍耶跋摩七世的時代

即位時的情況

闍耶跋摩（七世）陛下，是陀羅尼因陀羅跋摩（二世）陛下之子，生身之母為闍耶迪迪雅補羅之主——闍耶羅遮喬塔瑪尼。他於月（一）、一、空（〇）、吠陀（三或四）之年（西元一一八一或一一八二年）登上王位，成為諸王之中最尊貴之王。

這是銘刻在各地宣示闍耶跋摩七世即位的公告，其中也包含了在吳哥城內王宮——空中宮殿發現的銘文。

在進一步討論之前，筆者想先在這裡說明一下吳哥王朝銘文的年號標記。吳哥的銘文史料使用名為「塞迦曆」的紀年法，以現在的月曆來說，大約是從四月左右開始算起，因此換算成西曆時多少會有點誤差，但本章為了簡略起見，一概將塞迦曆加上七十八年，換算成西元紀年。另外，像上述的例子這樣，用單詞來替換年數的方式也屢見不鮮，但最後的「吠陀」究竟是「三」還是「四」，研究者之間莫衷一是；在此姑且依循通說，將一一八一年定為他的即位年。

闍耶跋摩七世即位時已經五十六歲。他的成王之路並不平坦；當時吳哥王朝與鄰國占婆之間，正陷入占婆銘文史料上稱為「三十二年爭亂」（也有史料寫為三十一年）的政治動亂之中。

占婆與吳哥，就像是被跨越其間的安南山脈一分為二的兄弟之國。比方說，在占婆自古以來的聖地美山遺跡群中發現、年分標示為六五八年的銘文中就提到，當時的占婆王毗建陀跋摩是前吳哥時期柬埔寨王伊奢那跋摩的孫子。由此可知，在國家形成的早期階段，這兩國就已意識到彼此存在，並在貿易、外交、戰爭等各個層面持續交流。

然而，兩國在地理位置上有著很大差異。占婆由中南半島東海沿岸的港市群所構成，靠著身為東南亞海上貿易路徑要衝確立其地位；吳哥王朝則是以柬埔寨平原的農業生產為基礎，建構起面的領土支配。不過，如同上一節所見，吳哥王朝在闍耶跋摩七世時代以前就已開始積極介入海上貿易網絡；至於同一時期的占婆，則如同重松良昭所指出的那樣，隨著貿易結構的變遷，開始從中繼貿易轉為積極輸出本國產品，從而為了確保商品產地與輸出路徑，激化與吳哥王朝和北方鄰國大越間的競爭。換句話說，「海洋型國家」占婆將勢力伸向大陸區，而「大陸型國家」吳哥則積極尋求和海洋區的關係。隨著兩者界線益發模糊、交流加深的同時，兩國之間的緊張關係也隨之更上一層。

這兩個地區之所以陷入混亂，最直接的原因是吳哥王朝的王位繼承紛爭。將王國帶向繁榮的蘇利耶跋摩二世於一一五〇年左右去世後，耶輸跋摩二世宣稱自己擁有王位。這個人的出身來歷為何，留有什麼樣的功績，尚有很多不明之處；由此可見，他的權力基礎應該相當薄弱。同一時期在王都的東方，則有另一位蘇利耶跋摩二世的堂兄弟相當具有權勢；這位王子的名字叫陀羅尼因陀羅跋摩二世，也就是闍耶跋摩七世的父親。關於他的事蹟，幾乎沒有留下任何可供徵詢的史料，但根據推斷，他應該是位於吳哥王都東方一百二十公里處、磅遂地方的聖劍寺創建者之一。十一世紀是地方勢力崛起的時代，也是地方自立傾向持續高漲的時代。因此王權衰弱的耶輸跋摩二世時期會出現像陀羅尼因陀羅跋摩二世這種半獨立的地方豪強勢力，也是可以想見的事。順道一提，在兒子闍耶跋摩七世時代的銘文中，稱呼自己的父親都是使用「吳哥王」的頭銜。

之後，這個不安定的王權在一一六五年左右由特里布婆那迭多跋摩所繼承。但有關這位君王的銘文史料也幾乎無跡可尋，因此我們可以認定他並沒有太強大的權力基礎。闍耶跋摩七世時代的史料把這位君王當成篡位者看待：

> 耶輸跋摩（二世），遭到企圖奪取王位的臣下（掀起叛亂）。王（闍耶跋摩七世）為了拯救君主，於是急急忙忙從（正在遠征中的占婆首都）毗闍耶趕回；但當他回來的時候，耶輸跋摩（二世）已經被奪去了王位與性命，大地也因極重之罪而沉沒，亟需等待救援。
>
> ——空中宮殿碑文

簡單來說，闍耶跋摩七世是在遠征鄰國占婆的過程中得知特里布婆那迭多跋摩發動叛亂，於是急忙折返本國，但當他回來時王位已經被篡奪了。他之所以遠征占婆的理由，以及在特里布婆那迭多跋摩「篡位」後的應對，一切都很不清楚。究竟他是暫時離開王都、等待反攻機會，還是暫時歸順新任君王？不管怎麼說，在衰落的王權基礎下，不安定的局勢仍然持續。

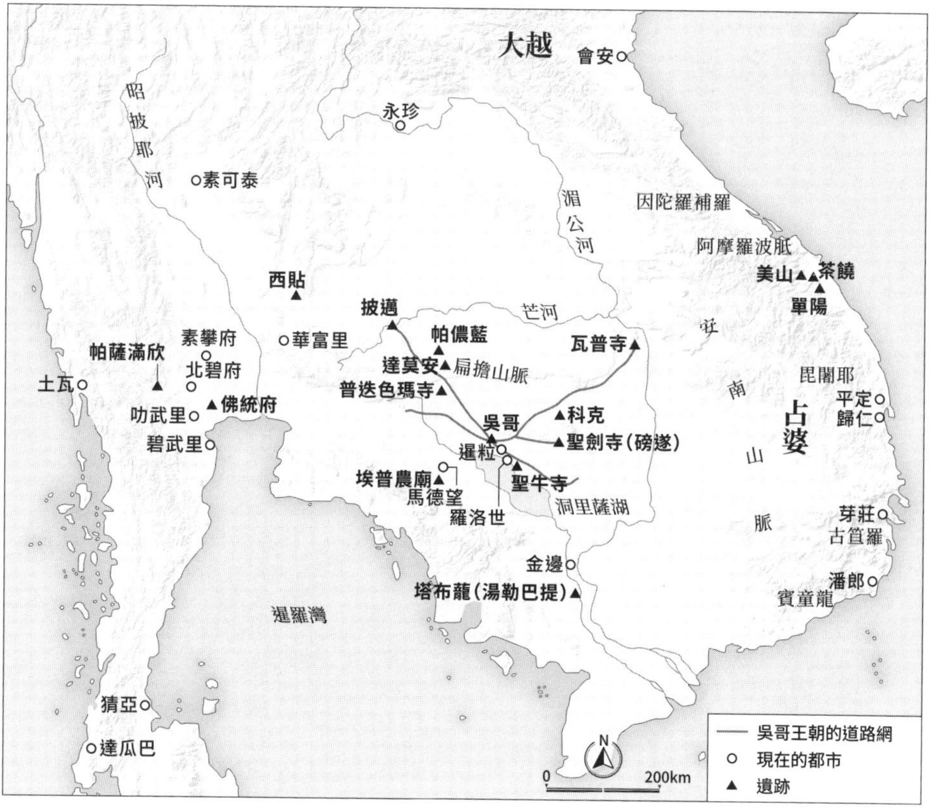

闍耶跋摩七世時期的東南亞大陸地圖

陷入「三十二年爭亂」，大為混亂的兩國

就在「篡位」後十二年，事態再次出現變化，那就是吳哥和占婆之間爆發了所謂的「三十二年爭亂」。關於這個「三十二年」具體指涉期間究竟為何，現今仍眾說紛紜，但根據法國研究者勒普特（Amandine Lepoutre）的最新研究，我們大致可以理清其間的來龍去脈。這場亂事的開端可從《諸蕃志》與《宋會要輯稿》等中國史料的紀錄找到端倪：

淳熙四年五月望日（一一七七年五月十五日），占城主以舟師襲其（真臘）國都，（真臘王）請和不許，殺之，遂為大仇，誓必復怨。

——《諸蕃志》卷上〈真臘國〉

闍耶跋摩七世時期的帕沙青戎寺（Prasat Chrung）銘文裡頭雖然沒有明記詳細時間，不過用以下方式描述了這起事件：「耶輸跋摩（二世）被特里布婆那迭多跋摩奪走王位後，特里布婆那迭多跋摩也因為太過驕矜於自身力量，結果被占婆王闍耶因陀羅跋摩（四世）奪走王位。」先前提及的空中宮殿銘文則是這樣寫的：「占人的君王闍耶因陀羅跋摩（四世），就像（《羅摩衍那》裡的魔王）羅波那一樣，輕率地率領戰車為主的軍隊，向天國般的甘浦之國（吳哥）發動戰端。」之後又盛讚闍耶跋摩七世「征服（占婆的首都）毗闍耶，獲得王位」。

根據中國史料，占婆對吳哥發動侵略應該是在一一七七年，但當地銘文史料中並無法確認這個年代的正確性。從最近期的史料來看，一一七〇年有一篇占婆王闍耶因陀羅跋摩四世的銘文，上面稱讚「（王）所向無敵、對手莫不披靡」，因此在這個時期，他大概已經發動過好幾次侵略了。

就像這樣，占婆與吳哥王朝的爭亂，在一一八一年闍耶跋摩七世即位時仍持續不輟。之後的發展，於占婆方面的史料「美生碑文」有流傳下來。根據這篇碑文，也可看出兩國間錯綜複雜的狀況。這篇碑文記載一一九二年即位的占婆王蘇利耶跋摩（即位之前的名字為釋利毗多難陀那王子）相關事蹟。在此引用一段稍長的內容：

（釋利毗多難陀那王子）年輕的時候，在一一八二年（從占婆）出奔到柬埔寨。柬埔寨王（闍耶跋摩七世）在他身上，看到了三十三個印記（印度神話中理想的王——轉輪聖王的證明），於是高興地接納了他，並把他當成自己的孩子，教給他各式各樣的知識、傳授他各式各樣的用兵之術。當王子旅居柬埔寨的時候，當地有很多稱為「馬利揚」的惡人，對柬埔寨王掀起叛旗。之後，王看王子能夠巧妙操縱軍隊，於是派他指揮討伐馬利揚的柬埔寨軍，同時又賜予他優伐羅闍（皇太子）的地位，將柬埔寨國內能找到的享樂事物與珍寶都賜給了他。

一一九〇年，闍耶因陀羅跋摩（四世），遭到柬埔寨王的攻擊。柬埔寨王命令（釋利毗多難陀那）王子擔任柬埔寨軍隊的統帥，奪取（占婆的王都）毗闍耶，並打垮闍耶因陀羅跋摩（四世）。結果王子成功俘虜了王，將他帶回柬埔寨。柬埔寨王派遣身為自己連襟的（另一位）王子擔任毗闍耶之王，並冠上蘇利耶闍耶跋摩的名號；而（釋利毗多難陀那）王子則前往（占婆南部的城市）潘郎的羅闍補羅，在那裡建立統治。（中略）蘇利耶闍耶跋摩被帕格帕蒂王子逐走，回到柬埔寨；帕格帕蒂王子於是自稱闍耶因陀羅跋摩（五世），統治毗闍耶。

一一九二年，柬埔寨王派遣將領，和闍耶因陀羅跋摩（四世）一同回國。這支軍隊在羅闍補羅和（釋利毗多難陀那）王子會合，王子和闍耶因陀羅跋摩（四世）一起率領柬埔寨軍隊襲擊毗闍耶，打敗闍耶因陀羅跋摩（五世），並殺了他。同年，闍耶因陀羅跋摩（四世）從柬埔寨人那裡，逃往（北方的）阿摩羅波胝，再次豎起反旗。（中略）（釋利毗多難陀那）王子（中略）和他作戰，捕殺了他。

——美生碑文，C.92B

就像這樣，闍耶跋摩七世積極想要統治占婆，但遭受不少反抗，於是利用原本應該是仇敵的闍耶因陀羅跋摩四世等人再三嘗試。在這之後，釋利毗多難陀那王子自稱蘇利耶跋摩，君臨占婆國；對此，闍耶跋摩七世於一一九三、九四年兩度派遣遠征軍，但都被新王蘇利耶跋摩擊退。於是，蘇利耶跋摩即位為占婆王，這對吳哥王朝而言實在相當不合心意。

年代	事件
1165年左右	特里布婆那迭多跋摩篡奪王位
1170年代	占婆（闍耶因陀羅跋摩四世）侵略吳哥王都
1181年	闍耶跋摩七世即位
1182年	釋利毗多難陀那王子（蘇利耶跋摩）逃到柬埔寨
1190年	闍耶跋摩七世命釋利毗多難陀那王子領軍入侵占婆。某王子號稱蘇利耶闍耶跋摩，對占婆展開統治。
時期不明	占婆王子帕格帕蒂驅逐蘇利耶闍耶跋摩， 自稱闍耶因陀羅跋摩五世，展開統治。
1192年	闍耶跋摩七世命令某將軍與闍耶因陀羅跋摩四世向占婆展開遠征。在釋利毗多難陀那王子的協助下，他們擊敗了闍耶因陀羅跋摩五世。 同年，闍耶因陀羅跋摩四世於阿摩羅波胝發動叛亂，釋利毗多難陀那王子前去鎮壓。 釋利毗多難陀那王子即位為蘇利耶跋摩王。
1193~94年	闍耶跋摩七世對占婆發動遠征
1203年	陀那婆底征討蘇利耶跋摩 占婆歸吳哥王朝管轄
1220年左右	闍耶跋摩七世逝世

吳哥王朝與占婆之間的主要抗爭事件

占婆王子在吳哥王朝受帝王教育，還被賜予皇太子稱號，乍看之下相當不可思議，但仔細思考兩國內部狀況，就能理解箇中道理。簡單說，兩國都面臨強烈的地方自立傾向，王位繼承全憑實力。在這種情況下出現一邊重視與鄰國的關係、一邊強化自身立場的人物，也沒什麼好奇怪的。

在這之後的一二〇三年，蘇利耶跋摩被跟他一樣從柬埔寨獲得優伐羅闍（皇太子）稱號的陀那婆底打敗了。陀那婆底仰仗吳哥王朝做為後盾，統治了大約二十年左右的時間。同時在一二一六年，真臘和占城聯軍也曾進攻大越。

中國史料記載，「慶元己未（一一九九年），(真臘)大舉入占城，俘其主、戮其臣僕，剿殺幾無噍類；更立真臘人為主。」（《諸蕃志》卷上〈真臘國〉）雖然和銘文記載的年代有點差異，但清楚描述了當時情況。只是就中國人的理解，「真臘（吳哥）與占城（占婆）」就是水火不容，但從上述情況來看，實際的政治角力顯然要複雜得多。

關於這場戰亂的結局，占婆方面的史料做了簡潔描述：「一二二〇年，高棉人返回聖都（吳哥），占婆人則收復了（王都）毗闍耶以及（南北的）土地。」（長定碑文C.4）闍耶跋摩七世最後的事蹟出現在一二一七年的碑文當中，因此這時大概已不在人世；而失去領導人的吳哥王朝，恐怕也是為此變更了對占婆的態度，才班師返朝。

圖 3-6　帕薩滿欣廟遺跡內的觀音像（仿製品）

擴大的王朝

到這裡為止，我們詳述了吳哥王朝和東邊鄰國占婆的關係，現在讓我們把視野放大，俯瞰吳哥與其他地區的關係。

北方大越是吳哥王朝經常關注的焦點。如前面所述，吳哥和占婆從以前開始，就不時會聯合起來抵抗大越；但就大越方面的史料來看，我們發現兩國其實也不時會向大越朝貢。即使在大亂之中，兩國也持續向大越朝貢；這可以看成是密切注意大越、不讓其有機可乘的舉動。此外，占婆的蘇利耶跋摩在自身形勢不利時曾尋求大越庇護，而在吳哥影響下的占婆也曾於一二一六年發動兩國聯軍入侵大越。

如前所見，真臘於一一一六年恢復對中國的朝貢，但在一一五五年到一二八一年間又完全沒有朝貢紀錄。相對於此，真臘的「屬國」真理富則在一二〇〇、〇二、〇五年陸續向中國朝貢。從闍耶跋摩七世時代的銘文史料中，我們發現有「防蚊用的中國絲綢」、「中國製草蓆」、「中國製箱子」之類，包含日用品在內的各式中國製品被大量捐獻給寺廟，並用於營運。和前代銘文相比較，我們可以清楚看出在闍耶跋摩七世的時代，有大量中國製品流入。

接下來讓我們將目光轉向西邊，觀看吳哥王朝跟現今泰國、緬甸(蒲甘王朝)一帶的關係。雖然有關此時期具體動向的史料相當有限，不過在占婆的碑文中有寫到，一二〇一年左右「蒲甘王朝、暹羅（泰國）、塔萬（或許是馬來半島北部的土瓦）發兵攻打柬埔寨；柬埔寨王率領軍隊和其作戰，一路打到大越地區，獲得勝利。」（長定碑文C.4）可是關於這場西方之戰，其他地區的史料都沒有記載，因此詳細情況並不清楚。

另一方面，屬於闍耶跋摩七世時代、被稱為「巴戎式風格」（Bayon style）的建築與藝術廣泛分布於西方一帶。我們前面談過，十一世紀以降吳哥王朝向西邊擴張，而在闍耶跋摩七世時代，範圍又進一步擴大。其中特別值得注目的，是位在現今泰緬邊境附近的帕薩滿欣廟（Prasat Muang Tam）。這所寺廟裡雖然沒發現值得注目的銘文，但建築樣式與殘留圖像明顯屬於巴戎式風格，是該地區受吳哥王朝影響的有力證據。安置在該廟中央祠堂、上半身刻滿許多佛像的觀音像，是在闍耶跋摩七世統治下的各個地區普遍存在的獨特雕像，因此也可看成是這位君王影響力廣大的重要指標。關於這種特徵的雕像，一般有力的說法認為它和聖劍寺碑文所提及、安置在國內二十三處的「闍耶普陀瑪哈那達」這一尊貴神格有密切關聯。

闍耶跋摩七世在新控制的領土建立寺廟、配置神像、宣示自身統治權的同時，也透過這樣的土木事業，將包含在地有力人士在內的統治機構具體化。

不只如此，闍耶跋摩七世也以在全國各地廣設療養院而為人所知。根據塔布蘢碑文記載，他在全國建立了一〇二所療養院，合計服務了八百三十八個村落、八萬一千六百四十人。提及建設療養院的緣起、內容大同小異的碑文，目前在寮國永珍近郊、越南茶榮省乃至泰國東北的廣大區域間，一共發現了十九塊。碑文主要內容為闍耶跋摩七世於一一八六年建立主祀藥師琉璃光如來（藥師如來）、脇侍為日光菩薩、月光菩薩，名為「健康之家」的設施。在擊敗其他君王之後，王一邊穩固他的統治，一邊也因「人民的身體得病，讓王更感痛苦、深覺心病」，所以興建這些療養院。療養院的營運都委託給當地的高官負責，在這裡工作的人可免除租稅和其他勞役。國家提供給療養院的物品不只是藥石，還包括各式各樣的食品與日用品，因此可以知悉它不只是單純的醫療機構，同時也擔負起救濟貧窮的任務。

同時，王也整飭所謂的「王道」，建立起連結這片廣大領域的道路。根據聖劍寺碑文所載，從王都通往各地區的道路沿線設有一二一處「聖火之家」；據推斷，這項交通設施應該具有驛站的機能。根據近年研究的進展，我們已經確認了將近三十處驛站的遺跡，今後可以預期將會有更多。只是，這種道路整飭事業早在闍耶跋摩七世以前就開始了。比方說發現於泰柬國境附近的斯多果通廟、年代為一一五三年的碑文就寫到，寺廟建成的同時也在道路沿線建立了「商隊會喜歡的旅館和澡池」；由此可見，地方上的有力人士早就在整飭周邊交通設施了，而闍耶跋摩七世對交通的整飭，則是將這些先前就已存在的道路網加以重編整合。

包括全國各地建立寺廟與療養院，以及整飭道路網，闍耶跋摩七世所施行的各項政策，都是為了確立統治權，並整合領土內的行政體制。透過各種事業，他將在地有力人士建構的地盤加以吸收，歸結為君王個人的事業成就，從而將自己的「卡里斯瑪」（charisma，領導魅力）發揮到最大，將前所未見的廣大領土及居住其上的多樣人民盡數統合為一。

大陸型國家頂點的闍耶跋摩七世時代

闍耶跋摩七世明顯呈現出的特性之一，就是他身為「佛教王」的這一面。他取代了一直以來的印度教主流，改佛教為國家宗教；我們可以想像，這樣的改變會對社會組織帶來多大的變革。

聖劍寺的創建碑文裡寫道，「闍耶跋摩（七世）王按照父親的模樣，建立起名為『闍耶跋梅修瓦拉』的世自在（觀音像），並於色（一）、月（一）、月（一）、吠陀（三或四）之年（西元一一九一或九二年）開眼。」由此可知，他以觀音像為祀奉父親的主尊格，並以佛教為基礎興建寺廟。雖然在吳哥王朝，佛教傳統自古就已存在，但不只是前面療養院碑文中看見的藥師如來信仰，就連包含喜金剛（Hevajra）等密宗要素的新佛教，也在君王的統治下開花結果。

只是，闍耶跋摩七世的宗教政策，也未必是一面倒向佛教。本章開頭引用的碑文就把王比擬為因陀羅神，各寺廟也有很多以印度教為素材的浮雕。同樣地，雖然前述的「闍耶普陀瑪哈那達」觀音雕像應是以《佛說大乘莊嚴寶王經》（*Karandavyuha sutra*）之類的經典為素材，但在這部經典裡，觀音體內也包含了印度教諸神，同時也有觀音放出諸神的描寫。換句話說，佛教在發展之餘也將過去的主流印度教包含其中。

此外，闍耶跋摩七世時代的寺廟在廟內各房間入口處都刻有兩到三行的小銘文，上面寫著安置各房間內尊格的名諱。比方說在中心寺廟巴戎寺，就有確認到四十篇左右的小銘文，其中刻著各式各樣的神格（尊格）名諱；據推斷，這些銘文指的應該是各個房間內接受禮拜的神佛像。每一個神格都會先加上「世界之主」（Kamraten Jagat）的稱號，然後再寫上印度教、佛教的尊格名或人名（有時是稱號或官名）、地名等等。由此可知，這些應該是國內各地崇拜的守護神、地方神、祖靈之類的神明。這種情況在聖劍寺碑文中也可看見。這篇碑文寫到，在做為中心的世自在（觀音）周圍，有兩百八十三位神明環繞；接著又提及在寺廟境內東西南北分別祀奉了什麼神明，並一一陳述這些主要的神格名；總計起來，這座寺廟裡共祀奉了四百三十位神明。就像這樣，大量的神佛被包含在同一座建築物內，且加以詳細記述，這就是闍耶跋摩七世時代的特異呈現方式。

就像前面提到的，在這之前的吳哥社會處於一種地方勢力崛起的狀態，也有很多宮廷有力人士

圖 3-7　闍耶跋摩七世的鏡台
藏於巴真府國立博物館

和地方豪強留下屬於自己的銘文。可是，闍耶跋摩七世時代的銘文史料卻明顯和這種傾向背道而馳，以王之名義書寫的銘文重新增長起來。不只如此，這些銘文幾乎都是以梵文書寫而成，和先前古高棉語銘文不斷增加的傾向有著天壤之別。特別是以前幾乎都用古高棉文書寫的寺廟捐獻清單，到了闍耶跋摩七世時代也會用梵文詳細記載，這是只有他的時代才具備的特徵。這種偏重梵文的傾向，或許暗示著王國內部說高棉語以外的人已增加到了一定程度。此外，在捐贈給寺廟的青銅器也往往會特意加上「此乃闍耶跋摩七世捐贈之物」的銘文，這也是此時代的一大特徵。

雖說吳哥宮廷從以前開始就為了維持王權、順應變化潮流而煞費苦心，但在闍耶跋摩七世時代，這種變化特別顯著。闍耶跋摩七世是吳哥王朝最有名的君王，另一方面也是讓吳哥王朝大幅改頭換面的革新者。因此，如果從闍耶跋摩七世來理解整個吳哥王朝，恐怕會有偏離正軌的危險。但話又說回來，其實他也沒有太過偏離吳哥王朝一直以來致力強化王權的路線。是故，掌握住這種一體兩面的特性，對於了解做為吳哥王朝特異時點的闍耶跋摩七世時代，是相當必要的。

堪稱吳哥王朝全盛期的闍耶跋摩七世統治時代，是自十世紀發展起來的東南亞農業國家所到達的頂點。就像前面所述，十世紀以降受到伊斯蘭商人與中國商人往來、以及地域間貿易的發達所刺激，東南亞各地的新興國家逐漸成形並邁向成熟。在吳哥、蒲甘和爪哇等農業較易發展的地區，人口和財富不斷增加；地方政治勢力在崛起的同時，也一直摸索著統治的方法。身為東南亞大陸型國家代表的吳哥王朝，雖然以柬埔寨平原為中心取統治了廣大領土，但因為欠缺地理向心力及制度的安定，所以每任君王都必須透用軍事或信仰等方式來誇示權力。以吳哥窟為首的大規模寺廟，不只是王權強大的表徵，也代表了他們對建立權力基礎的期望。隨著經濟活動的進展，地方豪強勢力也開始有樣學樣「模仿君王」；在此同時，王權也為了擁有更強的軍事力及更崇高的宗教權威而不停摸索。在這種摸索過程最後呈現出來的頂點，就是闍耶跋摩七世時代。

另一方面，儘管闍耶跋摩七世遠征平定各地、建立卓越的中心寺廟與都城，呈現出一副君臨平原農業國家的強大王者形象，但仔細觀察他的統治，便會清楚感覺到下一個時代的腳步聲——也就是國際貿易的發展。從闍耶跋摩七世時代的銘文史料中可以發現，捐獻給寺院的物品清單裡，中國製品無論是品質或數量都有顯著增加。正因為察覺到國際環境的變化，闍耶跋摩七世才會投入之前吳哥諸王所無法相比的心血，竭力維持對東西周邊區域的影響力。

在這種潮流當中，闍耶跋摩七世使用的是以佛教為主的信仰統治原理。他之所以推動融合了印度教與泛靈信仰的佛教，理由不能只歸因於他個人的信仰傾向。在領土擴大與地區貿易進展的背景下，為了統合漸趨流動的社會，闍耶跋摩七世才賭上一把，推動以佛教為主軸的統治原理。換句話說，他雖依循吳哥王朝一貫以信仰為基礎的統治方式，但為了因應新時代，他也選擇了「佛教王」這種將領導魅力發展到極致的作法。

然而說到國家行政體制，我們並沒有看到國家介入貿易活動的痕跡。從這點來看，闍耶跋摩七世其實也可以說是採取對抗潮流的態度，透過將舊有大陸型統治體制強化到極限的方式來應對。結果，雖然他建立了被後世史家譽為「吳哥王朝全盛期」的繁榮時代，但時代的潮流並沒有因他而改變。在他過世後，吳哥王朝的體制就不得不大幅改弦易轍。

4 邁向十四世紀的轉換期

吳哥王朝的轉變

闍耶跋摩七世以後，吳哥王朝就沒有新建大型寺廟，銘文史料也急遽減少，以至於我們幾乎無法掌握在這之後的狀況。若根據主要編纂於十九世紀、有關泰國與柬埔寨的《王朝年代記》之類傳說性質的紀錄，吳哥王朝在十五世紀左右遭到新興的暹羅（泰國）攻擊，王都屢次陷落，王國中心也轉移到南部的金邊近郊。因為有這樣的記述，所以過去很多人都主張「闍耶跋摩七世逝世後，隨著暹羅崛起，吳哥王朝急遽衰退」。然而，根據近年對史料的重新詮釋以及考古調查的進展，我們發現吳哥王朝的「衰退」應該是個更加平緩的過程。從中國史料來看，一二八二和一二八五年都有柬埔寨朝貢的紀錄，而十三世紀末訪問吳哥王朝的中國人周達觀所留下的見聞錄《真臘風土記》，也留下了「富貴真臘」這句知名的評語，並深刻描述該國行政充滿效率、貿易活躍的姿態。在更往後時代的《明史》和《明實錄》記載，在一三七〇年代到一四一〇年代間，真臘曾向中國朝貢十三次；這是真臘在歷史上朝貢最為頻繁的時期。前面也說過，一三五一年的《島夷志略》中曾提及真臘「州南之門，實為都會」。雖然必須把中國朝貢體制的變化等國際環境整體動向也列入考慮，但吳哥王朝並未失去它的國際地位，這是事實。不只如此，雖然缺少銘文史料，但繼承闍耶跋摩七世的因陀羅跋摩二世到一二四三年為止一共統治了將近二十五年，之後的闍耶跋摩八世更一路統治到一二九〇年，維持了將近五十年的長期統治。

同樣在這個時期，暹羅在現今泰國一帶興起，這也是千真萬確的事。暹羅在中國史料最初是以「暹」這個名字登場；一二八二年中國遣使來暹，是有關他們最早的紀錄。前述的《真臘風土記》寫到，「大路上自有歇息如郵亭之類，其名為森木（可能是高棉語「休息」的拼音轉寫）。近與暹人交兵，遂皆成曠地。」由此可以得知，闍耶跋摩七世時期整飭的交通網仍然存在，但也可看出暹羅的影響力日益強大。只是，在本書的其他地方也寫到「暹婦卻能縫補，土人（吳哥王朝）打布損破，皆倩其補之」；由此看來，兩者不是只有軍事對立，似乎也有共存的情況。從有關暹羅初期的中國史料來看，十三世紀末至十四世紀中葉，暹羅的主要競爭對手是位在南方蘇門答臘島的末羅瑜（Malayu），以及爪哇島的勢力。一三〇四年成書的《大德南海志》，就把真臘和交趾、占城、暹羅、單馬令、三佛齊、闍婆等國並列，記載成管理各地區的中心。

闍耶跋摩七世逝世後的吳哥王朝末期，內部呈現的痕跡急遽減少；這和呈現在外部史料中的明確活動，有著極大落差。若要毫無矛盾地解釋這種現象，把它想成「到了這時已經沒有必要像先前的王那樣大規模興建寺廟了」或許會比較妥當。說到底，以王的名義大興寺廟或其他顯眼的功績（再加上稱讚這些功績的銘文），和國內的不穩局勢其實是一體兩面。正因為王權和國家面臨種種挑戰，王才必須不斷強調自己的領導魅力，並透過我們現在仍能確認的各種事業來追求這種特性。故此，吳哥王朝不太進行這樣的建設，並不等於他們就急遽衰退，而是王權概念已經改頭換面，變成了其他體制。至少，把十四世紀左右的吳哥王朝一味定義為衰退時代，其實只是生在後世的我們武斷的後見之明罷了。

這樣想來，在闍耶跋摩七世時代之後發生的巨大宗教建築時代落幕、還有以信仰為基礎的王權強化體制轉變，換另一種方式說，其實是一種摸索與嘗試「不仰賴君王個人領導魅力的國家體制」吧！

上座部佛教與伊斯蘭教的擴張

吳哥王朝末期的這種轉變，和將整個東南亞捲入其中的大變遷潮流，其實是密不可分的。

同一時期發生在東南亞、值得大書特書的一點，就是海上貿易結構的變化。從著名的《伊本．巴圖塔遊記》可以得知，從十三世紀左右開始，中國船隻就已經越過東南亞海域，開始出沒於印度西南部的各個港口。元朝在一二六〇年即位的世祖忽必烈領導下，也於十三世紀下半葉開始遠征東南亞各地，但支配海權的嘗試屢屢失敗，於是之後遂與該地保持和平交流。另外，包括回鶻（畏吾兒）商人在內的許多人物，也開始積極涉足海上貿易。以南印度為軸心，來自印度洋東西兩方的各式商船建構起貿易網絡，使得商品與情報的流通變得更加活絡。

呼應這種情況，東南亞的信仰圈也迎來了重大變化，那就是上座部佛教與伊斯蘭教的擴張。現在緬甸、泰國、柬埔寨、寮國等地信仰的上座部佛教，主要是從十三世紀左右開始普及到泰國、柬埔寨、寮國一帶。在緬甸，雖然蒲甘王朝早已信仰上座部佛教，但仍舊與大乘佛教、泛靈信仰並存；上座部佛教要取得決定性的優勢，得等到十五世紀。上座部佛教尊奉佛教徒應守的二二七條戒律，重視信徒個人積德行為，是一種更貼近民眾的佛教。在此之前的印度教及大乘佛教，大多有王權直接參與的影子，但上座部佛教的信仰中心是佛教教團，僧侶按戒律禁止從事經濟活動，因此王成為最大的後援、也就是所謂的「護法王」，廣受尊敬。吳哥王朝停止建造巨大宗教建築，和這種信仰的變化有部分關係。在吳哥王都，我們發現了落成於一三〇八年、用巴利語刻入上座部佛教經典的銘文，也發現了小型佛塔和露台建設。約末同一時期的一三二七年，則是吳哥王朝最後使用梵文刻寫銘文的年代。

自六一〇年伊斯蘭教創教開始，伊斯蘭商人便不斷投身印度洋貿易；在中國史料中也可以看到十世紀出入東南亞的伊斯蘭商人名字。然而東南亞當地政權的伊斯蘭化，則要到十三世紀末才開始。蘇門答臘島北端班達亞齊附近的蘇木都剌國，是最早改宗伊斯蘭教的國家；該國君王被尊稱為「蘇丹馬立庫薩利」(Sultan Malikussaleh)，他在一二九六年逝世，墓碑至今猶存。在此之後，蘇門答臘島、馬來半島、爪哇島等地陸續建立了伊斯蘭王國，從而形成了與現代密切相連的東南亞伊斯蘭世界。只是東南亞的伊斯蘭化進程相當緩慢，譬如自一二九四年起控制爪哇島中、東部的滿者伯夷王國就仍秉持印度教及佛教的統治原理，一直到十五世紀下半葉都維持安定的國家運作。

上座部佛教與伊斯蘭教的推廣，一方面是靠著海上貿易，另一方面也是靠著和過往截然不同的廣域、均質價值觀的散布，從而促進地域間的交流所致。如此，東南亞所有地區締結了更加深刻的關係，而國際環境的變遷也給了以上各地區過去所不曾有過的衝擊。

邁向海陸整合的時代

面臨這樣的時代轉換期，迫使東南亞各國必須做出重大變化。大陸型國家和海洋型國家的分類，已不再像以前那樣具有意義；不管哪一個地區，都必須積極參與國際交流才行。

要詳述席捲各地區的結構變化，實已超出本章範圍；但舉例來說，在緬甸地區，一四六八年誕生的東吁王朝就不只控制蒲甘王朝以來的北部平原地區，也壓制了南部河口地區的港市國家群，達成陸域與海域的統合。在泰國地區也是一樣，一三五一年成立的阿瑜陀耶王朝（大城王朝）就重編了聯繫內陸城市與暹羅灣、孟加拉灣的河川網，積極發展由國家控管的貿易體制。這些都是以內陸農業生產力為基礎，再由中央有效控制以貿易為主的經濟活動。這就是大陸東南亞的嶄新統治體系。

位在馬六甲海峽中點的馬六甲，做為著名的明朝鄭和艦隊基地而發展起來，並在一四一四年即位的伊斯坎達爾沙指揮下逐漸伊斯蘭化，也確保其東西商船交會點的樞紐地位。如前所述，馬六甲雖然受到北方暹羅的壓迫，不斷在外交上致力於尋求中國仲裁，但做為海上貿易的中心，它也是人口超過十萬人的一座國際大港。在海洋東南亞，拜航海技術的發達所賜，能夠聚集更多的物資，從而超越原本鬆散的港市聯盟框架，形成一種具高度凝聚力、新型態的港市國家。

在這個海陸統合的時代，假使吳哥王朝要繼續維持自己的中心地位，就必須建立起一個能夠整合從南海到暹羅灣、孟加拉灣這個大商業圈的統治體系。換句話說，要維持闍耶跋摩七世的版圖，就必須順應時代推動體制改革才行。可是，就像上面所看見的，他們在暹羅灣已經遭到暹羅人的壓迫，至於在南海隨著大越對南部占婆的長期支配，吳哥王朝也失去了優勢。不只如此，過去做為王都的吳哥地區，也變得不適合繼續擔任政治中心；為了找尋生路，才將王都移往更容易接觸海域的南部地方。

第四章　巨大信仰圈的交點——十字軍

千葉敏之

1　耶路撒冷陷落及其餘波

來自聖地的兩封書信

此致傑出的各位殿下，亦即受主恩寵的各位國王、諸侯、大公、伯爵、邊區伯爵，還有閱讀到這封書簡、屬於慈母聖教會的所有信徒與孩子們：基督神聖復活教會（聖墓教堂）宗主教希拉克略，在深痛悲嘆與震顫之餘，帶著渴求慈悲憐憫的滿溢之情，向各位致上最深的敬意。

儘管想藉著這封書信，向各位表示我無法言喻的悲嘆，以及襲捲而來的深重苦悶與猛烈痛楚，但如此強烈的痛苦與哀嘆當前，我光是悲喊出「哀哉」二字，就已經竭盡所有力氣了。「啊，多麼可悲啊！」我之所以如此悲痛吶喊，是因為僅僅一天之內，就有兩萬四千名我們基督教兄弟，遭到不信上帝的穆罕默德教徒、邪惡的崇拜者薩拉丁的劍所殺害。對於全能上帝和我們的信仰，沒有比這個侮辱更大的了……（主）因為我們所犯的罪，將賜予生命的真十字架交到了薩拉森人手上，還把耶路撒冷之王、三名主教，以及和他們一起作戰的所有信徒的生命，全都交給了對方。敵人鋪天蓋地而來，用他們的強悍抹去一個個基督徒之名，將阿卡、拿撒勒、泰柏立、伯特利……等三十座城市與城堡，全部納入手中。基督十字架的敵人把教堂當成馬廄，在神聖的祭壇前侮辱基督徒女性。不管怎樣，主，還有主帶給我們救贖的聖城耶路撒冷，絕對不能交到我們基督教的「信仰的敵人」手中啊！

——耶路撒冷宗主教希拉克略致所有諸侯之書信*

這是一一八七年九月，耶路撒冷宗主教希拉克略寄給歐洲諸王侯的書信。在這封信中，他用苦痛難耐、充滿悲泣的筆觸向眾人報告剛在聖地發生的「悲痛事件」（七月四日的哈丁之戰）。雖然耶路撒冷還安然無恙，但信上列的三十座城市與堡壘在僅僅兩個月間陸續陷落，而薩拉丁（一一三八—一一九三年）率領的「異教徒薩拉森人」軍隊，也已間不容髮地逼近。在地中海東岸南北延伸的細長地帶——聖地，或者說海外領土（Outremer）——展開的一連串事件，透過這封信傳遍了歐洲全境，從而成為第三次十字軍的導火線。

就在這封書信約一個月後的十月二日，將睽違八十八年之久的耶路撒冷從基督徒手中奪回的阿尤布朝蘇丹薩拉丁，將這件事的意義親筆寫入信中，寄給以巴格達阿拔斯王朝哈里發為首的伊斯蘭世界各重要人物：

……身為真主下僕的我（薩拉丁），非常有幸能夠寫下這封信，向各位傳達這項訊息。……耶路撒冷的土地，已經被我滌清了。……分裂為三的神，再次回歸唯一的真神。不信真主者的教會被破壞，多神教的會所也被摧毀。不只如此，穆斯林也奪回了許多堡壘，我們的敵人已經再也回不去那些地方了。總而言之，他們的身上已經深深烙上了怠惰、懦弱與不名譽的汙名。真主將那些受到扭曲之物所支配的場所，全都重新變回了美麗的事物。……（巴勒斯坦）一代，不管是水井、湖還是島嶼，全都充滿了清真寺、叫拜塔、以及眾多（穆斯林的）人口與軍隊。（從現在起），身為真主下僕的我，將會把誤謬的毒麥，變為真實信仰的善種。我會從那些自稱「教會」的教會中把十字架拉倒，讓宣禮的聲音響徹雲霄。將不信真主者奉獻犧牲的祭壇改換為宣教壇，讓教會變成清真寺。

——薩拉丁致阿拔斯王朝哈里發納賽爾之書信

接到書信報告的巴格達阿拔斯王朝第三十四任哈里發納賽爾（一一八〇—一二二五年在位），只寫了一封相當冷淡的回應信。從這裡可以隱約察覺，對於懷抱野心、企圖復興長年積弱不振的哈里發地位的納賽爾而言，這位在敘利亞和埃及迅速強大起來的薩拉丁，毋寧說是一個需要警戒的政

＊ 宗主教原文為patriarch，在東正教系統譯作「牧首」，本章統一譯為「宗主教」。

敵。這樣的反應，和身為基督教信仰圈屬靈權威的教廷向眾信徒呼籲展開十字軍東征的反應相比，堪稱是兩極對照。

在這封信裡，薩拉丁把基督教稱為「信奉三個神」（指三位一體）的多神教，是不信真主的教會；這群人不只是和他爭權的對手，更是明顯的「信仰的敵人」。另一方面，宗主教希拉克略則批判薩拉丁是「不信上帝的穆罕默德教徒、邪惡的崇拜者、基督教信仰的敵人」，也將招致此等事態歸因於基督徒犯下的「罪」；他不只煽動對敵人的憤怒，也向信徒打出悲情訴求。更值得注目的一點，是雙方就基督聖髑「真十字架」所產生的爭執。對於雙方信徒各自認定為「神之子」、「大先知」的耶穌／爾撒，穆斯林不認為爾撒遭釘死，對十字架有所忌諱；與這份感性相比，基督徒則認為道成肉身之神被釘的十字架，正是上帝為留在地上的人們贖罪的唯一證據，因此對執行釘刑的現場——耶路撒冷乃聖地一事深信不疑。本是同根生的兩大信仰，如此橫亙其間的微妙差異，在這種細微之處也可清楚察覺。

對於一一八七年發生在巴勒斯坦的一連串事件，若我們將雙方互指「信仰的敵人」的言論照單全收、逕自解釋成基督教與伊斯蘭教兩大普世宗教的衝突，這樣真的妥當嗎？本章不打算將現代式的宗教理解原封不動地投射到過去的社會，而是透過同時代人們的證詞及其性格詳細追溯事件經過，並針對這些事件向外擴展的多元結構，來仔細解讀層層積累的信仰歷史、地緣政治狀況及其變化、社會組成及人們秉持的世界觀，從而探究從中浮現在這個多元結構之上的一一八七年轉換期所代表的意義。

一一八七年事件的經過

在進入討論前，我們必須先釐清一一八七年七月哈丁之戰爆發前夕，到十月耶路撒冷陷落為止的一連串事件來龍去脈。

一一八七年初春，耶路撒冷王國幼君鮑德溫五世（Baldwin V）前攝政的黎波里伯爵雷蒙德三世（Raymond III of Tripoli）和薩拉丁締結休戰條約。可是到了三月，安條克公爵雷納德（Raynold of Châtillon）襲擊了一支包括薩拉丁之妹在內的穆斯林商隊；眼見條約破裂，薩拉丁軍遂再度發動攻勢。五月，聖殿騎士團總長傑拉德（Gerard of Ridefort）於克雷森攻擊穆斯林，結果反讓聖殿騎士團和聖約翰騎士團（醫院騎士團）折損了不少騎士。六月三十日，含一萬兩千騎兵在內的三萬名薩拉丁軍渡過約旦河，向加利利海的西岸地區進軍。在這裡，薩拉丁為了誘出法蘭克軍，將軍隊一分為二，一隊派去壓制泰柏立，包圍了當地的城堡。接獲這個消息後，耶路撒冷國王、路西尼昂的居伊（Guy of Lusignan）遂於六月二十七日從阿卡出發，在水源完備的古都傑弗里召集了含一千兩百騎士在內、總兵力約兩萬的王國軍。這支軍隊主要由耶路撒冷王國軍（含當地徵調傭兵）、總長傑拉德率領的聖殿騎士團，以及醫院騎士團所組成。除此之外，的黎波里伯爵雷蒙德三世及安條克公爵雷納德也各自領軍加入陣營。

七月三日法蘭克軍從傑弗里出發，但薩拉丁早已算準他們的路徑，便派伏兵襲擊，行軍艱難的法蘭克軍不得不在沒有水源的平地上紮營。第二天也就是七月四日，口渴難耐的軍隊朝著北邊哈丁

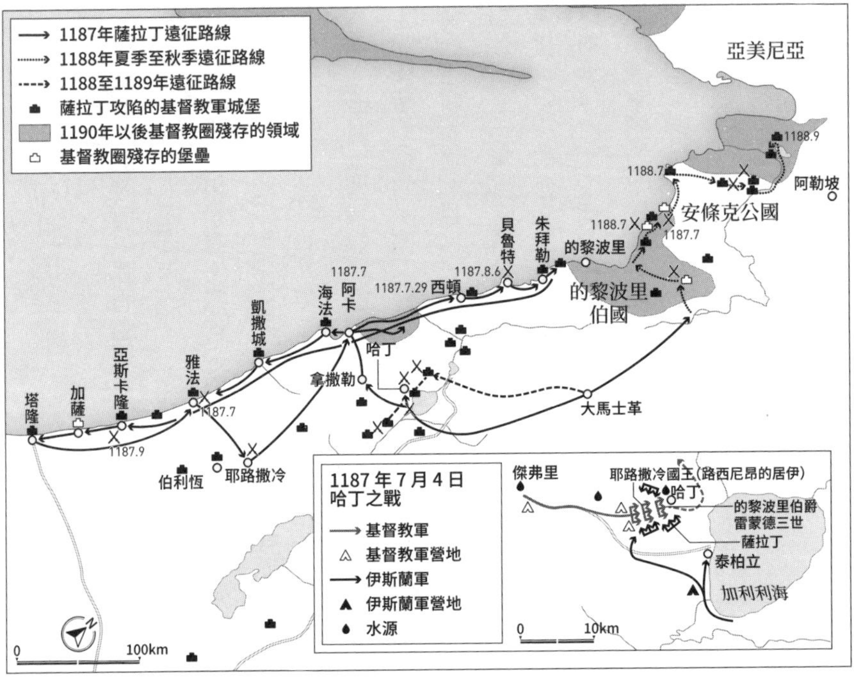

薩拉丁的進軍與哈丁之戰

山丘的泉水前進，卻在途中被等待已久的薩拉丁軍伏擊，全軍受困在哈丁山丘（又稱「哈丁雙角」）。被包圍的法蘭克軍發動好幾次突擊都失敗，最後全數向薩拉丁軍投降遭俘，為預祝得勝而由阿卡主教護持的真十字架也被奪走。只有雷蒙德三世麾下的騎士成功逃離，向東北撤退。

在這之後，薩拉丁馬不停蹄地率軍西進；他首先攻下拿撒勒，接著一路北上，進軍地中海沿岸。在七到八月間，他陸續攻陷阿卡、西頓、貝魯特、朱拜勒、波特隆，黎巴嫩山脈一帶的港灣城市紛紛失守。到了八月，他轉而南下，首先探查泰爾發現該地易守難攻便避開它，之後沿著海法、凱撒城、雅法前進，攻陷敵方艦隊經常停泊的軍港亞斯卡隆（九月四日）。之後他進軍加薩、塔隆，然後再次北轉回雅法，從這裡再轉往內陸，東進直指耶路撒冷。

十月二日（賴哲卜月二十七日），薩拉丁軍在這個相傳先知穆罕默德在真主引導下從麥加前往耶路撒冷「夜行登霄」*的紀念日子，用攻城器和投石機攻打耶路撒冷，城內居民則築起防護柵應戰。整個城內只有十二名士兵，起身作戰的都是耶路撒冷市民、聖職者和附近聚集而來的人們。不只如此，城內也沒有堪任主將的國王與諸侯，因此指揮任務落到了耶路撒冷宗主教希拉克略與女王西碧拉身上。

兩人壓制了市民的反對聲浪，開始和薩拉丁談判。薩拉丁在和約中提出的降伏條件如下：支付成年男子十第納爾、女子五第納爾、兒童一第納爾的贖金，付出贖金者將成為自由之身，不付者則成為俘虜。最後徵收的贖金為二十二萬第納爾，這些錢全都分給了參加薩拉丁軍的地方總督（埃米爾）與同行的烏里瑪（伊斯蘭知識分子兼政治顧問）。薩拉丁軍之後於一一八八、八九年對的黎波里伯國、安條克公國的城堡發動攻勢，雖然大部分城堡都宣告失守，但泰爾直到最後都沒有被攻陷。

---

* Isra' and Mi'raj，《古蘭經》記載先知穆罕默德的一次神蹟。二十七日當晚，穆罕默德乘坐神獸自麥加連夜趕往耶路撒冷，是為夜行(Isra')，之後於阿克薩清真寺登上重天受真主指示一日五拜，並於黎明返回麥加，是為登霄（Mi'raj）。

情報的擴散與宣傳

耶路撒冷陷落的報告，經由開頭引用的宗主教希拉克略的九月書信，傳到了歐洲各地。這封書信署名的收信人以教廷為首，各地的主要君王諸侯也都收到了同樣的信件。十月二十一日剛即位的教宗格列哥里八世（Pope Gregory VIII，一一八七年十──十二月在位），立刻在十月二十九日於費拉拉發表了一篇徵求聖地十字軍的詔令《請傾聽令人恐懼的裁罰吧！》(*Audita tremendi*)。在收到宗主教書信這項確切情報的兩個月內，基督教信仰圈的最高權威立刻公開回應，並將消息送達各地。

霍亨斯陶芬王朝的神聖羅馬皇帝腓特烈一世（Frederick I），自前任教宗亞歷山大三世以來便因宗派分裂與教廷持續對立，但格列哥里八世派遣樞機、馬爾西的亨利（Henry of Marcy）為特使前往德意志竭力遊說，於是皇帝終於正式表態率領德意志的十字軍出征。身為熙篤會士的亨利原本是天主教會在面臨另一個難題──純潔派時專門負責對側的特使，但這時他也負責仲裁英法間的糾紛問題，做為教宗的左膀右臂四處奔走。這個時期從亞歷山大三世逝世（一一八一年）到英諾森三世即位（一一九八年），一共經歷了五名教宗；儘管每一任教宗都很短命，但派駐在每個地區的教宗特使支撐起來的教廷外交仍能迅速應對、重整體制，並發揮有效機能，將易產生地區糾紛的世俗君主團結起來，導向基督教會全體。

就在耶路撒冷宗主教發出書信的同時，安條克宗主教艾梅利（利摩日的艾梅利，Aimery of Limoges)也在耶路撒冷陷落前向英格蘭國王亨利二世（Henry II）送出書信，表示對薩拉丁軍的侵略憂心忡忡，懇請盡早派出援軍。面對這封求援信，亨利二世回信給宗主教艾梅利、耶路撒冷宗主教希拉克略、安條克公爵波希蒙德三世及東方的所有基督徒，表達自己出征聖地的意志。這位安茹—金雀花家族的國王在希拉克略為了耶路撒冷國王繼承人問題四處奔走之際（一一八四—八五年）會見他。亨利二世在回信中應允了希拉克略的支援請求，決定徵收特別稅（「薩拉丁稅」的先聲）並提供物資調度，以及雇用傭兵所需的軍餉。從這裡也可以確認，除了教宗書信，當地聖職者和西歐君主之間也有另外建立溝通管道。

關於奪回耶路撒冷，薩拉丁的宣傳戰略也十分巧妙。和十字軍戰鬥時，他讓敘利亞與埃及著名的烏里瑪擔任紀錄者一起同行；奪回耶路撒冷後，又立刻發了七十封左右的書信給伊斯蘭信仰圈的主要統治者。不只如此，在奪回聖地後第一個周五主麻日，他又選了阿勒坡的莎菲懿派首席大法官穆希丁宣講呼圖白，向人們告諭奪回耶路撒冷在伊斯蘭史上的意義。接著，為了展現耶路撒冷相對於麥加、麥地那、巴格達、大馬士革、開羅等城對伊斯蘭教的重要性，他又按照歌詠城市的傳統，撰寫了一篇耶路撒冷詠讚（Fada'il），同時還發表頌揚薩拉丁戰鬥的讚詩，以及盛讚薩拉丁為「吉哈德戰士」的傳記。

開頭的薩拉丁致哈里發書信，其實早在之前就埋下伏筆。薩拉丁在一一七五年就曾致信哈里發（當時是第三十三任哈里發穆斯塔迪）；信中他首次力陳自己是要解放耶路撒冷的「吉哈德戰士」。這封書信的執筆時間正值贊吉朝的君主、指揮對抗十字軍的努爾丁逝世（一一七四年）後不久；因此很清楚地，他有訴求繼承此戰正統性的意圖。為了確立對敘利亞、上美索不達米亞及巴勒斯坦的統

王國
神聖羅馬帝國皇帝
腓特烈一世的軍隊
匈牙利王國
貝爾格勒
黑海
亞德里亞堡
拜占庭帝國
君士坦丁堡
迪西
格里波魯
魯姆蘇丹國
薩雷夫(格克蘇)河
腓特烈一世溺斃處
格蘭國王
查一世的軍隊
安條克
安條克公國
的黎波里伯國
贊吉朝
賽浦路斯
克里特島
的黎波里
貝魯特
大馬士革
阿卡
耶路撒冷王國
雅法
耶路撒冷
亞歷山大港
阿尤布朝
開羅

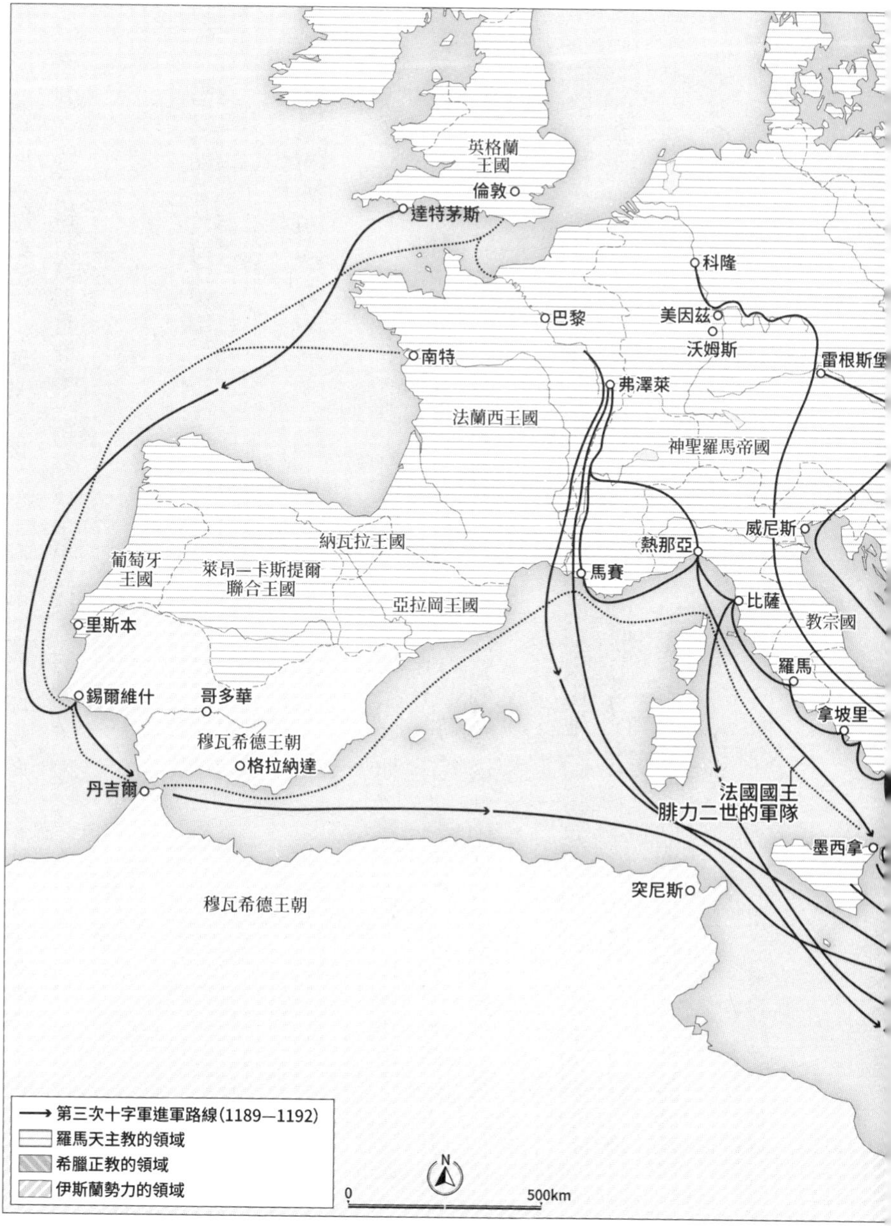
英格蘭
王國
倫敦
達特茅斯
科隆
美因茲
沃姆斯
巴黎
南特
雷根斯堡
弗澤萊
法蘭西王國
神聖羅馬帝國
納瓦拉王國
威尼斯
熱那亞
葡萄牙
王國
萊昂─卡斯提爾
聯合王國
馬賽
比薩
亞拉岡王國
里斯本
教宗國
羅馬
錫爾維什
哥多華
拿坡里
穆瓦希德王朝
格拉納達
丹吉爾
法國國王
腓力二世的軍隊
墨西拿
突尼斯
穆瓦希德王朝
第三次十字軍進軍路線(1189—1192)
羅馬天主教的領域
希臘正教的領域
伊斯蘭勢力的領域
N
0
500km

1187 年的歐洲與敘利亞／巴勒斯坦

治，並將這些地區與法蒂瑪朝滅亡後的埃及結為一體，所以必須對十字軍發動戰爭、解放耶路撒冷；這套宣傳邏輯其實很有效果。這點在本章將成為討論的主題之一。

2 耶路撒冷的神聖地方志

層層積累的神聖地方志

自從被薩拉丁控制以後，耶路撒冷基本上一直都是由穆斯林統治。當一座城市的支配宗教交替轉換時，會帶來什麼具體變化呢？為了理解耶路撒冷這座城市的特殊性，也為了方便接下來的論述，在此必須針對耶路撒冷層層積累的歷史，以及從整個城市形勢中顯現出的神聖性配置（神聖地方志）進行觀察。

耶路撒冷城位於南北貫穿巴勒斯坦中央山脈的猶太山地、海拔六百到八百公尺間的眾多起伏山丘與三座谷地（欣嫩谷、中谷、汲淪谷）交織的地形上。往西六十公里可抵地中海，往東則是廣闊的沙漠，約三十公里可到達約旦河與死海北端。這座城市的發展可回溯到青銅時代，據說起源於現今耶路撒冷東南部唯一的水源基訓泉畔的「大衛鎮」。

猶太民族的國王大衛在西元前一千年左右征服了耶路撒冷，定為以色列王國的首都，並將「約

聖史蒂芬門
聖抹大拉瑪利亞教會
聖安娜教會
敘利亞人區
約沙法門
總督彼拉多之家
聖母瑪利亞之墓
客西瑪尼園(橄欖山)
Haram al-Sharif
(崇高聖所)
苦路(Via Crucis)
宗主教區
聖殿山
黃金門
宗主教館
聖墓教會
君士坦丁公會堂
(各各他山丘)
旦克萊之塔
聖母瑪利亞教會
(拉蒂納)
圓頂清真寺
聖約翰騎士團
(醫院騎士團)
聖殿騎士團總部
大衛門
所羅門神殿/
阿克薩清真寺
大衛塔
亞美尼亞人區
耶路撒冷王宮
汲淪谷
中谷
大衛鎮
基訓泉
錫安門
欣嫩谷
錫安山
西羅亞池
N
0
200m

耶路撒冷地圖（十二世紀）

櫃」從迦南遷移到此地，使之成為信仰聖城。他的兒子所羅門往北擴張首都，建造巨大的神殿和宮殿，形成一片神之領域。之後巴比倫王尼布甲尼撒攻破耶路撒冷，將當地居民囚禁在巴比倫（巴比倫之囚），但西元前五三九年這些居民獲得波斯王居魯士的敕命允許返鄉，也重建了神殿。在希臘化時代，這座城市屬於托勒密王朝與塞琉古王朝，也逐漸希臘化，但猶太人在西元前一六四年的馬卡比戰爭中奪回了神殿，該城也在哈斯蒙家族的國王統治下進一步擴張。西元前六三年，耶路撒冷被納入羅馬統治，羅馬委託希律家族負責管理猶太行省（希律王朝，西元前三七年—西元九二年）。在羅馬派遣的第五任總督彼拉多時期，他逮捕了猶太教改革運動領導人耶穌基督，將耶穌處死在各各他山丘。大希律王（西元前三〇年—西元四年在位）時期進行大幅改造後，耶路撒冷城的樣貌大致底定。

做為猶太王都的耶路撒冷，自發祥地東南方一路向北整建，東北地區屬於神域，是重要的信仰中心；越過中谷對面以希律王宮殿為首，上流階級宅邸林立的西南地區，則是行政中心。這就是耶路撒冷的地理特徵。在這當中，各各他山丘之所以是耶穌的刑場，是因為它位在城牆之外。可是自西元六六年開始，經歷與羅馬帝國的兩次戰爭（猶太戰爭，六六—七〇年、一三二—一三五年），這座城市被徹底破壞、化為廢墟，猶太教徒也離散到地中海全境。之後這座城改稱艾莉亞．加比多連（Aelia Capitolina），被改編為羅馬的殖民市，更禁止猶太教徒進入耶路撒冷，基督教據點也移往凱撒城。

成為羅馬殖民市的耶路撒冷，在三一三年君士坦丁大帝頒布米蘭敕令承認基督教後，便被整頓成「基督的聖城」。市中心放置了大帝母親海倫娜於三二六年前往聖地朝聖時發現的「真十字架」，各各他山丘上建起了聖墓教堂、君士坦丁公會堂等建築群；包括福音上記載的基督受難足跡，以及和聖母瑪利亞有淵源的場所等等，不分城牆內外都陸續建起了教堂；而拜苦路*也開始成為一種慣例。隨著基督教勢力在帝國全境急遽伸展，包括流離失所的猶太人、在地中海從事貿易的希臘人、民族大遷徙後在羅馬境內建立準國家的日耳曼人信徒都日益增多，並擴張到整個地中海世界。之後耶路撒冷的城市改造，都是以服務基督教朝聖者為目標來進行整飭，是以這座基督受難與復活之都耶路撒冷，市中心也轉移到聖墓教堂所在的西北地區。四五一年的迦克墩公會議宣布在此設立獨立的宗主教區，這座城市便在東羅馬帝國的統治下，迎來六世紀的黃金時代。

可是到了七世紀，東羅馬帝國與薩珊波斯爆發戰爭，這座基督教聖城便陷入了反覆破壞與重建的不安狀況當中。接著，起源自阿拉伯半島一端的阿拉伯人展開征服大業，六二八年這座城落入了伍麥亞王朝手中。由於耶路撒冷做為控制巴勒斯坦的樞紐地位重要性日增，因此它便逐漸被伊斯蘭化。隨著圓頂清真寺（Dome of the Rock，又稱岩石圓頂或金頂寺）與阿克薩清真寺（Al-Aqsa Mosque，意為「遙遠的禮拜堂」，又稱銀頂寺）的興建，市中心再度轉移回東北（神殿區），但基督教和猶太教的設施原則上依舊維持。在這之後，它又陸續受塞爾柱王朝及法蒂瑪朝掌控，但除了一〇〇九年法蒂瑪朝哈里發哈基姆突然破壞聖墓教堂以外，並沒有大規模的城市改造。十字軍前夕的

* Via Crucis，基督徒朝聖並追思耶穌於耶路撒冷揹上十字架遊街示眾，前往刑場受釘刑的路程。

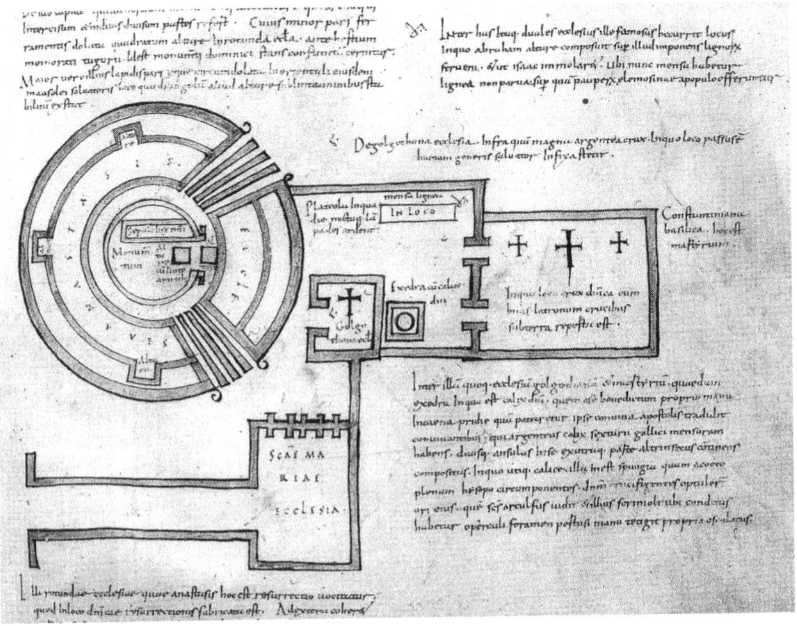

圖 4-1　君士坦丁大帝時期的聖墓教堂（左）與公會堂（右）

聖阿德南（Adomnán of Iona）《關於聖地》（*De locis sanctis*，七世紀末），賴謝瑙抄本

耶路撒冷，雖然因為穆罕默德夜行登霄的傳說被視為伊斯蘭的第三聖城，但其實是個允許多元信仰、宗教寬容的城市。

如上所述，耶路撒冷是個擁有三層神聖地方志、彷彿守護地靈（genius loci）般層層積累的城市。最基礎的是做為（1）猶太王都的神聖地方志；接著是與之對抗為前提，加諸其上的（2）基督受難與復活的神聖地方志；最後是侷限在圓頂清真寺周邊，做為（3）穆罕默德夜行登霄傳說的舞台、伊斯蘭第三聖城的神聖地方志。

一〇九九年十字軍國家耶路撒冷王國的創設，成為（2）再度浮上檯面的契機。包括最重要的設施聖墓教堂的改建、為了容納激增的朝聖基督徒，在建築上的種種措施、從希臘正教到羅馬天主教的轉移（宗主教館的興建）、建設與基督有淵源的教會與修道院、醫院騎士、聖殿騎士的宅邸和駐紮地（阿克薩清真寺）的整飭與確保、回歸的東儀天主教會信徒的宅邸分配等等，都在持續進行中。這些措施不該視為神聖地方志的改造，而該視為（2）的強化。

薩拉丁的城市改造

延續上述的討論，讓我們來看看一一八七年十月以後薩拉丁對聖城進行的改造。

首先，位於西北部宗主教地區的聖墓教堂從天主教手中回歸希臘正教，建築沒被改造或轉用於其他用途，但在它北邊的宗主教宅邸與禮拜堂則變更為蘇非主義修道場。市內神聖地方志的重心從宗主教地區轉移到伊斯蘭教聖域，也就是市區東部神殿地區的聖殿山（Temple Mount，阿拉伯語稱 Haram esh-Sharif，意為崇高聖所），境內的兩大設施也去基督教化。首先，伍麥亞王朝瓦利德一世時代建立的阿克薩清真寺在一〇九九年十字軍征服後，先被當成耶路撒冷國王的居所，接著又用作聖殿騎士團的根據地。薩拉丁將它變回清真寺，拆除法蘭克人外加的裝飾，讓過去的壁龕重新露出，鋪上絨毯，將努爾丁的講道壇從阿勒坡運來設置於此，並獻上淨化祈願。至於聖域中心圓頂清真寺，原本十字軍在此設立了「主的神殿」（Templum Domini），但薩拉丁占領城市後立刻指示拉下原本豎立其上的金色十字架，恢復成原本的禮拜堂。

此外，薩拉丁把城市行政工作委託給總督胡笙，也設置了莎菲懿派學院、蘇非主義修道場及醫院等設施。這一連串處置雖可用重新伊斯蘭化的概念來涵括，但在運用上則是依循著這個地區穆斯林城市的共通方式。簡單說，拉丁教會所有的土地、建築、財產都被沒收，當成「瓦合甫」（waqf，為宗教和公益之用的慈善捐獻設施）重新利用。前述拉丁教會的宗主教宅邸被變更為蘇非主義修道場就是一例，為此還頒布了新的瓦合甫文件。除此之外，聖安娜教會也變更為薩拉菲學院、聖母瑪利亞教會則變更為薩拉希醫院；不過這些變更都附有瓦合甫文件證明。

另一方面，由於是簽訂合約和平開城，所以和一〇九九年耶路撒冷陷落時的情況大不相同，城內的基督徒並沒有被屠殺。付了贖金的基督徒移居到城外，沒付的人則被當成奴隸留在城內。另一方面，猶太教徒則被允許留下，只要付人頭稅就能留在城內。除此之外，薩拉丁也意圖讓當地人口阿拉伯化，所以不只在城市內外配置阿拉伯各民族，同時也將沒收的建築按瓦合甫制變更成學院、醫院和修道場，邀請烏理瑪和蘇非主義僧人等阿拉伯知識分子與求道者移居此地。

由以上敘述可以得知，薩拉丁基本上是將耶路撒冷恢復到十字軍統治以前的狀態，也就是一座以伊斯蘭教為主體、在一定條件下允許基督教（特別是東方基督教會）和猶太教信仰的多信仰城市。伊斯蘭教始祖穆罕默德視以色列人的族長亞伯拉罕（易卜拉欣）為祖先，特別是亞伯拉罕與小妾夏甲的兒子以實瑪利傳下的血脈，乃是阿拉伯人的根；薩拉丁正是基於這樣的理解，才將做為閃族一神教起源、三種信仰共存的耶路撒冷城回歸成本來的模樣。

透過一連串論述，我們已經了解一一八七年事件的詳細經過，以及聖城耶路撒冷深厚的信仰積累。以下將回到事情的開端，解析一一八七年事件之所以發生的一連串過程及架構。

3 「十字軍」的開端

事件的開端與烏爾班計畫

啊，上帝的子民啊，為了確保信徒同胞間的和平、並守護教會各種權利，而締結前所未見堅定契約的各位啊，汝等還有一件非做不可的重要任務……居住在東方的汝等信徒同胞，如今正懇切尋求汝等的支援……事實是……從地中海到赫勒斯湾（達達尼爾海峽），也就是稱為「聖喬治之腕」的地方，現在正遭到突厥人與阿拉伯人襲擊，甚至連羅馬尼亞（拜占庭帝國領地）也被征服。那些傢伙陸續占領基督徒的土地，迄今為止一共打了七場戰爭，都被他們所敗。許多人遭到殺戮、變成俘虜，無數的教會被破壞，帝國慘遭蹂躪。汝等倘若繼續袖手旁觀，對上帝信徒的攻擊將益發不可收拾。故此，我、不，是上主，派遣基督的使者對汝等訴說；將這件事實發表到各地，不管騎士或步兵、富者或貧者、對所有人盡力陳訴，要這些信徒同胞立刻伸出支援之手，將那些令人忌諱的種族，從吾等之友的土地上驅趕出去……

——烏爾班二世的演說，引自富歇（Fulcher of Chartres），《耶路撒冷遠征史》（*Gesta Francorum Iherusalem peregrinantium*）第三章

召喚了史上「第一次十字軍」的教宗烏爾班二世，在籌劃這場堪稱開端的演說時，既沒有像後來反覆強調「第一次」的意義，也沒有定下明確的計畫，更不用說將之定名為「十字軍」了。既然如此，那在這個重要場合裡，這位改革派教宗在盤算什麼，參與者又是怎麼接受它、並採取怎樣的行動呢？

事情的開端是一〇八一年開創科穆寧王朝的拜占庭皇帝阿歷克塞一世（Alexios I Komnenos，一一一八年逝世），於一〇九五年三月遣使前往於北義大利召開的皮亞琴察會議（Council of Piacenza），請求派遣援軍「從信奉伊斯蘭教的異教徒手中奪回聖地」。

當時，拜占庭帝國和東方最大敵人塞爾柱王朝的兵家必爭之地是安那托利亞；留名青史的一〇七一年曼齊克特之戰，就發生在安那托利亞的入口處。科穆寧王朝成立時的主要對外課題，是與塞爾柱王朝的安那托利亞領土戰爭、防衛來自地中海由羅伯．基斯卡率領的諾曼人勢力，以及佩切涅格人對首都的進攻。阿歷克塞一世逐一解決這些難題，重整帝國統治，但他希望能獲得同盟支持，所以之前已向教宗格列哥里七世提過救援請求，而教宗也在一〇七四年表明自己正在策定出征東方的計畫。對於一邊保持勢力均衡、一邊迴避危機，從而確保利益的拜占庭帝國而言，實在很難想像他們會把信仰的差異當成求戰的主要藉口，畢竟異教徒也經常是潛在的同盟人選。因此，對於以政

治權衡為宗旨的科穆寧王朝政府而言，所謂「與伊斯蘭教為敵」是絕對不存在的。

不只如此，包含耶路撒冷在內的敘利亞／巴勒斯坦地區，從很早以前就脫離了拜占庭控制，游轉在涉足北敘利亞的塞爾柱王朝、來自埃及虎視眈眈的法蒂瑪朝、還有自立性頗強的在地穆斯林勢力之間。和其他廣域政權的想法一樣，對拜占庭帝國來說，若是要吸收這地區豐富的資源與經濟成果，只要成為宗主國加以控制當地便足夠，至於實際控制的領土只到安條克為止即可。

就像這樣，拜占庭使節採用的「奪回聖地」修辭，其實只是要求提供傭兵與財政支援的老套手段。然而，為什麼這種修辭會演變成向基督徒同胞居住的敘利亞／巴勒斯坦派遣軍隊、奪回耶路撒冷，答案必須從回應這項要求的烏爾班二世身上找尋。

烏爾班二世的遊說之旅

一〇九四年夏天，教宗烏爾班二世（一〇八八—九九年在位）從羅馬出發，沿托斯卡尼北上，在一九〇五年二月一日抵達北義大利的皮亞琴察。三月，他在此地召集了事先發出邀請函的義大利、法國、德意志地區大約兩百名左右的大主教和主教，展開會議。這是一場不由教宗使節、而是教宗本身親臨主持，規模遠超地方會議的特例集會。會議上一共通過了十五條決議文，議題除了教會改革、教義與信仰實踐、對立教宗問題以外，還包括了與教廷敵對的神聖羅馬皇帝亨利四世的案件，以及法蘭西國王腓力一世的離婚問題等等。

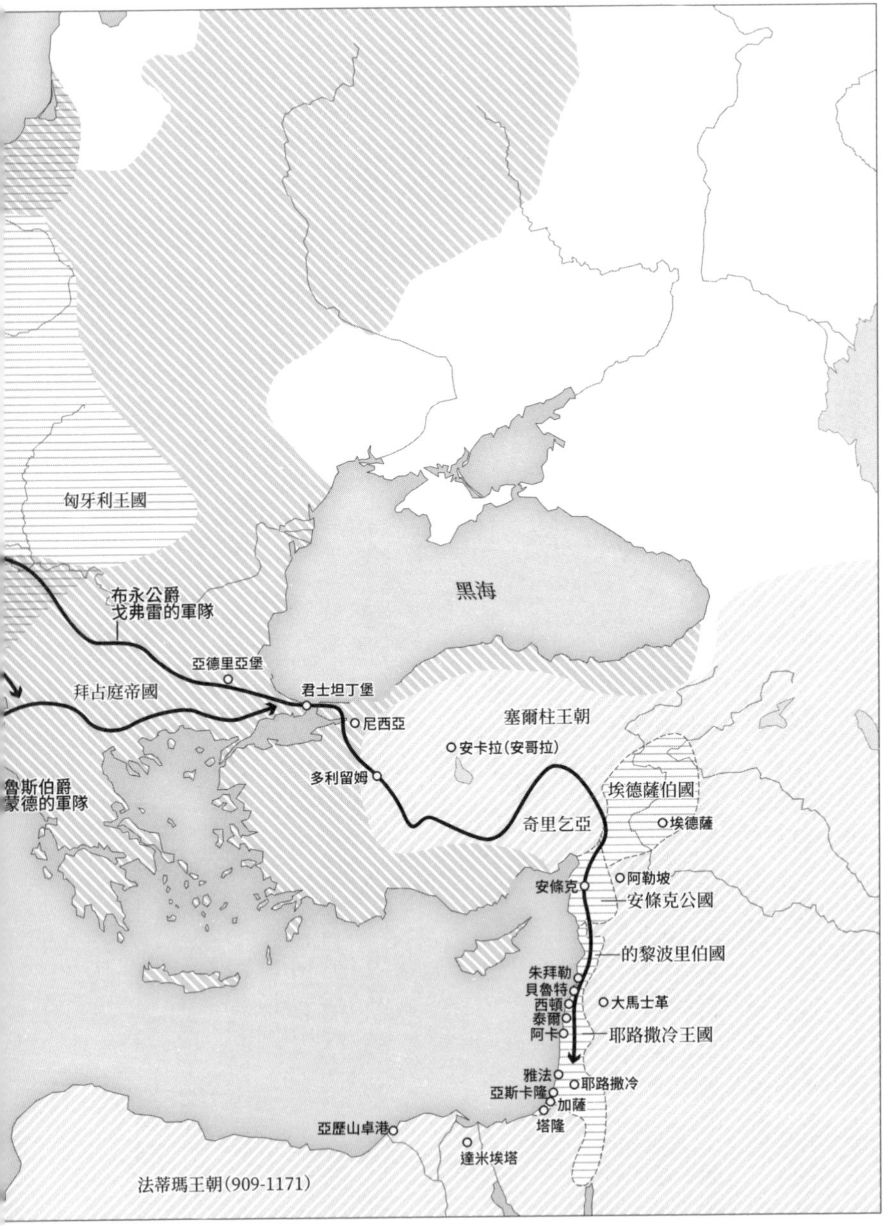
匈牙利王國
黑海
布永公爵
戈弗雷的軍隊
亞德里亞堡
君士坦丁堡
拜占庭帝國
尼西亞
塞爾柱王朝
安卡拉(安哥拉)
多利留姆
魯斯伯爵
蒙德的軍隊
埃德薩伯國
埃德薩
奇里乞亞
阿勒坡
安條克
安條克公國
的黎波里伯國
朱拜勒
貝魯特
西頓
泰爾
阿卡
大馬士革
耶路撒冷王國
雅法
耶路撒冷
亞斯卡隆
加薩
塔隆
亞歷山卓港
達米埃塔
法蒂瑪王朝(909-1171)

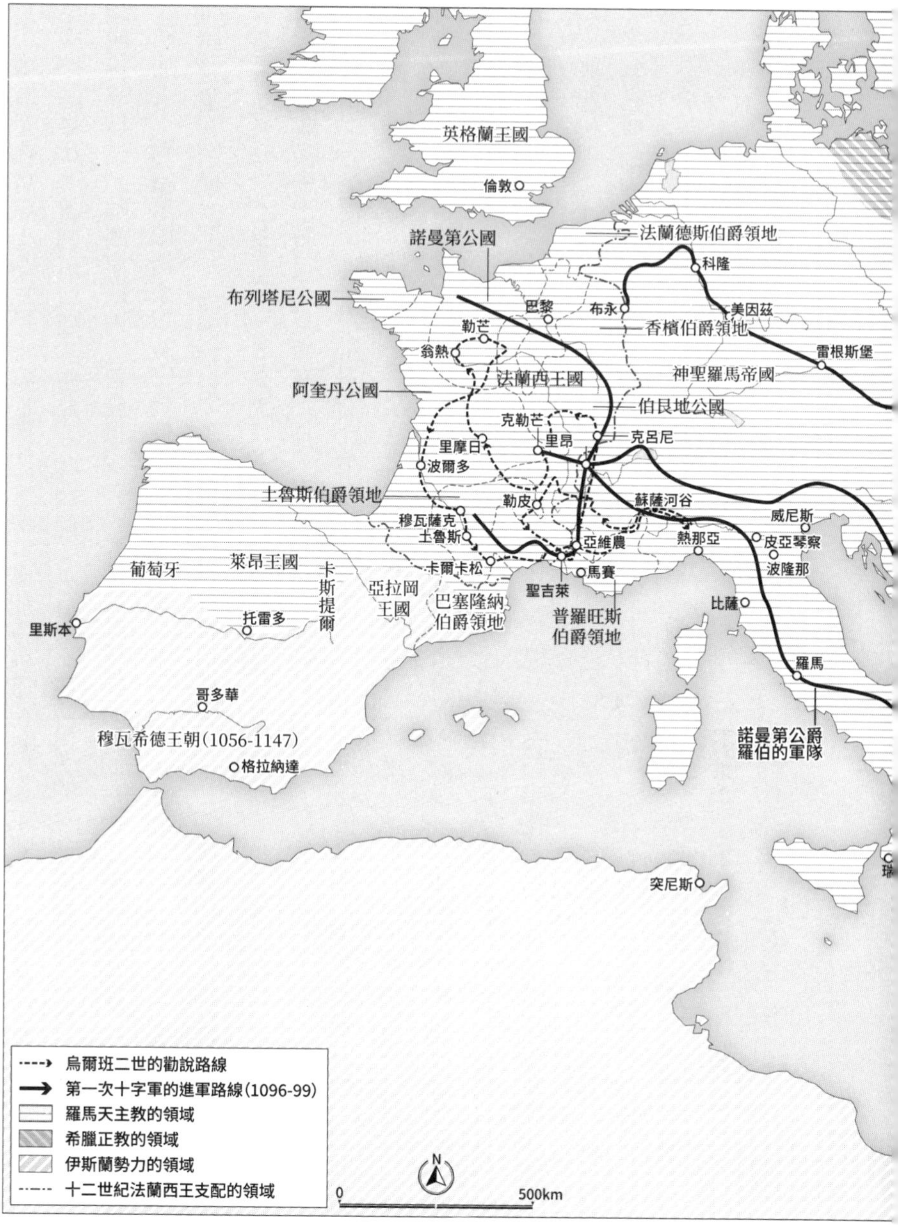
英格蘭王國
倫敦
諾曼第公國
法蘭德斯伯爵領地
科隆
布列塔尼公國
巴黎
布永
美因茲
勒芒
香檳伯爵領地
翁熱
雷根斯堡
法蘭西王國
神聖羅馬帝國
阿奎丹公國
伯艮地公國
克勒芒
里摩日
里昂
克呂尼
波爾多
土魯斯伯爵領地
勒皮
蘇薩河谷
穆瓦薩克
土魯斯
威尼斯
亞維農
熱那亞
皮亞琴察
卡爾卡松
波隆那
葡萄牙
萊昂王國
卡斯提爾
亞拉岡王國
馬賽
聖吉萊
巴塞隆納伯爵領地
普羅旺斯伯爵領地
比薩
里斯本
托雷多
羅馬
哥多華
諾曼第公爵羅伯的軍隊
穆瓦希德王朝(1056-1147)
格拉納達
突尼斯
烏爾班二世的勸說路線
第一次十字軍的進軍路線(1096-99)
羅馬天主教的領域
希臘正教的領域
伊斯蘭勢力的領域
十二世紀法蘭西王支配的領域
N
0
500km

1099 年左右的歐洲與敘利亞／巴勒斯坦地區

或許是在會議上聽到拜占庭使節的陳訴，讓原本就有東征計畫的烏爾班躍躍欲試；從他在會議結束後的足跡，我們可以隱約窺見一些端倪（參見二三〇頁地圖）。從皮亞琴察出發的教宗，經蘇薩河谷穿越法國阿爾卑斯山，首先抵達勒皮。他在勒皮極力說服當地主教阿希馬爾（Adhemar of Le Puy）加入；阿希馬爾後來以教宗代理人的身分與東征軍同行，扮演團結諸侯的要角。接著烏爾班又前往普羅旺斯地區（拉雪斯迪尼→席哈克→米堯→尼姆），在聖吉萊邀請土魯斯伯爵雷蒙德四世（Raymond IV, Count of Toulouse）擔任東征軍指揮官。雷蒙德不只支持教宗改革，更在一〇六三年參與過收復失土戰役，是擁有指揮「多國聯軍」經驗的貴重人才。

離開聖吉萊後，烏爾班沿隆河北上，經亞維農，於十月抵達伯艮地。接著他經由馬孔、抵達過去曾擔任修士也代理過院長的克呂尼修道院。十一月他抵達克勒芒，在那裡主持十一月十八到二十八日的克勒芒會議（Council of Clermont）。這場會議距離前一場皮亞琴察會議僅僅相隔八個月，但出席的主教仍有堪比上一次的二〇五人。議題雖仍以教會改革為中心，但也包括裁決世俗君主、仲裁高位聖職者及主教之間的紛爭等事務。當所有議程結束後，烏爾班便做了本章開頭所介紹、呼籲展開「十字軍」的一番著名演說。

聽過這場演說的同時代人所留下的紀錄，共有以下三篇：擔任布洛涅的鮑德溫（Baldwin of Boulogne，日後的鮑德溫一世 Baldwin I）隨軍主教、之後留駐在聖地的富歇《耶路撒冷遠征史》（一一〇一年左右）；擔任蘭斯聖雷米修道院長、隨軍出征的修士羅伯（Robert the Monk）的《耶路撒冷史》（*Historia Iherosolimitana*）；以及布爾蓋修道院長多勒的波多里（Baldric of Dol）的《耶路撒冷史》（*Historia Ierosolimitana of Baldric of Bourgueil*）。這三個人都出席了克勒芒會議，也是烏爾班演講的聽眾。值得注意的是，儘管都是從軍者描述事件始末的珍貴紀錄，但三人都是在十字軍東征大功告成後才回顧撰寫成冊，而且三人的記述有彼此相異且互不吻合之處。

克勒芒會議後，烏爾班又繼續四處巡行，途經歐里亞克、利摩日（待降節）、翁熱、勒芒，沿法國中部北上。他在利摩日發表了一封給法蘭德斯全體信徒的信，信中寫到諸侯陸續表態參加東征的經過，並明確指出將在八月十五日（聖母升天日）出征。接著，烏爾班更前往大西洋沿岸的波爾多，從那裡溯加倫河而上，經墨瓦薩克、土魯斯、卡爾卡松往地中海前進。一〇九六年八月，他在波隆那進行遊說，並於九月初返回羅馬。

旅途中的烏爾班究竟在打什麼如意算盤，歷來眾說紛紜。舉例來說，在克勒芒會議亦屬核心議題的主教任命權上，教宗與君主一直對立，因此教宗想掌握武力並以此施壓。在這之前，教宗就曾試圖雇用像羅伯．基斯卡這樣的諾曼人傭兵隊長，或組織稱為「聖保祿忠臣」的諸侯集團（以托斯卡尼女大公馬蒂爾達為首）。因此，有人認為教宗其實是想將這些為拯救東方信徒同胞危難、向十字軍立誓的諸侯與騎士階層，組成一支隨教宗心意動員的軍隊。

另一方面，建立凌駕皇帝和國王的教宗至上論，亦即格列哥里七世的二十七條改革綱要《教宗訓令》（*Dictatus papae*）中主張改革教宗權的核心部分，必須有個大前提，那就是讓改革徹底滲透整個基督教信仰圈。主張保護信徒、恢復聖地的烏爾班口號，已經超越了一〇五四年以來實現東西教會重新合一的意圖，更否定了自古以來的五大宗主教區概念（也就是認定羅馬、君士坦丁堡、安條克、亞歷山卓港、耶路撒冷五個教會是承繼十二使徒傳統的特殊教會），並呼應《教宗訓令》的第一及第二條，亦即主張羅馬教宗的唯一及普世性。然而，要讓這樣的精神得以體現，並徹底賦予其權威，光憑以往的地方會議是不夠的。從教宗親自主持皮亞琴察與克勒芒會議，以及與會人數這兩點來看，烏爾班最初的計畫是期望能讓中斷已久的大公會議（concilium generale）重新復活。大公會議的「重新召開」，就某種意義上來說，意味著能夠在歐洲創造出一個由教宗主導、用來處置國王和皇帝，以及對跨國事務（如發動十字軍和消滅異端）進行協議的場域。

「上帝和平」運動與教會改革的系譜*

烏爾班一行人在克勒芒會議後的巡行遊說，除了在地區居民共同參與的場合，也充分利用十字軍立誓的機會。簡單來說，他除了擔任地方會議主持（都爾、尼姆等地），也利用野外講道、聖母升天祭、降誕節等禮儀年（勒皮大教堂、利摩日大教堂）、獻堂禮（翁熱的聖尼古拉教堂）以及在祭壇祝別（克呂尼修道院）等機會不斷遊說，並在現場接受出征誓約。至於他無法親自巡迴的地區，則委託里昂大主教休、米蘭大主教安塞姆等其他聖職者代為遊說。

烏爾班的這種作法，基礎是源自十世紀末以法國為中心的「上帝和平」運動。法國各地的主教要求騎士與領主立下誓約，歸還侵奪自教會的領地，同時也以法律和誓約來限制騎士的舉止；這些主教活用地方會議，強制騎士向聖髑立誓。到了十一世紀末，和平運動已擴展到法國全境、伊比利半島、德意志與英格蘭部分地區，但以教宗身分採納這種主張的，一般咸認就是烏爾班二世。關於「上帝和平」與東征之間的關聯性，有很多種說法；有人主張東征之目的，其實就是為了把擾亂和平的騎士注意力轉向聖地，但也有人對此抱持疑問。但無論如何，烏爾班在募集「十字軍」戰士時借用了這股運動的勢頭，這是千真萬確的。

另一方面，通往聖地的新陸路——匈牙利路線的開拓，以及時值耶穌受難一千年、末日意識高漲為背景，聖地的朝聖人數越發增長。在這當中，包括聖范恩修道院長理夏爾、利摩日主教阿德文、歐塞爾主教休、康布雷主教列貝爾、斯塔沃洛修道院長波普、克呂尼修道院長奧迪洛、桑德威爾修道院長梯葉里等法國主教和修道院長，都認為聖地朝聖一事意義重大。透過這些知識分子的書信往返、歷史與聖人傳記著述，以及公文發布，關於聖地的情報在質或量都有了顯著提升。

事實上，主教和修道院長可以算是這個時代的社會核心。主教擁有自己的管轄領域（教區）、有司法權（教會審判權）、有會議召集權、還有什一稅這項財源；不只如此，他們還可以利用自己出身的貴族階層，活用家族的資產與人脈。另一方面，修道院長則透過直屬教廷的免屬特權，得以擺脫主教和領主支配，並以代禱救贖靈魂為由，廣泛接受土地財產的捐獻。同時，修道院會藉由土地

＊拉丁語為 Pax et treuga Dei，十世紀法蘭西貴族騎士間的征戰行為造成民生疲弊，天主教會遂於十世紀末至十三世紀推行此運動，主張以靈性去約束暴力。按字義可細分為 Pax Dei（上帝和平）與 Treuga Dei（神命休戰）。

授受與文件交流，與地區領主階層建立起羈絆，而貴族也會將一定數量的成員送進修道院或女修道院，以保護家族領地。

出身香檳地區貴族世家、在蘭斯主教區附屬學校就學、又進入克呂尼修道院修習的烏爾班，自然相當熟悉主教區與修道院扮演的角色。身為一位極為罕見離開過羅馬的教宗，他這趟法國行除了環遊法國各地主教區與修道院之外，也是一趟情報交換、建立共識並取得協助的巡迴之旅。

東征軍的編制

就這樣，在鎖定具地利人和的法國及南義大利富有戰鬥力的諸侯和騎士階層後，烏爾班的計畫逐漸具體成形。然而，要實現東征進而抵達聖地之目的，還有許多艱困的仗要打，包括接受計畫者之間的差異、參加者各自的心思、還有行軍過程遭遇出乎意料的事態等等，都有可能讓計畫進行到一半就出現不可控的變數，這些都必須納入考量。

諸侯與麾下騎士組成的主力軍，按出身地可分為四隊：第一隊是由布洛涅家三兄弟——布洛涅伯爵尤斯塔斯三世、下洛林公爵布永的戈弗雷（薩利安王朝皇帝家臣）、布洛涅的鮑德溫（鮑德溫一世）組成的洛林軍；跟他們有血緣關係的布爾的鮑德溫（魯德爾伯爵家，後來的鮑德溫二世）也加入他們的行列。這支軍隊經南德、匈牙利穿越巴爾幹半島，抵達君士坦丁堡（參照二三〇頁地圖）。這群聽從烏爾班二世遊說、以十字架為標誌的軍隊後來留在聖地，成為耶路撒冷王國的君主世系。

第二隊是征服者威廉的長子、諾曼第公爵羅伯二世率領的北法暨南英格蘭諾曼人部隊。這支部隊還包含了羅伯妹妹阿德拉之夫、布盧瓦伯爵艾蒂安（史蒂芬）；他的堂兄弟，伯艮地伯爵女兒克萊門蒂之夫、法蘭德斯伯爵羅伯二世也率領家臣加入。這些諸侯大多是一〇六六年參與諾曼征服（Norman conquest）的軍隊後代，因此很多人都擁有跨英倫海峽兩岸的領地。另一方面，克萊門蒂也是法蘭德斯地區克呂尼改革的推手、改革派的維埃納主教居伊（後來的教宗加里斯都二世）的妹妹。這些受烏爾班直接遊說、決意出征的人們，從義大利的布林迪西港航渡亞德里亞海，在巴爾幹半島的杜拉佐登陸，之後走陸路經薩羅尼加抵達君士坦丁堡。編年史作者沙特爾的富歇就與這支部隊同行。

第三隊是土魯斯伯爵、聖吉萊的雷蒙德所率領的普羅旺斯暨伯艮地部隊。如同上述，他在克勒芒會議之前就已接受徵詢，擔任全軍統帥的勒皮主教阿希馬爾又與他同行，由此可知這支部隊在烏爾班的計畫中，應該是擔任東征軍的總指揮任務。他們從土魯斯出發，橫越倫巴底，沿克羅埃西亞海岸前進，經過杜拉佐以後循第二隊的路徑前往君士坦丁堡。他們建立了的黎波里伯國，日後承繼該領地。

第四隊是塔蘭托公爵波希蒙德，以及他的姪子旦克萊率領的義大利諾曼軍。波希蒙德是十一世紀下半葉席捲地中海、反覆入侵拜占庭領地的諾曼人首領羅伯．基斯卡（歐特維爾家）的長子，是位曾指揮侵略拜占庭、壓制南義大利各城市，身經百戰經驗豐富的指揮官。相傳波希蒙德是在圍攻阿瑪菲時目睹從附近通過的十字軍士兵，因此決心參與出征，但實際上很有可能是被人脈廣大的烏爾班二世說動才加入的。他整飭麾下的軍隊，從布林迪西港橫渡亞德里亞海，經奧赫里德、薩羅尼加橫穿巴爾幹半島，抵達君士坦丁堡。他在聖地戰鬥的用兵與戰略層面貢獻甚鉅，日後成為第一任安條克公爵（Bohemond I of Antioch，一〇九八—一一一一年在位）。一位姓名不詳的隨軍者留下一部相關編年史《法蘭克人的事蹟》（*Gesta Francorum*）。

這支東征軍最大的特徵，是他們平時就不斷從事戰鬥，所以不只在戰術理解和忠誠方面相當有利於展開操兵，同時也是一支可按兵盤推演出征的熟練部隊。除此之外，第一部隊跟法國王室有關、第二部隊和英格蘭諾曼王朝有關、第三部隊與西班牙有關、第四部隊則與地中海最強、戰鬥經驗最豐富的諾曼人有所聯繫，因此在人員調配及東征宣傳上，都預期可收到廣泛迴響。

決定參與「十字軍」計畫的將士們，動機其實各有不同：包括追求財富和土地（特別是次子三子）、社會地位的提升（按杜比的說法，主要是持有零碎土地的騎士）、對名聲功勳的渴求（包括編年史、頌詩跟家族榮耀，當時騎士盛行此風），甚或是贖罪（赦罪）和靈魂救贖等等；但會做為戰鬥單位出征，可以想見最大的原因就是聽從君主之命。簡單說，他們出征的動機既是多重的、個別的，也是不斷在變動的。就這點來說，第一次的東征跟第二次以降「十字軍」這個計畫已成既定事實的出征行動，有著根本的差異。

對於那些明知勝敗未卜、仍加入出征行列的人員來說，將集結地點設在拜占庭的帝都君士坦丁堡，意義無疑相當重大。自一〇九六年冬天到九七年春天陸續抵達的各路諸侯與主要騎士，都對阿歷克塞一世發下誓約，從而締結了擬似主從關係。之後，他們與帝國軍聯合作戰，從塞爾柱王朝阿塔貝克政權（參照第一章）手中陸續奪回以尼西亞為首的安那托利亞各城市，接著向安條克進軍。這時候，和朝安條克前進的主力分道揚鑣，旦克萊的軍隊往阿薩納、鮑德溫的軍隊則往奇里乞亞前進，之後又應亞美尼亞人的邀請轉往埃德薩，在那裡建立了埃德薩伯國。

有拜占庭帝國的背書，讓往後的行軍在形式上皆被公認為帝國的軍事行動，而對於安那托利亞與聖地的理解掌握、作戰面的整理編制，以及經費和武裝支援，帝國的存在都相當重要。不只如此，拜占庭擁有將物資轉換成貨幣的龐大市場，這點也是不可或缺。至於拜占庭方面，一〇八九／九〇年左右，法蘭德斯伯爵羅伯一世（第二隊所屬的羅伯二世之父）在前往耶路撒冷朝聖的歸途中路過帝都，就曾向皇帝立誓，並約定派遣五百名法蘭德斯騎士前來。由於不久前即有此種前例，因此拜占庭在這次東征軍的對應上，理當也是駕輕就熟。

戰鬥經過與遠征軍的「十字軍」化

一〇九七年六月，聯軍包圍魯姆蘇丹國易守難攻的尼西亞，迫使對方投降。奪取的金銀財寶都分配給騎士，步兵則獲得糧食。一〇九七年七月一日，他們和魯姆蘇丹國第二任君主（阿塔貝克）基利傑．阿爾斯蘭的軍隊正面對抗，並於多利留姆取得勝利。之後他們繼續朝安那托利亞進軍，奇利乞亞的各城市（亞美尼亞教會）在沒有抵抗的情況下接納了這支東征軍（參照二三〇頁地圖）。

由亞美尼亞人埃德薩公爵托洛斯統治的埃德薩公國（拜占庭帝國為其宗主國），在亞美尼亞教會信徒及公爵本人的意願下於一〇九八年初發出邀請，讓脫離向安條克進軍主力、往幼發拉底河前進的鮑德溫進入埃德薩城；不久後，鮑德溫便廢黜托洛斯繼承統治權，建立了埃德薩伯國。這個伯國在此後五十年間成為橋頭堡，擔負起防衛摩蘇爾的突厥人總督（埃米爾）攻勢的重要任務。

一〇九七年十月，聯軍開始圍攻安條克；經過半年多的激烈戰鬥，終於攻陷該城。不久後，摩蘇爾的突厥人君主（阿塔貝克）卡布卡與大馬士革君主杜卡克的聯軍大舉圍攻剛被十字軍占領的安條克，十字軍則藉「聖槍奇蹟」（Discovery of the Holy Lance，奇蹟似地在城內發現刺過基督肋旁的長槍）之助，終於一〇九八年七月二日贏得這場圍城戰。經過四個月的充分休息準備，他們於十一月一日開始向耶路撒冷進軍。陸續攻陷巴尼亞斯、阿馬拉之後，波希蒙德率軍返回安條克，以公爵身分統治該城。土魯斯伯爵雷蒙德和旦克萊率領的主力軍則與諾曼第公爵羅伯的軍隊會合，之後又跟布永的戈弗雷，以及法蘭德斯伯爵羅伯的軍隊會師。一〇九九年，大軍穿越黎巴嫩山地，抵達地中海沿岸；五月十六日攻陷的黎波里，接著通過貝魯特、西頓、提爾、阿卡，進入凱撒城。在阿爾蘇夫鎮他們轉入內陸，占據了穆斯林撤離後的拉馬拉；在伯利恆，他們受到當地基督徒的歡迎，接著便抵達了耶路撒冷。

一〇九九年六月七日，遠征軍布下陣勢，開始圍攻耶路撒冷。為了製造攻城機、攻城塔及防箭用的柴捆，他們使盡各種手段徵集木材築起土壘，做好萬全準備，最後於七月十五日星期五早上發動總攻擊，並在當天占領了耶路撒冷。攻下耶路撒冷八天後，戈弗雷被選為耶路撒冷的君主（頭銜為「聖墓的守護者」），諾曼地公爵羅伯的隨軍主教阿努夫（Arnulf）則被選為耶路撒冷宗主教。一〇九九年九月，教宗代理人比薩大主教坦貝爾與戈弗雷聯名，以「上帝的戰士」名義向教宗發出信件，報告這次輝煌的勝利及來龍去脈。

這次東征，又或者稱為「第一次十字軍」的終點究竟止於何時，很難明確定義。畢竟在計畫人烏爾班二世逝世（一〇九九年七月二十九日）、耶路撒冷也告「奪回」的一〇九九年七月這時，東征軍在敘利亞／巴勒斯坦的軍事行動尚未結束；而且維持至今為止成立的三個十字軍國家，以及控制地中海沿岸城市，都是當務之急。戈弗雷與繼承他的鮑德溫陸續攻陷凱撒城、亞法、朱拜勒、貝魯特、西頓，並在一一〇九年成立第四個十字軍國家的黎波里伯國。過程中他們和大馬士革締結了休戰條約，同時竭盡心力防衛周遭的埃米爾勢力，處理援軍物資調度，以及確保做為艦隊停泊地的沿岸各城市。他們以亞斯卡隆為據點，與法蒂瑪朝的軍隊屢屢對抗。

戈弗雷死後，由弟弟埃德薩伯爵、布洛涅的鮑德溫繼承王位（鮑德溫一世），布洛涅—魯德爾伯爵家遂一路邁向「王室化」；同時他們也把原本耶路撒冷宗主教在伯利恆舉行的塗油式與加冕式，轉移到耶路撒冷的聖墓教堂舉行。鮑德溫一世在一一一八年奇襲埃及時病死；他的死訊被隱瞞，處理後的遺體經由希伯崙河谷運回耶路撒冷，舉辦了盛大的送葬儀式。考量到國王血統，對應的加冕和下葬儀式也陸續跟進，意義不可謂不重大。

建立四個十字軍國家、占領維持國家不可或缺的沿岸城市、同時定下耶路撒冷王國王位繼承原則，一一一八年這年可以視為實現烏爾班計畫的「新運動」，一個重要的劃分時點。東征軍在攻下安條克、和拜占庭軍分道揚鑣後，隨著進軍耶路撒冷、攻陷耶路撒冷、為守護耶路撒冷而戰這一連串過程，逐漸蛻變成所謂的「十字軍」，一支守護基督教聖城耶路撒冷的軍隊。

說到底，敘利亞／巴勒斯坦地區做為聯繫東西的十字路口，占有遠離廣域權力中樞（巴格達、開羅、君士坦丁堡）的靈活地利，又能憑藉東地中海沿岸的港灣城市交易與內陸農業（紅甘蔗、無花果、橄欖、葡萄、玉米等的生產）立足，是一塊以繁榮著稱的土地。但是，一〇九二年塞爾柱王朝的宰相尼札姆．穆勒克及蘇丹馬立克沙陸續逝世，而埃及法蒂瑪朝的哈里發穆斯坦綏爾也隨之而去（一〇九四年），此後該這塊地區遂產生了政治上的真空。正如本書第一章所述，塞爾柱王朝陷入地方政權（阿塔貝克）割據的停滯期，而像塞爾柱王朝和法蒂瑪朝這樣的廣域政權，對敘利亞／巴勒斯坦的政治關心也明顯低落。

突破這個間隙的，就是朝著聖地耶路撒冷前進、具有堅強意志與明確方向性的十字軍。一開始，當地居民只把十字軍當成魯姆人（拜占庭）的一派，認為他們只是以城市和城堡為據點，支配周邊區域的新外來地方政權；可是隨著時間過去，不斷相互交涉，當地居民開始把他們看成是異於魯姆人或東儀天主教徒的「法蘭克人」；而眼見這些「基督的戰士」一致同心協力、賭上生命守護聖城與真十字架，理解到他們特質的人也日漸增加。

4 十字軍國家的成立與歐洲

敘利亞／巴勒斯坦的地緣政治學與十字軍國家

這些十字軍國家，是以城牆環繞的城市為統治據點的城市國家；它們一面在軍事要塞築城駐軍，一面對周遭農村實施鬆散的統治，基本上是一種極度「點」式的支配。另一方面，對亞法、阿卡、泰爾這些沿岸港灣城市，十字軍則是採取城市領主制直接支配，或由既存的城市君主納貢、支付歲幣以換取上級統治者的承認，也就是間接支配。這些都可說是不問統治者身分、因地制宜的統治結構。

這些十字軍國家（近年稱之為「海外領土」，參照二三〇頁地圖），也就是北至土耳其陶拉斯山脈、東至幼發拉底河、南至阿拉伯半島沙漠、西至地中海所環繞起來的這片地域，該怎麼稱呼才好呢？從伊斯蘭教的神聖地方志角度來看，它是聖城麥加、麥地那所在的漢志地區向西北延伸的空間，而以美索不達米亞為中心的地理感覺來看，它是肥沃月彎的「西方盡頭」。另一方面，從羅馬帝國首都——義大利半島的羅馬來看，敘利亞／巴勒斯坦行省屬於帝國東邊的行政管區；對猶太人和基督徒來說，「迦南地」這個古稱則有著特殊意義。至於君士坦丁堡和開羅兩地的地緣政治學認知，則又完全是不同面貌：對拜占庭或埃及來說，特別是在通商面上，這塊地中海近東沿岸地區則被稱為「黎凡特」（Levant，東地中海世界）。正因如此，要給這個地域一個明確的名分，實在很難；它不像島或半島、擁有可明確歸納總結的地理邊界，也沒有一個定都於此、擁有穩定影響力的獨立國家（亦即足以建構自身地理認知的政體）。有關該地域的歷史，經常都被描述為廣域權力的「邊陲部分」。本章即充分依照這種特性，將十字軍國家展開領土統治的這塊地域稱為「敘利亞／巴勒斯坦」。

十字軍國家的統治方針相當獨特，畢竟其存在的意義，就是為了鞏固並維持聖地耶路撒冷的軍事防禦。在行政方面，因為遠征軍做為統治單位會四處移動，所以國內王族的統治、亦即所謂的家族「內廷」(household) 事務，幾乎都以維持現狀為主。以最早建國的埃德薩伯國（一〇九八—一一四四年）的情況來說，因為是和平轉移政權，所以是由信奉東儀天主教的亞美尼亞人與敘利亞人為主體的居民，在第一隊布洛涅的鮑德溫（鮑德溫一世）內廷展開統治。國家收入基本上來自伯國內城市和農村上繳的租稅與貢賦，以及對外掠奪所得的戰利品。當鮑德溫即位為耶路撒冷王國國王後，他的外甥——魯德爾伯爵家布爾的鮑德溫便繼承此伯國的爵位。耶路撒冷王國對這個伯國進行封賜，締結主從關係，並繼續由家族進行內廷統治；包括鮑德溫的表兄弟——考特尼家的喬治林、之後的喬治林一世及他的兒子二世，也陸續繼承伯國。

接著是安條克公國（一〇九八—一二六八年左右），在歷經慘烈的長期圍城戰後，由前述遠征軍第四隊統領、塔蘭多的波希蒙德就任公爵。波希蒙德自己於一一〇〇年遭到俘虜，他的兒子繼續承襲爵位，由姪子旦克萊負責攝政。這種作法基本上承襲了義大利—諾曼系的內廷統治傳統，也就是由父系的歐特維爾家族來統治南義大利各城市。這個公國在國際上的立場相當險峻，一〇八五年以前擔

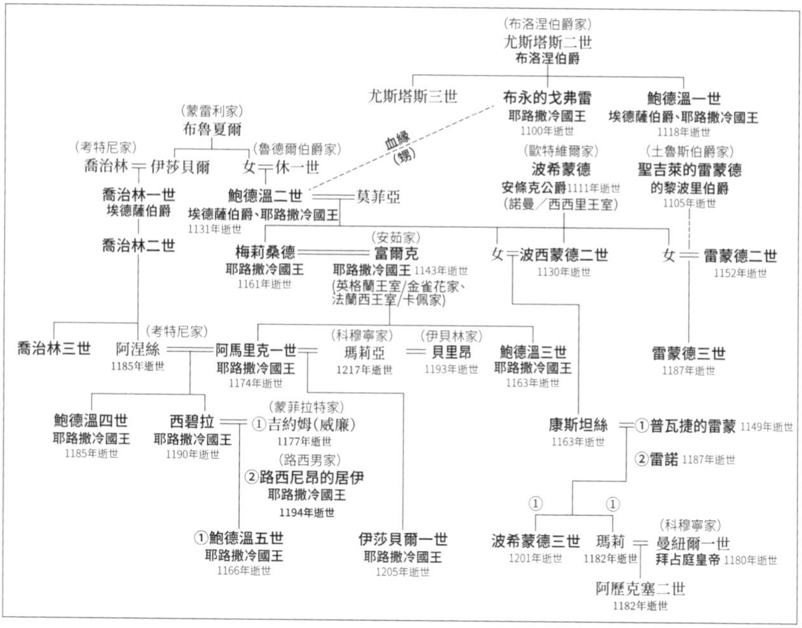

十字軍國家關係圖

任統治者的拜占庭帝國執拗地要求歸還這塊領地，而北方安納托利亞的塞爾柱地方政權與北敘利亞穆斯林勢力也虎視眈眈。但另一方面，他們和東儀天主教居民及猶太人、穆斯林居民（特別是商人）的關係都很好，國內統治也安定。過去五大宗主教區之一的安條克大主教區在拉丁教會的組織下得以復興，包括埃德薩、的黎波里等主教區都在其下。

再來是的黎波里伯國（一一〇九—一二八九年），由率領第三隊的土魯斯伯爵雷蒙德自行建立的十字軍國家。他以的黎波里近郊朝聖山（Mount Pilgrim）上的城堡為據點，經過五年圍攻後壓制了的黎波里城，從而建立這個國家。伯爵之位由雷蒙德家族繼承，控制了從托爾托薩到朱拜勒的沿岸城市，以及奧龍特斯河以西的內陸地帶（包含黎巴嫩山的一部分）。土魯斯伯爵雷蒙德家的統治跟耶路撒冷王國一樣，設有行政中樞的評議會，以及比陸軍更強大的海軍。

最後是耶路撒冷王國（一〇九九—一二九一年），由率領各部隊的諸侯合議後組成的「王國」。這個和《舊約聖經》大衛與所羅門的國度同名的王國，也是模仿基督降世所親自掌握的「天上的耶路撒冷」而成的國度；但這個「王國」在當時的國際秩序下該怎麼定位，就連當事者之間也沒有明確的共識。後來，由第一隊戈弗雷為首的三兄弟所率領的布洛涅—魯德爾伯爵家族承繼王室，同時也負責每日的內廷實務運作。王國的領土北起貝魯特，南至埃及入口處的塔隆（亞斯卡隆南邊），西沿地中海岸，內陸部分的領土則是南行再向東伸展，往南越過死海，抵達外約旦。內陸城市比照法國首都格局，沿岸城市則宛如義大利的城市；至於農村部分，除了在聖地定居的十字軍士兵的領地外，基本上都依循舊有的當地徵稅機構來治理。負責討論王國統治及有關全體十字軍國家案件的王國評議會，則是仿照同時期歐洲王國的模式。

王國的統治，以及與其他十字軍國家的關係，都是隨著時間才慢慢整飭起來。為了和周圍勢力持續作戰，耗費龐大軍資維持戰力乃當務之急；這點雖是十字軍國家的一大特徵，但同一時代的英格蘭與法蘭西，其實也是處於同樣的狀況。至於從農村及城市蒐集來的租稅如何分配，則由歐洲傳入聖地的內廷體制為藍本建立起來的行政組織負責；這些國家一方面發放蓋有印璽的證書，另一方面也發行刻有國王姓名及容貌的貨幣。國王負責指揮戰爭、仲裁紛爭、親審訴訟、執行儀禮，並藉此誇示自身權威。它們就這樣一面使用當地資源、一面模仿同時期的歐洲，慢慢摸索國家的運作方式。

返鄉的士兵們

十字軍的活動與訴求、實況及戰果，之所以能夠在西歐社會廣傳，除了編年史和來自聖地的求援信以外，主要還是靠返鄉士兵自己的口述。在諸侯當中，第二隊的法蘭德斯伯爵羅伯二世及諾曼地公爵羅伯二世、第一隊的尤斯塔斯三世，在攻下耶路撒冷後不久便率領麾下士兵踏上歸途，平安無事回到國內。另一方面，在安條克圍攻戰前歸國的布盧瓦伯爵艾蒂安，根據英國諾曼征服時期編年史家奧德里克·維泰利斯（Ordericus Vitalis）的記載，則因他的背信行為遭到母國強烈非難，甚至連妻子阿德拉也斥責他。而根據十字軍史家喬納森·賴利—史密斯（Jonathan Riley-Smith）的記述，在名字確切可考的七九一名出征者當中，留在聖地的只有一〇四人，由此可知大多數人都選擇了歸國。

在返鄉者當中，也有人再度奔赴聖地。盧瓦爾河畔紹蒙城的休（Hugh of Chaumont-sur-Loire，屬於伯爵隨從的家族），在一一二九年就加入後述的安茹伯爵富爾克一行，往巴勒斯坦進軍。休是第二次參與十字軍出征，他曾在一〇九六年三月教宗於馬爾穆蒂耶修道院的十字軍出征大典上負責接受十字架，並參加了一〇九九年開始的三年戰事，飽經激戰後返鄉。在第二次出征前，休把自己透過婚姻獲得、位於法國中部昂布瓦斯的領主之位託付給長子，帶著視死如歸的心情踏上第二次出征。結果，他在抵達巴勒斯坦兩個月後去世，被埋葬在橄欖山。

返鄉者的證言，成為沒有和十字軍同行的編年史家情報來源。安恆參議會教堂的教士參議員亞伯特所寫的《耶路撒冷的歷史》全十二卷，由於其抄本流傳於安恆附近的北洛林地區，內容又多所稱頌下洛林公爵戈弗雷，因此據推斷應是以當地出身的士兵返鄉後的目擊證言與文本為依據寫成的。至於將作者不詳的《法蘭克人的事蹟》改寫成優雅散文《耶路撒冷史》的多勒的波多里（一一三〇年逝世），則是一位擔任過布爾蓋修道院長及多勒布列塔尼主教的詩人兼聖職者，但因他的文才主要是透過墓誌銘、書信、聖人傳記等為人所知，所以作品流傳範圍也是以布列塔尼地區為主。至於從軍的編年史家當中，擔任第一隊鮑德溫隨軍主教的富歇，之後留在聖地耶路撒冷撰寫編年史，但他的作品被帶回西歐廣為流傳，並被諾讓的吉貝爾（Guibert of Nogent）等編年史家加以活用。

許多返鄉者都會帶回聖地的聖髑（如真十字架的碎片）與紀念品（如聖地的泥土），一方面在歸國後仍然保持和聖地的羈絆，另一方面也訂製收藏聖髑的專用盒子，或在附近的教堂牆壁與柱頭上描繪戰鬥的模樣與士兵的英姿。在這當中，也有人以聖地最大的象徵聖墓教堂為模型，建造教堂與小建築（擬聖墓）。桑利斯的西蒙從第一次十字軍東征返鄉後，為了感謝平安返鄉與奪回聖城，便在英格蘭的北安普頓鎮興建了以「聖墓教堂」（Church of Holy Sepulchre）為名的圓形教堂。擬聖墓雖被看成是當地的小耶路撒冷和替代聖地，不過也有促進聖地朝聖的廣告功能。

這些返鄉者帶回的情報，對教宗主導的教會改革也有反饋效果。一一二三年召開的第一屆拉

圖 4-2　鮑德溫三世發行的第納爾硬幣
左邊正面是鐵砧十字，右邊反面是王宮內的大衛塔

特朗公會議，在第十項決議中就規定出征耶路撒冷者可免除罪行，他的家族與財產也都受聖彼得及羅馬教會庇護。更重要的是，上述的烏爾班條款在為改革教宗權歷經二十五年漫長準備、終於召開的大公會議中，當著三百名主教及修道院長面前討論，並被載於最終決議事項。這些條款也盡數收錄於《格拉提安教令集》(*Decretum Gratiani*，一一四〇—一一五〇年)，化為往大規模法律彙編邁進的教會法當中的一部分。

餘波不絕的小十字軍

在聖地和母國間的情報與人員往返、遊說之旅，以及教廷對宣誓從軍卻不履行義務者的嚴罰，種種因素驅使下，小規模的聖地出征一波接著一波，始終不輟。

圖 4-3　斯塔沃洛的三聯畫（Stavelot Triptych）（1156 年左右）
在繆斯河谷（今比利時）製造的三聯畫，中央收納有真十字架的木片，
兩翼則描繪海倫娜發現真十字架的故事。

立下誓約要參與最初十字軍的阿奎丹公爵吉約姆九世，於一一〇一年率領阿奎丹與加斯科涅的軍隊出發，抵達君士坦丁堡。當他和拜占庭皇帝一起向安納托利亞進軍的時候，在赫拉克里亞慘遭馬立克・卡蘇麾下的突厥軍施予毀滅性的打擊，只有少數騎士護衛公爵脫離戰場，從安條克抵達耶路撒冷。第二年（一一〇二年）他返回領國，投入法國西南部諸侯的紛爭；之後他改往伊比利半島出征，協助亞拉岡王阿方索一世推動收復失地運動。

跟教宗格雷高里七世之間爆發卡諾沙事件、身為教廷政敵的薩利安王朝神聖羅馬皇帝亨利四世，在征服耶路撒冷之後不久的一一〇一年，也派了自己的管馬官康拉德、巴伐利亞大公威爾夫一世、薩爾斯堡大主教及帕薩主教等人前往聖地。據編年史家艾克哈特．馮．奧拉所述，這趟十字軍有許多巴伐利亞諸侯和高階聖職者參與，也死了很多人。皇帝在致克呂尼的雨果的書信（一一〇二年）中表示，若要實現王權與教權的和解、並樹立和平，就該進行耶路撒冷朝聖。事實上在一一〇三年的主顯節，亨利四世就在美因茲大教堂，透過烏茲堡主教艾梅哈德發表將出征耶路撒冷、並委讓王國統治權給同名兒子亨利（五世）的宣言。

至於德意志皇帝們頗感興趣的義大利，除了一直以來的南義以外，擔負東地中海通商重任、經常出入聖地的威尼斯人與熱那亞人，也提供了艦隊與軍隊。一一二四年二月，鮑德溫二世在威尼斯艦隊與的黎波里伯爵的支援下攻陷泰爾，並和威尼斯人締結協議，將城市的三分之一割讓給他們。另外，一一〇七年安條克公爵波希蒙德組織的「再挑戰」十字軍中，也包含了以諾曼第和利穆贊為首，來自法國、英格蘭、冰島、挪威等地的士兵。至於一一二〇年即位、出身「十字軍世家」的教宗加里斯都二世率領的十字軍（一一二〇—一一二四年），除了法國的曼恩、普瓦捷、伯艮地等地兵員外，也召集了德意志的出征者。

除此之外，也有很多武裝朝聖者，到了聖地以後投入十字軍國家的軍事行動。舉例來說，一一〇〇年挪威國王西居爾一世（一一〇三—一一三〇年在位）原本是為了朝聖前往聖地，但在鮑德溫一世的說服下參與了西頓包圍戰。這位國王的事蹟在北歐史詩作品《世界之環》(*heimskringla*）中被盛讚為英雄之舉。

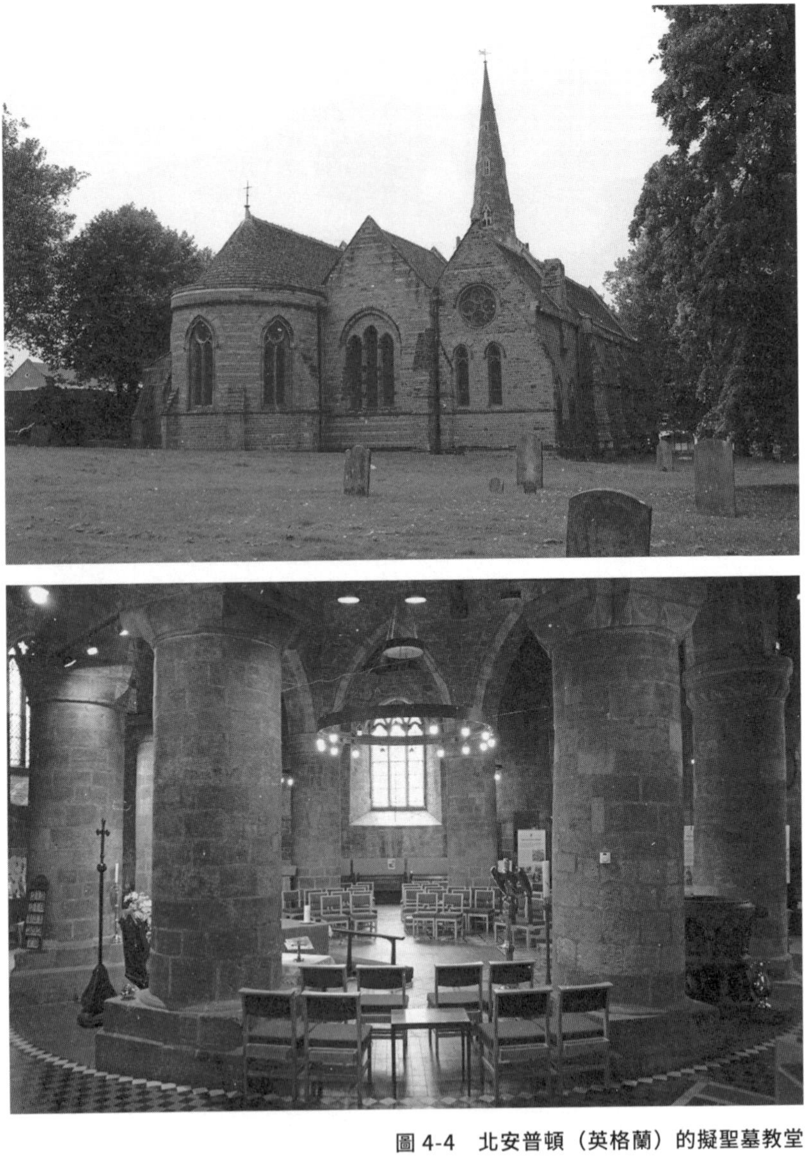

圖 4-4　北安普頓（英格蘭）的擬聖墓教堂

1100 年開始建造，最早的教會是圓形教堂，後來增建了尖塔與三列中殿。完工後的 1116 年，這座教堂被捐給了聖安德魯斯修道院。

小十字軍的浪潮之所以不絕如縷，跟「十字軍」的成果傳抵西歐、使得人們對其意義產生廣泛的認識有很大關係；加上苦於士兵與人口持續不足的十字軍國家的推波助瀾，使得雖然規模較小，小十字軍卻始終不停在推動。在這樣的過程下，地區偏向逐漸淡薄，歐洲全境都有士兵和人民朝聖地前進。於是，「十字軍」遂確確實實，成為了一種席捲全歐洲的現象。

5 多元化的十字軍與伯爾納鐸計畫

安茹家富爾克五世的出征

在這一連串的小十字軍當中，最值得注目的，就是一一二八年法國安茹伯爵富爾克五世的軍隊了。在一一二〇年已有前往耶路撒冷朝聖經驗的富爾克，當時將安茹伯爵的位子交給兒子若弗魯瓦後，便率領部分家臣前往巴勒斯坦。在一一二八年的聖靈降臨節前夕，他和耶路撒冷國王鮑德溫二世的女兒梅莉桑德結婚，並獲得做為嫁妝的阿卡和泰爾城。這樁婚姻雖是由鮑德溫二世方面主動提出，不過這也代表透過女方血統繼承王位（因血統擁有繼承權的家族女性及其丈夫，在有婚姻關係的情況下可共同繼承王位）是被允許的。從此以後，為王室女性找尋適合的配偶成了王國最重要的政治課題；對象不僅限於聖地貴族，也會往廣大的西歐去找尋。

鮑德溫二世逝世後的一一三一年九月十四日，梅莉桑德與富爾克在耶路撒冷的聖墓教堂舉行了共登王位的加冕式。新任耶路撒冷共同國王富爾克（一一二八—一一四三年在位）也兼任安條克公爵，面對以摩蘇爾、阿勒坡為據點的突厥人總督贊吉的攻勢，他出謀劃策、拉攏拜占庭組成防衛同盟（一一三八年），大展母國培養出來的軍事謀略手腕。除此之外，他也認可了聖殿及醫院兩大騎士團的創設，活用威尼斯和熱那亞的海軍力量與海上物資運輸網，成功攻下了重要港口泰爾。

另一方面，耶路撒冷國王的血統加入有力豪門安茹家的血脈後，也意味著日後法國（以及英格蘭）國王、諸侯、領主間錯綜複雜的關係與合縱連橫，將對聖地的動向產生重大影響。安條克公爵是路易七世王妃——阿奎丹的艾莉諾的叔父、普瓦捷的雷蒙德；的黎波里伯爵則是土魯斯伯爵聖吉萊的雷蒙德的曾孫、雷蒙德二世；從這些關係可以一目瞭然地看出，法國與聖地間的人脈關係有多緊密。如果連兩大騎士團團長與大主教、主教等聖職人士一起納入，這樣的傾向就更加清晰。橫跨地中海、距離超過兩千英里的兩個地區，彼此是相互連動的。

第二次十字軍與伯爾納鐸的遊說之旅

摩蘇爾與阿勒坡的總督、突厥君主伊馬德丁．贊吉（Imad al-Din Zengi）不斷擴張自身統治範圍；他一方面向南攻打大馬士革，又趁埃德薩伯爵喬治林二世支援同盟國、離開埃德薩之際，乘隙攻打該城。一一四四年十二月二十四日，埃德薩陷落，為數眾多的居民慘遭殺戮。這時的耶路撒冷王國，名義上是由幼王鮑德溫三世統治，實際上則是梅莉桑德擔任攝政（一一四三—一一五一年在位）。

埃德薩陷落的報告，於一一四五年秋天透過使節，傳到了教宗尤金尼斯三世（Pope Eugenius III，一一四五—五三年在位）耳中。教宗在十二月一日發布了一篇號召十字軍的通諭《我們前輩何等》(*Quantum praedecessores*)：

吾與吾先前之諸任羅馬教宗，莫不盡心竭力於東方教會之解放，此點不只閱讀過去之報告書可以明瞭，自彼等之事蹟錄亦可察知。吾之前任者、善於記憶的教宗烏爾班，宛若天界吹響的號角般，〔在遊說中〕高聲陳訴，關於此事應當深思熟議，號召神聖羅馬教會之信徒自世界諸地區雲集，以達最善之結果。

——佛萊辛的奧托（Otto von Freising），《腓特烈一世的事蹟》（*Gesta Friderici imperatoris*）第一卷三十六章

這篇通諭被神聖羅馬皇帝腓特烈一世的叔父、佛萊辛主教奧托在著作中加以轉載，而奧托自己也是第二次十字軍的從軍者。呼籲東征的這篇通諭重申了烏爾班二世規定、對從軍者予以贖罪認定及財產保護的條款（烏爾班條款）；同時根據上述的引文，我們也可以確認這位教宗總結了第一次十字軍時烏爾班的事蹟，並明言要繼承這番事業。

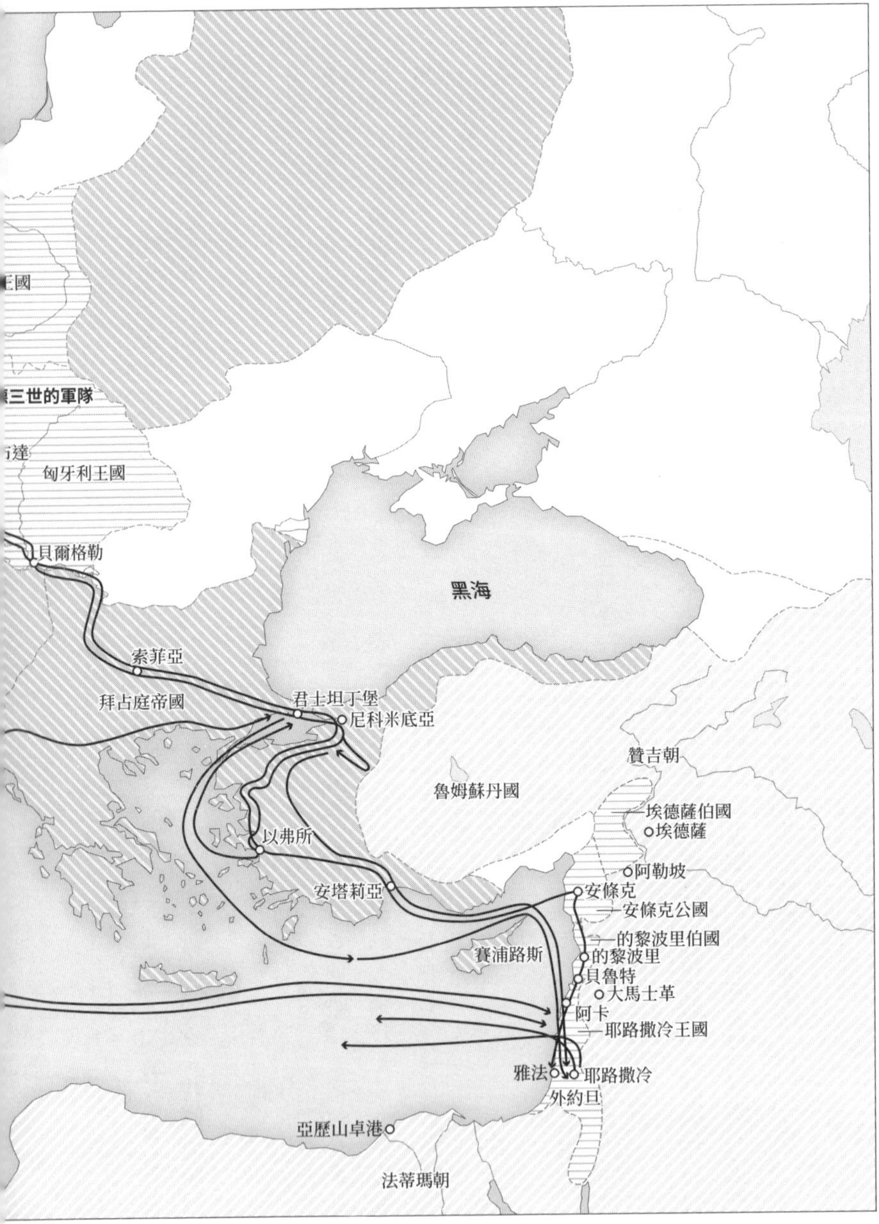
王國
三世的軍隊
達
匈牙利王國
貝爾格勒
黑海
索菲亞
拜占庭帝國
君士坦丁堡
尼科米底亞
贊吉朝
魯姆蘇丹國
埃德薩伯國
埃德薩
以弗所
阿勒坡
安塔莉亞
安條克
安條克公國
的黎波里伯國
賽浦路斯
的黎波里
貝魯特
大馬士革
阿卡
耶路撒冷王國
雅法
耶路撒冷
外約旦
亞歷山卓港
法蒂瑪朝

伯爾納鐸十字軍相關路線

法國卡佩王朝的國王路易七世拜領了這份通諭，並在布魯日的宮廷集會中宣示要率十字軍出征，可是與會諸侯反應卻很冷淡。面對這種情況，熙篤會出身的尤金尼斯三世將第一次十字軍時烏爾班親自參與的遊說任務，託付給過去在明谷修道院擔任導師的伯爾納鐸。

伯爾納鐸首先在一一四六年的復活節主日，於伯艮地的韋茲萊修道院前的野外集會進行十字軍遊說。以親眼目睹基督受難、又與復活的基督相遇的抹大拉的馬利亞*為守護聖人，這座修道院在一一四五年左右剛設置了現存的前廳（narthex）；在中央門口的半圓形龕楣（tympanum）上刻有「最後的審判」場景，在前廳內部的龕楣則刻上聖靈降臨、命令向世界宣揚福音的「傳福音」場景，以及下達命令的巨大基督像。德國史家彼得．丁澤爾巴哈（Peter Dinzelbacher）認為這個日期和場所的選擇「具有高度的宣傳意味」，編年史家奧托則描寫許多聽眾——主要是路易七世的廷臣——大為感動，爭相以手畫十字。

從韋茲萊出發的伯爾納鐸往法蘭德斯方向前進，經阿拉斯、伊珀爾、布魯日抵達列日。之後，他在德意志的萊因地區四處奔走，途經沃姆斯，於十一月抵達法蘭克福。在法蘭克福，他嘗試直接說服德意志國王康拉德三世（一一三八—一一五二年在位），但並未得到對方的允諾。於是他又南下弗賴堡、巴塞爾，在十二月十二日抵達康士坦茨；在那裡，有熱切盼望遊說十字軍的主教赫爾曼等著他，而他也受到了狂熱的歡迎。接著，他又立刻順萊因河而下，抵達正慶祝聖誕節的德意志王都斯派爾。就在整個都城的信徒興奮慶祝基督降生之際，康拉德三世在聖約翰日（十二月二十七日）於斯派爾大教堂穿過雲集的信徒，在一片喝采中親自拿著十字架，從祭壇上的伯爾納鐸手中接下軍旗。《伯爾納鐸傳》的作者形容，當時的伯爾納鐸簡直就像是「最後的審判」的基督本人。

伯爾納鐸的遊說範圍遍及科隆、安恆、讓布盧、康布雷、拉昂、蘭斯、特魯瓦等地。二月十六日在埃唐普，伯爾納鐸加入了法蘭西王國討論出征巴勒斯坦的行軍路線、以及路易七世離開時國王代理人選的會議。法軍的出發時間訂在六月八日，出發地點為麥次。他也出席了三月十三日法蘭克福的德意志王國集會，見證了帝國為確保國王離開時的治安發布的一般帝國和平令。德意志軍的出發日期定在發令後的兩個月。

路易七世前往巴黎郊外的聖但尼修道院，舉起法蘭西王室的軍旗（金焰旗），在母后阿德拉、王妃艾莉諾、教宗尤金尼斯三世與大批群眾的目送下踏上旅程。身為卡佩家族的法蘭西國王，這是一場相當高調的啟程演出。另一方面，康拉德則自紐倫堡率軍抵達雷根斯堡，再搭船沿多瑙河航行。兩軍幾乎在同一時期，經由同樣的路徑朝著君士坦丁堡前進。十月，德意志軍首先抵達君士坦丁堡。康拉德三世的小姨子貝莎（艾琳娜皇妃）是拜占庭皇帝曼紐爾一世（一一四三—一一八〇年在位）的妃子，她熱烈款待康拉德，並主動表示提供武器、船艦與物資。熱切渴望和薩拉森軍作戰

＊ St. Mary Magdalene，天主教譯為瑪利亞瑪達肋納。

的康拉德並無意奪回埃德薩伯國，而是朝著毫無關係的安納托利亞魯姆蘇丹國出征；但由於飲水和糧食補給不足，他吞下了慘痛的敗仗。染病的國王經由以弗所回到君士坦丁堡，在那裡等待順風，最後終於搭船抵達了耶路撒冷王國。一一四八年六月二十四日，在阿卡的耶路撒冷幼君鮑德溫三世、攝政母后梅莉桑德、康拉德、從安條克抵達的路易七世及眾幕僚齊聚一堂，決議進攻大馬士革（參照二五六頁地圖）。

這次進攻的背景，是源於前述伊馬德丁・贊吉擴張控制圈的威脅。一一四六年贊吉逝世，兒子努爾丁繼承大權；努爾丁以阿勒坡為據點，虎視大馬士革。在這種情況下，十字軍決定擱置本來的出征目標埃德薩，改往大馬士革進軍。可是，由於戰術拙劣與盟軍背叛，在付出眾多犧牲後，這次攻勢以毫無成果告終（七月二十八日）。康拉德三世於一一四八年九月八日歸國，路易七世則因要參與聖誕節與復活節的彌撒，在聖地一直停留到一一四九年初夏。

這次的失敗，帶來了足堪抵銷第一次十字軍成功經驗的衝擊。不只如此，從路易和康拉德出征的模樣可以得知，這兩位國王是賭上了西歐社會的威信，親自組織大軍出征。雖然也有像泰爾大主教吉約姆（Guillaume de Tyr，又稱William of Tyre）這樣，將戰敗的失意赤裸裸寫下的編年史家，但據研究者指出，有記錄者對於為這次十字軍留下紀錄感到猶豫，所以參與者本身的記述相當之少。然而，儘管這次十字軍出征是「伯爾納鐸計畫」的主要目標，但並非全部。既然如此，那伯爾納鐸的想法究竟是怎樣擴散開的呢？

圖 4-5　韋茲萊修道院教會前廊入口處的龕楣，描繪著聖靈降臨的場面
在中央基督的手邊，有十二使徒的聖靈降臨；在祂們的周圍，
則圍繞著居住在世界各地、型態各異的民族。

多樣化的十字軍與「新型態騎士」

暨出征東方的軍隊之後，從西北歐各港口出發的部隊（英軍、諾曼地軍、法蘭德斯軍、洛林軍、科隆軍），則在從直布羅陀海峽往地中海的航路途中，加入了葡萄牙國王阿方索一世進攻里斯本（一一四七年十月）的行列。雖然也有些士兵留在伊比利半島加入收復失地運動，但大多數都繼續前往聖地。在這起事件的背後，其實也有伯爾納鐸的推波助瀾。伯爾納鐸明確表示，和異教徒穆斯林的作戰即使不是在聖地，也可以視作「為主而戰」（參照二五六頁地圖）。

接著，伯爾納鐸又對那些覺得征討波羅的海南岸的文德人君主尼可羅、以及捷克人占據的波美拉尼亞，遠比出征聖地更加重要的北歐諸侯表示，他們的行為可以認定為一種準「十字軍」。然而這個地區既不是基督教聖地，對手也不是穆斯林。伯爾納鐸在信件中表示，穆斯林以外的異教徒，也可以是十字軍要征討的對象。這場文德—波羅的海的十字軍行動，實際上是波羅的海周邊眾勢力就漁場或土地等諸多利權展開的鬥爭，信仰問題只是其次。十二世紀中葉，波羅的海南岸一帶隨著土地開墾而增加的耕地（東向移民拓殖運動），以及城市建設帶來的收入增加，造成諸侯們不斷相互競爭領土；就在這種運動的高潮當中，「十字軍」行動給了這些基督教諸侯行使武力的藉口，建設呂貝克的韋爾夫家族公爵獅子亨利的崛起，就是最顯著的例子。

就像這樣，伯爾納鐸的計畫要實現，騎士階層的存在乃不可或缺；但在這當中，不管成立或發展都和伯爾納鐸本人密切相關的騎士團（聖殿騎士團）尤其重要。騎士團之所以成立，是因為朝聖者常常成為被襲擊的對象，於是香檳地區出身的雨果．德．帕英（Hugues de Payens）等騎士便主動要求擔任護衛工作，而庇護他們的鮑德溫二世也是居功厥偉。就像同一時期，德意志國王活用的「部曲」（Ministeriale，新興的下層騎士階級）一樣，耶路撒冷國王將不受既存主從關係拘束的騎士階層以游擊部隊的方式加以組織，並交付團長和高級幹部派遣援軍和資金提供等外交任務。雨果等人的護衛朝聖行為，在十字軍國家召開的第一場地方會議納布盧斯會議（一一二〇年）上獲得認可；一一二九年法國的特盧瓦會議中，聖殿騎士團（團長為雨果）也正式獲得教宗承認。

特魯瓦與聖伯爾納鐸自一一一五年以來便擔任院長一職的明谷修道院，兩地位置十分接近。伯爾納鐸究竟有沒有出席這場會議，歷來眾說紛紜，但從出席人員以及議事流程，都可以窺見伯爾納鐸的強大影響力。伯爾納鐸不只起草了一篇讓聖殿騎士團在特盧瓦會議上獲得認可的會規，還寫了一本讓軍事修士的存在廣為全歐認知的重要書籍《讚美新型態騎士》（*Liber ad milites templi de laude novae militiae*，一一二〇—一一三六年左右）。

在這些文本中，伯爾納鐸所規定、稱揚的「新型態騎士」，是與基督的敵人作戰、迴避世俗享樂、以質樸生活為宗旨、保護教會與貧者的「基督的騎士」（milites Christi）。這些兼顧清貧與武力行使的騎士，是聖奧古斯丁義戰論的傳承者，也是以讓教權從王權中獨立為目標的格列哥里改革的一個接地點。值得注意的是，在這項騎士計畫提出的同時，包括朗恩的阿達爾貝羅（Adalbero of Laon）的三身分論（祈禱者、戰鬥者、勞動者），以及坎特伯里的安瑟莫（Anselm of Canterbury）提出的補贖論等等，這些都和十二世紀文藝復興的論述彼此牽連。

和第二次十字軍同時期，在雷根斯堡（德意志軍的出征地）撰成的《圖格達爾斯的幻視》（*Visio Tnugdali*），內容描述一位過著享樂生活的愛爾蘭騎士圖格達爾斯，他的靈魂在天使引導下遍覽地獄、煉獄與天國，從此洗心革面、放下地產加入十字軍東征，是一部以異世界為主題的奇幻故事。作品中雖然也提到熙篤會、以及聖伯爾納鐸曾為其作傳的愛爾蘭人阿瑪大主教馬拉奇（Malachy），但預設讀者群應該就是所謂的「新型態騎士」候選人。此外，雖然不確定與伯爾納鐸的計畫有無關係，但路易七世的前妻、後來成為英王亨利二世妻子的艾莉諾，在她的領地阿奎丹大力推動歌頌騎士精神與騎士武勇的方言文學，使之逐漸興盛。

伯爾納鐸計畫並不是以十字軍奪回埃德薩為最終目標。這項計畫繼承了先前的烏爾班計畫，一方面期望能夠實現改革教宗權的理想，另一方面也明確規定「基督的敵人」——薩拉森人、異教徒、異端，並將對這些人行使武力定義為「聖戰（十字軍）」；而為了實現這個目標，要創造出新的騎士階層。這個計畫運用伯爾納鐸的人脈與熙篤會的組織力，廣布到基督教世界全境；不只是皇帝、國王、諸侯、騎士，更要進一步滲透到市民及農民階層。伯爾納鐸和耶路撒冷王國攝政梅莉桑德的通信中就表示，「這個計畫是女性也能共享的」。

來自聖地的情報與經驗及其象徵價值，在十二世紀文藝復興核心人物聖伯爾納鐸強韌的智識下，就這樣雕琢成一個輪廓清晰的理念——十字軍。

6 世代的繼承與聖戰觀念的前景化

十字軍世家與十字軍國家的肩負者

十字軍國家成立後，在聖地落地生根的法蘭克人（主要為法蘭西人）便不斷重複著世代交替的過程。和從西歐來的士兵或朝聖完就返鄉的大多數人不同，在聖地土生土長的人們，自十二世紀中葉起開始在各部門嶄露頭角。特別是加入最初東征的諸侯與底下的士官階級，裡面好幾個家族和後來的十字軍運動以及十字軍國家的運作，都持續有著密切關聯；這些格外搶眼的家族被稱為「十字軍世家」。他們跟那些跨越英法海峽的男爵一樣，一方面有著根植於聖地的血統，一方面又從母國血統找尋合適人才進行補充，同時整個世家也自負於維持聖地國家的高度義務感。

在這群十字軍國家的首長中，以法蘭西島的城主、蒙雷利的居伊為共同祖先的血緣集團蒙雷利家族成員（參照二四五頁系譜）除了占據耶路撒冷王位及埃德薩伯爵之位，還擔任了敘利亞／巴勒斯坦最重要的領地加利利及雅法的領主、耶路撒冷約沙法谷聖母修道院院長（路．休斯家的吉爾多安），以及耶路撒冷宗主教（阿努夫）等職位。起源於沙特爾副伯爵的伊貝林家族（家族名由來是他們在一一三六年受封伊貝林／亞夫內之地），家族祖先貝里昂一世（一一五五年之前逝世）是十字軍伯爵領地雅法的高官，透過與王家聯姻而崛起。另一方面，考特林家族在失去埃德薩伯國後，喬治林三世（一一五九—一一九〇年左右在位）接受姊姊阿涅絲（阿格妮絲）的安排受封到托隆城堡，繼續維持王國封臣地位。阿涅絲和雅法－亞斯卡隆伯爵阿馬里克一世（後來的耶路撒冷國王）結婚，成為痲瘋國王鮑德溫四世與女王西碧拉（一一九〇年逝世）的母親。

起源於普瓦圖的路西尼昂家族雖是一〇九六年就隨十字軍參戰的資深家族，但他們直到一一六八年左右、雨果八世的三男艾梅利時代，才在聖地定居。艾梅利的弟弟居伊，在哈丁之戰時是耶路撒冷的共同國王（女王西碧拉之夫）。第二次十字軍後，在聖地落地生根者中有和烏爾班二世同家族、一一四七年以武裝朝聖之姿抵達耶路撒冷王國的雷納德（一一八七年逝世）。他一開始侍奉鮑德溫三世，後來和安條克女公爵康斯坦絲結婚，成為安條克公爵雷納德，但在一一六〇到七六年間，都被囚禁在阿勒坡。被釋放後，他以耶路撒冷國王的家臣之姿統治外約旦。

著有第二次十字軍到一一八七年前夕耶路撒冷王國情勢第一手史料的泰爾大主教吉約姆（一一三〇——一一八六年），是出生在聖地的代表性拉丁人。這位耶路撒冷市民之子吉約姆，一一四六年前往法國留學，在巴黎與奧爾良修習自由七藝與神學，之後又在波隆那進修兩法學（教會法學、羅馬法學）。一一六五年他回到巴勒斯坦，首先擔任阿卡的教士參議員，一一六七年就任泰爾的輔祭長，在聖地天主教社會一路飛黃騰達。邁入壯年期後，他擔任遣往滯留拜占庭的耶路撒冷國王阿馬里克一世處的使節，以及繼任國王鮑德溫四世的家庭教師，扮演了政治和外交要角。他深受鮑德溫四世信賴，國王即位後即成為王國書記長，一一七五年就任泰爾大主教。主要的著作有《耶路撒冷王國編年史》（*Historia Ierosolimitana*，一一六九——一一七三年），此外也有關於穆斯林君侯事蹟的著作（已佚失）。

吉約姆的出現，意味著深愛著出生故鄉聖地、通曉拜占庭及周圍穆斯林政權、將十字軍國家的歷史看成本國史、能基於自身見識與看法進行批判著述的人才已然誕生。另一方面，本章開頭那封書信的執筆者——耶路撒冷宗主教希拉克略（一一九〇／九一年逝世），則是和吉約姆爭奪宗主教地位的政敵；他出身法國的奧弗涅，一一六八年踏上耶路撒冷土地，屬於後來者。同樣在開頭提到的安條克宗主教艾梅利（一一九六年逝世），則是自一一四〇年起便擔任宗主教、出身法國的資深教會成員；他曾在翻譯運動盛行的托雷多學習，擅長希臘文，也曾將聖經翻譯成方言，是位相當有文才的人物。

十二世紀下半葉的十字軍國家，一方面增加聖地出身人才的比重，但另一方面仍保有此地特徵，從西歐移入的人員持續扮演著重要角色。擔任大主教或主教職位的知識分子，都在波隆那或巴黎受過高等教育，以法學和神學知識做為廣博的智識基礎，締結了跨越國境的深厚羈絆。這群人涉足國王宮廷與教廷，是歐洲全境的共通現象，而其中也有聖地出身者。這樣的傾向在大公會議時變得更加清晰。吉約姆不只率領幾名同僚，以十字軍國家聖職者代表身分出席了第三次拉特朗大公會議（一一七九年），同時還受大公會議的出席者委託，撰寫相關報告（已佚失）。這場會議有大約三〇〇名主教、一二〇〇名修道院長、還有許多世俗君侯的使節出席，沙特爾主教——索爾茲伯里的約翰也是與會者之一。

邁向一一八七年之道與吉哈德意識形態

接下來，我們以耶路撒冷王國為主軸，來看第二次十字軍東征後聖地的動向。

在母后梅利桑德攝政下的鮑德溫三世，自一一五四年開始親政（至一一六二年）。他是第一位在聖地出生（一一三〇—一一六三年）的耶路撒冷國王。自從擔任安條克公國攝政開始，他便密切注意努爾丁日益崛起的北敘利亞形勢，並尋求穩固耶路撒冷王國的防衛。為此，他轉而重視與拜占庭皇帝曼紐爾一世的同盟關係，並迎娶科穆寧家族的迪奧多拉為妃。他統治時期的亮點，是攻下法蒂瑪朝最後的橋頭堡亞斯卡隆（一一五三年），也曾遠征過埃及。

繼承鮑德溫之位的弟弟阿馬里克一世（一一六二—一一七四年在位），同前述與考特尼家族的阿涅絲結婚，生下兒子鮑德溫（四世，耶路撒冷國王）與女兒西碧拉（耶路撒冷女王）。因為他跟阿涅絲的婚姻被判無效，所以後來又娶了拜占庭公主瑪莉亞．科穆寧，生下女兒伊莎貝爾（耶路撒冷女王）。他不只生下了繼承耶路撒冷王家與安茹家血脈的兒子，也生下了擁有拜占庭科穆寧家族血統的公主。雖然他五次出征埃及，耗費了大量國家財力，但他也做了相當多的基本立法，整飭法庭，並支持文藝。

阿馬里克逝世後，由他和考特尼家族阿涅絲的兒子鮑德溫四世（一一七四—一一八五年在位）繼位。鮑德溫雖患有痲瘋病，卻能跟屢屢攻擊領內堡壘的薩拉丁軍相互爭鋒，因此研究者伯納德．漢彌爾頓（Bernard Hamilton）對他做為君主的資質給予很高的評價。只是在他的統治期間，國內分裂成兩大派閥（妹妹西碧拉與丈夫居伊，對上的黎波里伯爵雷蒙德率領的資深貴族），結果在王國防衛不穩的情況下撒手人世。歷經西碧拉的幼子鮑德溫五世（一一八三—一一八六年在位）的短暫統治後，西碧拉與居伊成為共同國王（一一八六—一一九〇年），迎向了一一八七年。

另一方面，敘利亞／巴勒斯坦的穆斯林勢力（包含了阿拉伯人、突厥人、庫德人等民族），以阿勒坡和大馬士革等設防城市及周圍零星城堡為據點，建立起一個又一個地方政權；它們無關信仰差異，和四周勢力不停鬥爭。奪取埃德薩伯國的後塞爾柱地方政權——摩蘇爾總督贊吉的目標，是要將摩蘇爾、阿勒坡、大馬士革等廣大地域連結起來統治，攻擊埃德薩只是偶然事件。繼承塞爾柱政治傳統的贊吉，在統治區域創設學院與修道場，招攬敘利亞和伊拉克的阿拉伯知識分子，建構信仰教育的基礎。透過這些設施，他一面養成教導順尼伊斯蘭正統信仰的教師與伊斯蘭法學者及法官，一方面推動人們信仰層面的教化，從而建立起聯繫形形色色穆斯林不可或缺的吉哈德意識形態之基礎。

一一四六年贊吉遭暗殺，他的兒子努爾丁繼承其地位與事業。努爾丁最初的目標，是壓制敘利亞統治的最大據點城市大馬士革；當地因為十字軍出征失敗，以及期待努爾丁能鎮壓該區的動亂因子阿薩辛派，因此市民在一一五四年無血開城，迎接努爾丁。令人感興趣的一點是，當耶路撒冷國王阿馬里克一世整飭國內法律與司法的同時，努爾丁也在大馬士革引進人稱「正義之館」的君主法庭。此外，他在大馬士革也延續了父親的政策，創設學院與修道場。

一一五三年，十字軍征服往埃及的出擊港口亞斯卡隆後，埃及由誰所控制，就變成了控制敘利亞／巴勒斯坦戰略上的重要事項。阿馬里克一世之所以遠征埃及，是因為針對一一六一年宰相死後動盪的法蒂瑪朝政權，一方面要防止他們跟整合敘利亞的努爾丁合併，另一方面也是為了獲得埃及豐饒的上貢稅賦，化解資金不足的問題。與之相應，努爾丁則派出麾下的庫德人將軍謝爾庫赫前往埃及，擊破宰相沙瓦。

謝爾庫赫逝世後，他的姪子薩拉丁乘著軍勢奪取宰相之位，之後更自稱蘇丹，廢止了埃及的什葉伊斯蘭哈里發（一一七一年，阿尤布朝成立）。在控制埃及後，薩拉丁便趁著努爾丁逝世征服了敘利亞，將兩地合而為一。這時為了實現穆斯林各勢力聯軍，並將阿拉伯穆斯林（敘利亞地方政權）、突厥穆斯林（塞爾柱王朝）、庫德穆斯林（阿尤布朝）在政治上加以結合，薩拉丁繼承了贊吉、努爾丁一路培養下來的吉哈德意識形態。要活用這種意識形態，就必須把信奉天主教的法蘭克人明確定位為敵人，壓制聖地耶路撒冷也就成了敵人屈服的重要象徵。

在哈丁之戰得勝、並攻陷耶路撒冷的穆斯林軍，就是呼應薩拉丁聖戰號召的敘利亞、埃及、美索不達米亞將士聯軍。開頭引用的薩拉丁信件，也是基於這樣的意圖而寫成；換句話說，就是為了動員與提振士氣而寫的「心戰喊話」。

接獲耶路撒冷陷落報告的教宗格列哥里八世，立刻發出十字軍通諭《請傾聽令人恐懼的裁罰吧》（*Audita tremendi*），號召第三次十字軍出征。皇帝腓特烈一世手持十字架，各地君侯也追隨他。英格蘭國王亨利二世也在書信中這樣敘述：

因為吾等之罪，所以上主透過神聖的裁決，默認留下自己鮮血的救贖之地，遭到不信神者的手所玷汙。也正因如此，吾等所有基督徒盡心全力給予支援和建議，也是理所當然的事。一定要有堅定的意志；要讓他們即刻知道，吾等已經準備好，伸出主的救援之手。無論如何……吾等都要號召前所未聞、令人難以想像的大規模信徒，從陸海方向展開支援；讓他們知道，這就是上主為了援助你們國家，準備好的人們。

——伊莉莎白・哈拉姆（Elizabeth Hallam），《十字軍大全》二六四頁，部分表達方式經過改寫。

到了這時，十字軍已經成為一種理念與事業，在西歐社會落地生根。因此，一一八七年的噩耗讓各國君主都下定決心出征，也深深撼動了當時的人們。畢竟這是一〇九九年以降，基督教歐洲頭一次遭遇聖城耶路撒冷的陷落。

兩個巨大信仰圈的交錯

從哈丁之戰到耶路撒冷陷落的一連串戰鬥，是充填起來的十字軍理念與吉哈德意識形態，雙方的最初之戰。兩大宗教情勢認識與戰鬥意識形態從一個世紀前開始便嚴重歧異，透過以敘利亞／巴勒斯坦、尤以聖城耶路撒冷為中心的十字軍行動，及其做為國家的運作與存續，兩者在過程中逐漸調整，並在一一八七年這一瞬間相互咬合。這時，聖城耶路撒冷的象徵意義倏地提高，也一躍成為兩個世界觀的中心。

一一八七年事件引發的第三次十字軍（一一八九—一一九二年）是規模最大的十字軍，由神聖羅馬皇帝「紅鬍子」腓特烈一世、英格蘭國王「獅心」理查一世、法蘭西國王「奧古斯都」腓力各自領軍。歷史過程在此不加詳述，但皇帝在安那托利亞行軍時喪命，法王則因國內事務優先，參與阿卡圍攻戰後便返國。只有理查一世持續摸索奪回聖城耶路撒冷的方法，但最後終於放棄，與薩拉丁訂立了雅法協定，重新恢復耶路撒冷王國，並確保基督徒的耶路撒冷朝聖權利。理查正是繼承了安茹家血脈、在母親艾莉諾一手培植的騎士文化大綻光彩的阿奎丹成長起來的「新型態騎士」。同時，他也繼承了可回溯至富爾克五世的十字軍世家傳統。失去耶路撒冷後，十字軍國家的核心——耶路撒冷王國，就只能以阿卡為中心，做為一個沿岸領土國家苟延殘喘。

自一一八七年起，數年之間一口氣高漲的普世宗教彼此對立，這股狂熱在之後仍持續下去嗎？從最初的十字軍開始，在西歐喚起十字軍、賦予該理念明確形式、並鼓舞人們不斷往聖地出征的教會改革，在曾於波隆那與巴黎就學的教宗尤金尼斯三世召開出席人數一千五百名的第四次拉特朗大公會議（一二一五—一二一六年）後，這段漫長的改革之路便臻於完成。此後，教廷史便在教宗和世俗君主角力、建立起廣大的教宗國與歐洲最大的行政組織教廷、邁向君主國家之路的同時，走向了新的時代。十字軍不見得是朝聖地前進，也變成教權與王權理念鬥爭的工具，透過課稅獲得軍餉，戰鬥則交由傭兵負責。聖地的十字軍國家在耶路撒冷喪失後仍然存在，但與母國的羈絆逐漸變小，出征行為和靈魂救濟與贖罪的連結也益發淡薄。

另一方面，拜占庭帝國在一一八〇年曼紐爾一世皇帝去世後便陷入混亂，並於一二〇四年第四次十字軍侵略君士坦丁堡後縮減成幾個流亡政權。正如本章的論述，自古以來便在穆斯林世界擁有高知名度的拜占庭帝國，不僅支持了第一次十字軍的成功，對於敘利亞／巴勒斯坦的領土紛爭也有遏制效果，因此一直是十字軍國家存續的基礎。然而現在扮演這個角色的帝國也崩解了。

至於阿尤布朝，薩拉丁逝世後（一一九三年）領土被後繼者所分割，而伊斯蘭世界的關注目標也從原本的聖城阿拉伯半島的麥加，轉移到嶄新的國際商路——紅海一帶的周邊領土。耶路撒冷與敘利亞／巴勒斯坦再度返回廣域權力的邊緣地位。這個區域要再度成為國際攻防的舞台，得等到漫長的鄂圖曼王朝統治末期、錫安主義高漲的十九世紀末了。

補論　歐亞大陸東部的「唐宋變革」期

飯山知保

1　十二世紀下半葉的「中國」

車行二十五里過白溝河，又五里宿固城鎮（河北省定興縣）。人物衣裝又非河北比，男子多露頭，婦人多耆婆（以髮夾束髮）。把車人云：「只過白溝都是北人，人便別也。」

——《北行日錄》乾道五年（一一六九年）十二月二十四日條

一一八七年的歐亞大陸東部，女真人建國的金（一一一五—一二三四年）占據了現今俄羅斯濱海邊疆省、中國華北與部分蒙古高原，是該地區國際秩序的中心。在它的周圍，有正好在六十年前被金奪走北部版圖（華北）的宋（南宋），由党項人建國並掌握「絲路」要衝的西夏，朝鮮半島的高麗，以及蒙古高原的各勢力；它們各自和金國締結外交與貿易關係。和之後統合了眾多文化圈的元、明、清廣域支配相比，這時代的狀況極為錯綜複雜。這篇補論要特別關注一點：當時這個被稱為「中國」的地區有著複數國家並存，在這樣的現實狀況下，我們應當如何理解在亞洲史研究學足輕重的「唐宋變革」論呢？這個問題和本冊其它章共有的問題，也就是世界宗教的興起與衝突，幾乎八竿子打不著邊。可是，若我們著重在「中國」的歷史脈絡，一一八七年所在的十二世紀下半葉，就「中國史」的多樣性來看，確實堪稱是轉換期。既然如此，那我們該如何理解這段時期呢？在思考答案時，不妨從開頭引用、當時從南宋旅行到金國的某位使節的遊記，做為下手的突破點。

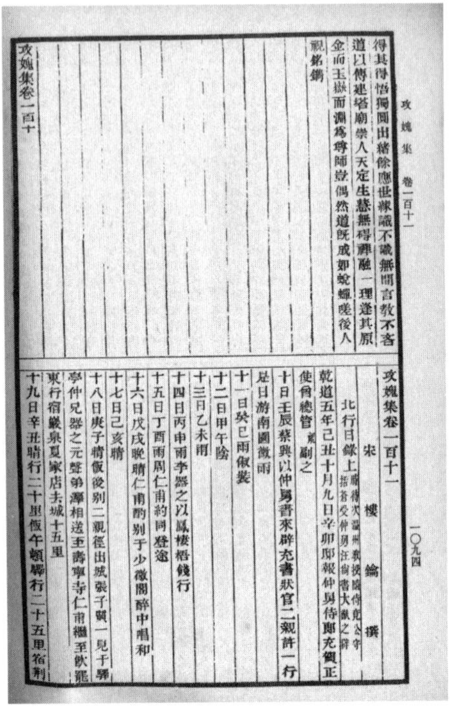
攻媿集　卷一百十一

得其得悟獨圓出諸餘應世緣識不識無間言教不吝
道以傳建塔廟崇人天定生慧無礙圓融一理逢其原
金而玉嶽而淵爲尊師豈偶然道既成如蛻蟬嗟後人
視銘鐫

攻媿集卷一百十

攻媿集卷一百十一
宋　樓　鑰　撰
北行日錄上 隨侍次溫州教授應侍郎公守括蒼受仲舅汪尚書大猷之辟
乾道五年己丑十月九日辛卯聞報仲舅侍郎充賀正
使會總管戴副之
十日壬辰蔡興以仲舅書來辟充書狀官二親許一行
是日游南園微雨
十一日癸巳雨俶裝
十二日甲午陰
十三日乙未雨
十四日丙申雨李器之以鳳棲梧餞行
十五日丁酉雨周仁甫約同登途
十六日戊戌晚晴仁甫酌別于少微閣醉中唱和
十七日己亥晴
十八日庚子晴飯後別二親徑出城張子賢一見于驛
學仲兄器之元聲弟濘相送至壽寧寺仁甫繼至飲罷
東行宿嚴泉夏家店去城十五里
十九日辛丑晴行二十里飯午頓驛行二十五里宿荆

一〇九四

圖補 -1　《北行日錄》開頭部分

四部叢刊本《攻媿集》卷 111 所收，《北行日錄》上

一一二六年，金對當時控制「中國」大半的北宋發動侵略，攻陷首都開封；第二年，他們將皇帝欽宗及其父徽宗，以及開封的大部分皇族一起擄往北方。之後欽宗的弟弟趙構即位為宋的新任皇帝，面對金國屢屢侵略，他在臨安建立臨時首都（「行在」），勉勉強強維持住對南方「中國」的控制。隨著一一四一年簽訂的《紹興和議》，南宋每年向金國納貢銀二十五萬兩、絹二十五萬疋為條件，兩國間的戰事暫時落幕。可是在二十年後，一一六一年（南宋紹興三十一年、金正隆六年）九月，金的第四代皇帝完顏迪古乃（海陵王）企圖征服南宋，率領號稱六十萬大軍南征，和議也隨之破裂。開戰後一個月戰事陷入膠著，這時奉命留守的完顏烏祿（世宗）在東京（遼寧省遼陽市）發動政變，海陵王被軍心動搖的士兵背叛殺害。之後兩國再次展開交涉，於一一六五年締結了新的《隆興和議》。在這份和議中，金和南宋從《紹興和議》的君臣關係，變成了金為叔、宋為姪的叔姪關係。在這之後，兩國直到南宋入侵華北（一二〇六—一二〇七年，南宋稱「開禧北伐」，金則稱「泰和南伐」）為止，維持了四十年的和平。

除了海陵王南征及其後的一段時間外，自《紹興和議》開始，金和南宋一貫維持在元旦、皇帝生辰、新帝即位等喜慶之日相互派遣使節的慣例。當然，這些使節並不單只是親睦的象徵；款待使節和宣揚本國文化、經濟有直接關聯，遣使一方則另有心思，想藉此偵查假想敵國的內情。

就在這種情況下，南宋溫州（浙江省溫州市）官學的教授樓鑰（一一三七—一二一三年），隨著舅舅汪大猷（一一二〇—一二〇〇年）於乾道五年（一一六九年）十月被任命為正旦使，他也以書記官身分同行，從溫州出發，前往直線距離約一千三百公里的遙遠北方、金國五京之一的燕京大興府（又稱中都，也就是現在的北京），展開一段縱貫十二世紀南北「中國」的旅程。身為使節，樓鑰有義務將出使行程往返所得的見聞每日記錄下來，回國後遂寫成《北行日錄》。幸運的是，這部遊記後來收錄在他的文集《攻媿集》，一直流傳到今日。

宋朝雖然創業於華北，但在北宋滅亡十年後，對生於明州鄞縣（浙江省寧波市）的樓鑰來說，這裡已是名符其實的異國。在《北行日錄》中，樓鑰透過和故鄉南宋相互比較的方式，對自己親眼目睹或是聽聞的金國社會習俗，進行生動的描述。在這當中，樓鑰最感違和的，是以下兩天的紀錄。首先，十二月一日，樓鑰在臨淮縣（江蘇省宿遷市）聽聞「金法士夫無免捶撻者，太守（通常由女真人擔任）至撻同知（太守副官，通常由科舉合格者擔任）；又聞宰相亦不免，惟以紫褥藉地，少異庶僚耳」，不由得驚訝地記錄下來。之後，在經過磁州（河北省磁縣）三天後的十二月十八日，樓鑰在趙州（河北省趙縣）五里處的石橋與一名自稱是舉人（國家科舉考試中第一階段鄉試的合格者稱號）的人物見了面，並試著詢問他以何為生；那位舉人說他「通三史，試詞賦論策」，然而看他那粗糙的衣服，簡直跟僕役沒有兩樣。樓鑰不由得皺著眉，寫下了這段紀錄。

樓鑰之所以困惑並如此輕蔑，是因為在當時的南宋社會，官僚與科舉考試階層（士人）可以享受形形色色的特權。就像日本宋史研究者高橋芳郎所闡明的，對於突破鄉試（或證明自己有能力突破）的人，在刑法上都能擁有豁免特權。具體來說，若要被流放遠地，只要展現自己的詩文創作能力，就能替換成輕微的體罰。之所以如此，是因為地方官員間都有廣泛共識，對於負責教化社會、具有儒學教養的人物不能隨意處置。話說回來，樓鑰所聽聞的傳言，比方說上級可任意鞭打下級、執行時要鋪上紫色地毯之類的描述，到底正確性有多少，實際上不明（畢竟他對金的敵意與偏見是可以想見的）。然而在金的同時代史料中，也可以看到士人同一般庶民遭受體刑待遇。不只如此，彙集金國禮制的《大金集禮》卷三十〈臣庶車服〉中也限制，府試尚未合格的士人與官學學生，必須和一般庶民穿著同樣服裝。

因此，樓鑰的紀錄並不單只是他個人的價值觀；背後的意義很是重大，讓我們得以從更廣泛的視野來檢視「中國史」。這篇補論標題的「唐宋變革」，提出該學說的是內藤湖南先生（一八六六—一九三四年），他認為「中國」社會在唐宋之間產生了劇烈變化。這個學說自提出以來，儘管已過了將近一世紀，但仍舊保有很大的影響力。關於該學說的核心論述，可以彙整成以下幾點：首先在政治面，至唐代為止，一直握有重大影響力的門閥貴族沒落，憑藉科舉考試能力選拔出來的官僚取而代之。就像前面所述，有資格應試科舉的階層也

圖補 -2　內藤湖南

就是士人，被認為和一般庶民有別，是理念上領導社會的菁英階層。第二在經濟面，直至唐代為止的土地國家所有制（均田制）瓦解，土地私有與買賣規範深植於社會。這表示土地兼併與經濟作物的栽培成為可能，伴隨著佃農制度的發達，自律的廣域經濟圈更進一步擴大。同時隨著華北人口的南遷，無論在經濟還是人口上，以江南為中心的南方「中國」都凌駕了原本的中心華北。

「唐宋變革」論所列舉的上述諸點幾乎都有史料佐證，因此要全面否定這樣的討論架構，那是不可能的。可是問題在於，「中國」該怎麼定義？這是最根本的問題。自內藤湖南以來討論「唐宋變革」論時，探討的區域幾乎無一例外，都是所謂的南方「中國」。之所以如此，主要原因在於可依循的文獻史料都是南方「中國」居壓倒性多數。在這種情況下，無關語病，大家恐怕都會有一種天真的想像，那就是儘管沒有史料印證，但華北既然也是「中國」的一部分，那應該也會和南方「中國」一樣產生變化吧！樓鑰的紀錄不只正面否定了這樣的推論，同時也暗示我們，華北很可能有它自己獨特的社會秩序存在。

事實上，二十一世紀的「中國史」研究，對於歷史上的「中國」社會與文化均一性均抱持懷疑態度，這樣的立場已經蔚為主流。自一九八〇年代以降，「非中國人」政權（契丹的遼、女真的金、蒙古的元）的研究不斷進展，透過碑文史料與契丹語、党項語（西夏語）、女真語、蒙古語、波斯語史料的實證運用，已然能夠得知各相關政權的統治結構。因此，均質化的「中國」是否仍為一個先驗性的推斷，這個問題就一再被人提起。不只如此，和金國對峙的宋朝官員了解自己的「中國」境內有複數國家並存的事實，國際關係處於相對化，同時他們也承認境內其他國家的統治領域。做為佐證，這時期對於「中國」或「漢人」理應統治的領域這一歷史認知（也就是原始民族主義的展現）已然萌芽，相關研究近年來也陸續出版。比方說史樂民（Paul Jakov Smith）和萬志英（Richard von Glahn）主編的《中國歷史上的宋元明轉型》（*The Song-Yuan-Ming Transition in Chinese History*）論文集，就試圖將「唐宋變革」的範圍拉大到十至十六世紀，對英語圈的「中國史」研究造成不小的迴響。他們討論的對象雖然很大程度仍侷限於江南，但這些研究對地域侷限性有明確的認識，同時也引發眾人開始關注契丹、女真、蒙古將近兩個世紀的統治，亦即所謂「北方政權的中國史」。讀者從本章開頭就可以注意到，這篇補論在提到「中國」時都會加上引號，這正是因應多元的「中國」觀興起所致。既然如此，當時的華北，究竟是怎樣一個和南方「中國」相異的社會呢？

2　契丹、女真統治下的華北社會

自古以來在「中國」北部，也就是華北地區，來自西北、北方、東北的移民或征服者就如同海浪般一波波沖激而來。但是，有關中央歐亞（Central Eurasia，又稱內亞）與「中國」的關係，明顯不是「唐宋變革」論者關注的焦點。儘管如此，就像後來契丹、女真、蒙古、滿洲征服所體現的，從北方來的人群浪潮，即使歷經「唐宋變革」也不曾停歇。就像關注契丹的遼與北宋之間因應狀況自由穿越「國境」的人們、歐亞史學者娜歐蜜．斯坦登（Naomi Standen）所生動描寫的那樣，其實在遼宋訂立澶淵之盟（一〇〇五年）並數次交涉國界以前，「中國」的界線乃是非常模糊甚至可變動的。可是，也如同古松崇志與毛利英介，以及斯坦登所闡明的，契丹與北宋間的國界從十一世紀就大致確定下來，讓兩國得以維持一個世紀以上的和平；在此同時，越過邊界就變成對祖國的「不忠」，並得以嚴罰。接著女真人征服華北，一時之間雖造成國界的瓦解與人口大規模流動，但在前述金宋的「紹興和議」後，又再現了類似遼宋間相對安定的並存狀態，人的移動受限，國界也重新劃定。

長時間的交流中斷，讓原本就已存在的地區性社會文化差異更加明顯。舉例來說，十至十二世紀契丹統治下的河北、山西北部，現在總稱為「燕雲十六州」一帶，自古以來即受北方的影響，文化變遷反覆，其風俗習慣看上去更是與北宋截然不同。遼金史學者劉浦江參照北宋時代赴遼使節的紀錄（和《北行日錄》同類型的返朝報告），描繪十一世紀燕京周邊的狀況如下：男性的髮型往往是髡髮（契丹式辮髮），服裝是左衽（左邊衣襟在前；「中國」是以右衽為主），女性的化妝也受契丹人影響，流行用栝蔞仁（葫蘆科種子乾燥後的中藥）在臉上化厚妝。不只如此，他們也有「放偷」這樣的節日（每年的正月十三日，允許偷竊十貫以下價值的物品。契丹語稱為「鶻里尀」，意即「盜竊之時」）；據觀察，這個習俗也是來自北方。玉田（河北省玉田縣）的韓氏，打從一開始契丹征服燕雲十六州時就歸順，深得代代契丹可汗（皇帝）的恩寵，成為契丹的有力貴族與姻親；

他們不只同時會說契丹語與漢語，也有兩種名字。像這樣的狀況，在繼契丹之後稱霸華北的女真統治時期仍然存在。在華北的「中國人」，住在舊契丹領地的稱為「漢人」（也就是《北行日錄》中所說的「北人」），住在原本北宋領地的則稱為「南人」，兩者有明顯區別。

在統治面上，南北當然也有很大差異。舉例來說，契丹、女真也實施科舉，選拔具有儒學教養的官僚。特別是女真，即使在侵略遼和北宋的高峰期，也屢屢在占領區舉辦科舉，以便掌握當地士人。在這種背景下，一一二六年金進攻北宋首都開封之際，北宋正好在舉行鄉試（在州、府舉行的第一階段科舉考試），但是這些合格者（舉人）因為北宋的敗亡，失去了更上一層樓的機會。這時金為這些舉人提供了繼續與試的機會，但不像南宋那樣給予他們慣有的特權。在女真統治下，華北參與科舉考試的人數與北宋時代相比增加了好幾倍，但最多也不過就是四萬人以下，跟同時期南宋的十萬到二十萬考生完全無法比擬。之所以如此，原因或許就像前面所述，南宋社會給予參與科舉者的豁免特權，但金並未提供。換言之，最後要是不合格的話（一次科舉進士及第者只有兩百人左右），考試這件事根本「一點好處都沒有」。

不只如此，以南宋社會為基準來看，南方「中國」所發生的種種社會變化（比如說士人的特權、經濟發展、經濟作物栽培的普及、廣域經濟圈的擴大、以男方親族集團為主的大規模「宗族」組織形成等等），在同時代的華北社會都沒有發生。一直以來，「中國史」研究都把這種情況當成是華北社會文化經濟的「落後」象徵。換句話說，江南社會是「中國」社會的先進，其他地區則如同水往低處流，慢慢接受先進社會的浸融。可是就像前面說的，這種把「中國」社會看成徹底均質的

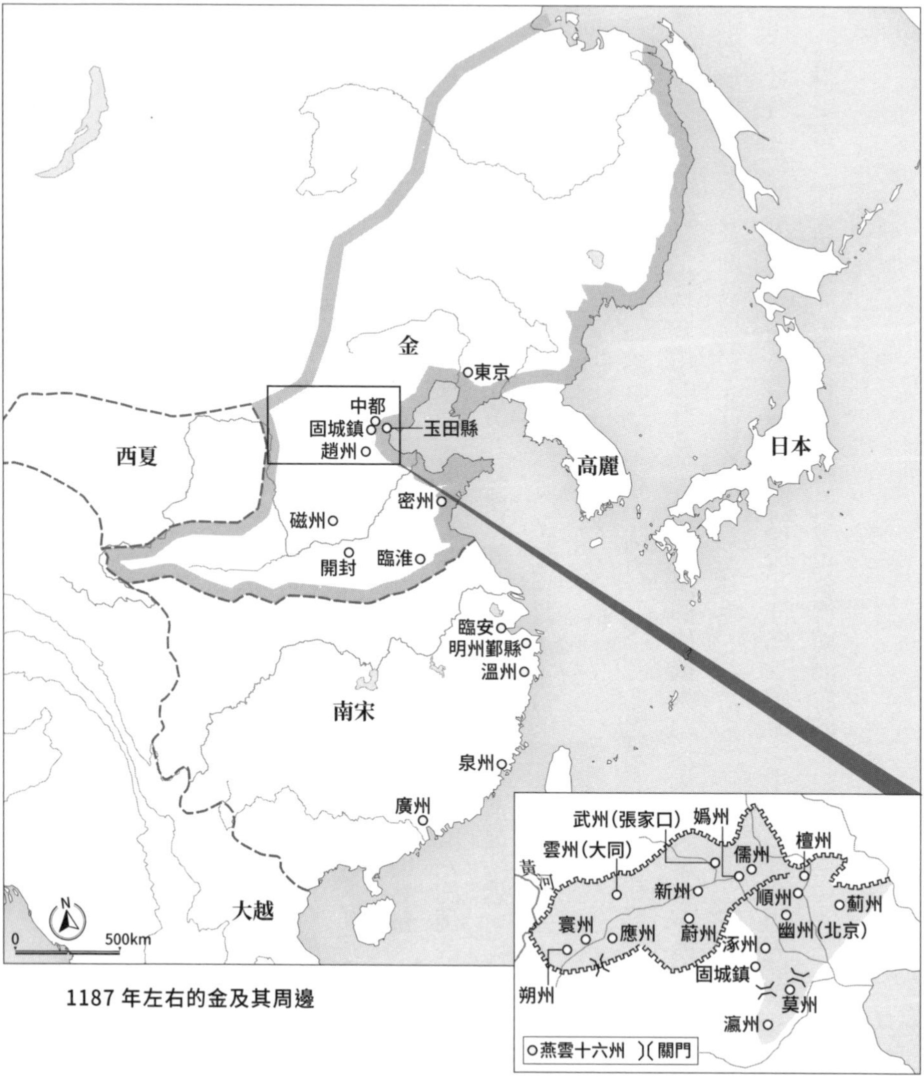

1187 年左右的金及其周邊

前提，近年來說服力日減。這個在歷史上稱為「中國」的地區，具有古典漢語書寫和語言的普遍性，並視儒學教養為優越文化；而根據娜歐蜜．斯坦登與尼可拉斯．塔克特的考察，「中國」這種文化認同被人民內化並廣泛共享，乃是不爭的事實。儘管如此，在這種共通的基礎上，我們仍然不能視「中國」為一個自足性與排他性的文明圈；故此，現在很多人都渴望從「中國」和周邊甚至遙遠地區的種種文化接觸，來重新思考其意義——換句話說，就是重新建構既有的「中國」概念。

從這種視野出發，並審視契丹、女真統治下的華北社會，就可以看出和南宋社會明顯差異的許多歷史經驗。首先，是為數龐大的北方移居者。在契丹統治下，契丹等游牧集團住進了燕雲十六州，但該地區自唐代推行羈縻制度（部族集團以服役等方式從屬中央政府，中央則給予自治權）以來，就已有游牧集團進駐，此後也一直是北方人群的集散中心。結果，這些集團對前述的在地「漢人」文化造成了影響。更進一步往南征服的女真，設有稱為「猛安謀克」、以十進位法提供兵員為原則的社會制度。征服華北後的金國實施階段性政策，開始有組織地讓女真人移居華北。他們在黃河渡口等戰略要地興築防禦工事的居地，周圍飼養軍馬；這種女真駐屯地散布於整個華北社會，形成非屬「中國」的文化圈。在這當中，傳統「中國」的語言文化雖仍相當重要，但對華北居民而言已非絕對優先的價值。在金國的科舉中，設有用女真語解釋儒教經典的「女真進士科」（後改稱策論科），這項考試也允許「中國人」參加，並培養出許多精通女真語的「中國人」官僚。相對地，在契丹統治下，「中國人」則被禁止參加契丹人科舉考試。然而就像先前的玉田韓氏案例所示，對「中國人」來說，契丹語是接近權力高層所必須的能力，是一種政治上的特權語言。契丹語、女真語都有自己的文字，主要以墓碑或紀念碑的形態出現，做為官方語言展示其權威。到了蒙古帝國時期，許多華北人民也學習中古蒙古語，用畏吾兒（維吾爾）式蒙文或八思巴文銘刻許多碑文，同時發送公文。

至於經濟面也是一樣，對於契丹、女真統治下的華北，無論將其視為比江南「更停滯」還是「更落後」，實際上都誤解了這塊地區。確實，北宋時華北的稅收和江南相比少了許多；可是，單單用「和江南相比」當成依循的準則來討論華北的經濟，不免太過偏頗。故此，我們必須開拓新史料並轉換視野，來進行相對的修正。森安孝夫已經明白指出，十至十四世紀的維吾爾商人網絡將蒙古高原、華北、河西、和闐地區及東部天山地區整個結合起來；當我們透過多語言史料進一步檢討該網絡在華北與中央歐亞間的實際貿易狀況，以及貿易網對華北的影響時，就很有可能一舉改變現今「停滯的華北經濟」的認知。

另外在南方，相傳由朱熹所著、做為婚喪喜慶及日常親族禮儀規範手冊的《家禮》，裡面呈現出一幅親族集團如何成形並維繫的景象；這幅景象雖會因應現實而在各地區產生不同變形，但直至清代為止，仍是理想親族集團應有的準則。另一方面，如同田浩（Hoyt C. Tillman）所論，華北在一一九〇年代也已傳入朱熹的著作，但它卻沒有立刻被採納成為社會規範。舉例來說，華北的士人楊奐（一一八六—一二五五年）在一二三九年擔任蒙古河南路徵收課稅所長官，當時他在北宋的舊都開封，盤查一間疑似違法隱匿應上繳穀物的倉庫；這時他發現，這間倉庫是北宋的太廟（皇族的宗廟），於是仔細觀察它的構造，從而對朱熹《家禮》所說的祠堂（安置祖先牌位、親族聚會的場所）設置方式提出正面否定（《元文類》〈與姚公茂書〉）。從這起事例可以明確看出，當時的華北與江南對所謂「新儒學」（道學、理學）接納程度的差異。順道一提，據新加坡學者許齊雄所述，即使到了明代，華北理學的親族觀念及其實踐，依舊沒有被江南的思潮所規範。雖然原因還有待今後的研究解答，但至少華北的大多數人們，長久以來確實沒有建構「宗族」的打算。

3 究竟是「中國的唐宋變革」，還是「江南的唐宋變革」？

深化「唐宋變革」論所帶來的「中國史」概念解構，提供了一個機會，讓我們得以逃離近代民族主義（「中國」自古即是由均質的「中國人」居住）的桎梏，並從華北與江南乃至與周邊地區的交流，來掌握一個又一個獨立的歷史世界。另一方面，以宮崎市定（一九〇一—一九九五年）為首、提倡應把唐宋變革置於歐亞歷史洪流中加以定位的視角，本次解構提供了一個立基於具體史料的實踐。華北和中央歐亞的接壤地帶，是創造「中國史」各個重要時期的新興勢力搖籃；美國漢學家拉鐵摩爾（Owen Lattimore，一九〇〇—一九八九年）等人從二十世紀中葉起便提倡此種視角，但之後數十年間，實證的「中國史」研究卻將此論點置而不提。

令人饒富興味的是，如中砂昭德所強調，在馬可波羅（Marco Polo）的記述裡，華北與南方

「中國」是兩個相異的「國家」(regnum)。簡單說,在蒙古整合南北「中國」後到訪的他眼中,舊金國領地(還要加上舊西夏與高麗地區),是「契丹人的國家」(regnum Cataiorum),而舊南宋領地則是「南方的野蠻人國度」、「南蠻子的國家」(regnum Nanmanzorum)(「南蠻子」是當時華北人對舊南宋領地人民的蔑稱),從中透露出兩地迥異的風俗習慣。當然,馬可波羅對於華北及江南經濟文化上的差異究竟觀察到什麼程度,遊記裡其實不太關注比較,所以也無從考究;但將兩地區加以區分這點,從蒙古帝國的統治體制便可明白一二。首先,他們將舊金國領地的居民稱為「漢人」,舊南宋領地的居民稱為「南人」,並在科舉名額(各二十五名)等項目上做出區隔。如此措施反映了蒙古帝國的統治方針,亦即「按歸順時間早晚,決定地區人民的待遇」。也就是說,「漢人」臣服於蒙古帝國(一二三四年)的時間比「南人」(一二七六年)早了大約四十年,因此兩者在他們眼中是彼此相異的集團。同時,自北宋滅亡以降,歷經一百五十年不同政權統治下的「漢人」、「南人」正如前述,社會觀念和風俗習慣都已大不相同;因此就現實問題而言,要用一個所謂的「中國」概念來通盤掌握很是困難,這樣的事實我們絕不可輕忽。舉例來說,論及記錄、保存族譜的媒介,相較於「南人」一般都是記載於書籍保存,「漢人」則普遍將之刻在石碑上豎立於墓地(通稱「先塋碑」),而其中被想像、記錄下來的親族形式,南北之間也有很大差異。此外,較早臣服蒙古、因而較能通曉蒙古語的「漢人」,和通曉蒙語相對少的「南人」相比明顯居於優勢,取得官職的機會也多出許多,這也是兩者間極具特徵的一項差異。儘管限於篇幅在此無法一一詳述,但華北有華北自己的歷史經驗,這和「唐宋變革」論主要考察的對象江南,在性質上有著明確的差異。

4 海域世界的南方「中國」

接下來，當我們把目光轉向包含江南在內的南方「中國」，同樣會發現既有的「中國」觀有必須重新修正之處。簡單說，東南亞史研究的進展，就讓以「中國」為中心掌握南方海域世界的視角，一下子成為了過去式。正如本書第三章所述，十世紀以降的「海洋東南亞」及「大陸東南亞」，雙方的新興政治體制都蓬勃發展，中國商人與伊斯蘭商人也都積極前往該地區貿易；在這樣的過程中，十一到十三世紀間，包括大越（交趾、安南）、占婆（占城）、吳哥王朝、以及宋代統稱三佛齊的馬六甲海峽一帶，都和宋締結了貿易關係。近年來遠藤總史透過這些貿易關係研究宋朝的自我認識，以及包攝其中的國際秩序，他認為這些勢力基本上是以一個「霸權中心」對周圍各政體進行鬆散整合的聯盟，因此在宋朝認定是「朝貢」的這種貿易關係，對它們而言是維持自身權力基礎的關鍵。

早在北宋大中祥符元年（一〇〇八年）與四年（一〇一一年），當時真宗巡幸泰山（山東省泰安市）與汾陰的后土祠（山西省萬榮縣），後面就有北宋在西北的主要鄰接勢力——甘州回鶻、夏州党項、西涼吐蕃各集團，以及占婆、三佛齊等東南亞（甚或是來自更遠方）的使節隨從。向正樹指出宋朝這種招待來自「萬國」使節的舉動，是在誇示自己的「天下」觀（而契丹未派出使節，表示他們拒絕參與此「天下」）；但另一方面，這些使節也如上述那般，各自懷抱不同心思。

一一二七年失去華北後，南宋政權最大的課題就是保全自己，因此和東南亞各政權的交流，史料中一時變得無跡可尋。可是自紹興二十四年（一一五四年）起，接見外國使節又開始正式化，不只大越、占婆、三佛齊的使節獲得入朝許可，針對各勢力也詳細制定了相關禮儀內容，以及冊封君主的標準。遠藤總史分析嘉泰二年（一二〇二年）編纂的儀禮書《中興禮書》指出，在喪失華北、連帶斷絕和北方諸國的外交關係後，南宋透過這一連串以往被人忽略的政策，將過去一概視為「海外蕃客」的占婆、三佛齊等使節納為正式國家使節，企圖以此建構新的國際關係。由於心中嚮往唐的最大版圖，所以宋朝雖未實際控制這些土地，但還是對以前受唐統治（或被認定曾受唐統治）的眾勢力冊封「節度使」、「郡王」、「平王」之類的官職爵位，從而對那些「尚未收復」的領土展現自己的「天下」觀。在這種前提下，從南宋對占婆等國的冊封及儀禮位階設定來看，自「中國」獨立出來的大越（交趾），冊封的順序是「交趾郡王」↓「南平王」↓「南越王」，這樣的秩序觀念明顯帶有把大越當成宋朝內屬勢力的濃厚色彩。相較之下，南宋給予占婆、三佛齊的就是「國王」稱號，允許他們自行任命刺史等官職，簡單說就是把它們列入藩屬國的級別。遠藤指出，這種傾向雖在北宋末年徽宗時期就已顯現，但在華北喪失後更加顯著。

就像這樣，面對東南亞及西南各勢力、在現實中找尋自己定位的南宋，自然不太可能只在國際關係上展現其姿態。正如前述，透過人與物的交流，東南亞與「中國」繁盛的海上貿易，將兩地緊密連結起來。九世紀下半葉爆發黃巢之亂，攻陷廣州的黃巢軍屠殺了大量的外國商人；發生此事的廣州自古即為繁榮的貿易據點，七一四年（開元二年）更設置了史上第一個市舶司（海上對外貿易管理機構）。北宋時又在泉州與明州（浙江省寧波市）增設市舶司，由此可見貿易的擴大。關於北宋時代的廣州，《宋會要輯稿》〈蕃夷四之九二．大食〉「熙寧五年（一〇七二年）六月二十一日」條記載，有位名叫辛押陀羅的「大食勿巡國進奉使」要動身歸國，臨行前向朝廷請願，希望能夠任命繼任的「蕃長司公事」。深見純生認為，「大食勿巡國」源自今日阿曼南部佐法爾地區的波斯名稱，而「蕃長司公事」指的則是「蕃坊」，也就是外國商人居留地的總負責人。雖然蕃坊的規模不明，但可得知十一世紀下半葉即有外來商人形成社群，宋朝地方官也需仰賴其力量。而且這不是廣州特有的狀況，從蒲壽庚的例子也可清楚證明。蒲壽庚在南宋末年的泉州靠著貿易致富，接著又因清剿海賊的功績，從市舶司長官升任安撫使與沿海都制置使，成為掌握該地區軍權的重要人物。當然，這樣的貿易不只是單向的，而是和南宋（以及蒙元）形形色色的商人踏足「南海」互為表裡。本書第三章提及的周去非《嶺外代答》（一一七八年自序）、趙汝适《諸蕃志》（一二二五年左右）、周達觀《真臘風土記》（一三一四年以前）、汪大淵《島夷誌略》（一三五〇年左右），這一連串用古典漢語寫下的東南亞地方志，就是最好的證明。

另一方面，從北宋到南宋，泉州、明州、杭州、密州等地的市舶司不只管轄東南亞，也包括和高麗及日本的貿易。雖然礙於篇幅無法詳述，但就像榎本涉的研究所示，從事高麗及日本貿易的明州和泉州商人，和建構起超越國界網絡的僧侶們一起活躍於東海地區。在博多活動的中國商人（「博多綱首」）眾所周知，而《宋史》高麗傳中也提及「（高麗）王城有華人數百，多閩人（福建人）因賈舶至者」。就像這樣，宋朝商人不時會以外交使節和間諜之姿往來高麗和日本，同時旅居異國的僧侶也以師徒關係為紐帶，透過這些商人為媒介，交換書信與物品物資。商人參與宋朝、高麗、日本等「國家」間交流的現象，證明了南方「中國」及鄰國間所設定的政治疆界，其實是徒具名目、也可變動的。

在這樣的情況下，我們是否仍然要把「唐宋變革」的論述範疇侷限在南方「中國」，還是要將之更進一步擴大呢？做為後者視角的代表性研究之一，我們在此列舉桃木至朗的論述。在「唐宋變革」過程中經濟急遽發展的江南，生產的出口商品在日本、朝鮮半島及東南亞各國間大量流通；桃木就認為，前述十世紀以降東南亞之所以陸續成立新興國家，跟以南方「中國」為中心的「唐宋變革」期經濟影響有關。就像這樣，研究的進展、與隨之而來「中國」概念的變遷及相對化，使得超越既有研究領域、圍繞著南方「中國」的「唐宋變革」期的進一步討論得以開花結果。

5　一一八七年的華北與江南及其「信仰圈」

本冊的主題「信仰圈」，在亞洲始終是個難以直接挪用的概念。儘管在所謂啟示宗教、一神教的「信仰圈」，實際上擁有各式各樣的宗教實踐，也存在著多神教的世界觀，但在「中國」歷史上，特別是所謂的佛教「三武一宗法難」後，除了十八世紀起對基督教與伊斯蘭教的偶發鎮壓外，幾乎看不到任何政治或官方立場對信仰對象與方式的規範。不只如此，包括佛教、道教還有形形色色的民間信仰，也都不要求信徒進行排他式信仰，複數教義與世界觀的並存融合相當普遍；而複數的「信仰圈」總是難以分割、彼此重複，就連皇帝也常使用多宗教的脈絡來訴求自己的正統性。在這種情況下，我想在這篇文章的最後，來談談一一八七年的南北「中國」是如何在南北宗派間的交流限制下，從交錯複雜的「信仰圈」中產生出延續至今的嶄新面貌。

就在抵達燕京的樓鑰參加金朝皇帝賜予的射弓宴（同時舉行射箭競賽的宴會）這天（乾道六年〔一一七〇年〕一月四日），在他北行途中曾路過的北宋舊都開封有某位人物逝世了，就是後來被奉為全真教開山祖師的王重陽（王喆，一一一二—一一七〇年）。王重陽在一一五九年（正隆四年）於家鄉甘河鎮（陝西省咸陽市）遭遇神仙，經過這次神祕體驗（甘河遇仙），他便把人生奉獻給修行和教育弟子。乾道五年十二月九日旅居開封的樓鑰等南宋使節，以及擔任嚮導的金國接伴使（出迎使節），或許也曾見過從山東帶著高足前往陝西途中在開封停留的王重陽。王重陽提倡儒釋道合一（三教合流）、主張救濟他人與自我修行同等重要；他的教誨如今相當知名，但生前的王重陽不過是道教實踐的眾多宗師之一而已。只是，隨著他門下的高足將王重陽的教誨宣揚到華北各地，該宗派的範圍也慢慢擴大。一一八七年（大定二十七年），他的其中一位弟子王玉陽被金的皇帝世宗召往燕京，第二年（二十八年），另一位高足丘處機（長春真人，一一四八—一二二七年）奉世宗之命前往主持萬春節（世宗生日）的建醮（道教祭祀）儀式。蒙古帝國興起後，丘處機又應正在遠征中亞的成吉思汗之邀，前往興都庫什山脈北麓謁見大汗，因此聲名大噪。成吉思汗與他的繼承人都給予丘處機和全真教保護，該宗派在蒙古帝國統治下的華北擁有極大勢力。對於蒙古時代的全真教，很多人會拿之對比同受宋朝庇護，以「張天師」為首盤踞龍虎山（江西省鷹潭市）的道教宗派正一教。雖然兩者互有消長，但受到歷代可汗庇護，掌握發放度牒（道士許可證）與廟額（道觀設立許可證）權力的這兩個派別，分別以全真教在華北、正一教在江南的形式維持勢力圈。

當然，實際上不能這樣以地理區分宗教勢力，畢竟就史料來看，正一教道士在華北、全真教道士在江南活動的情況也屢見不鮮。說到底，各地道觀和全真教有關的宗教實踐，經常會和在地民間信仰密切結合，因此「全真教」的展現方式其實也十分多樣；此外稱為「掌教」，受可汗賦予宗派統御權的人物，也沒辦法控制各地道士的宗教活動。這點在佛教各宗派也是一樣，僧侶都是橫跨「華北」、「江南」兩處行動。儘管如此，受到金國和南宋的越境限制，在十二世紀興起南北並立的全真教、正一教，自蒙古時代以降歷經多次消長，至今猶存。

從一一八七年有兩個「中國」社會並存這點，來思考超出「唐宋變革」論的「中國史」多樣性，我們便會發現它是一個重要的轉換期。正如這篇補論一再提及的，近年來超越「中國史」框架，將「中國」重新定義為「歐亞東部的一部分」，並將它的歷史與中央歐亞及海域世界加以連繫，甚或將之當成其中一部分去理解，這樣的研究取向如今十分顯著。今後這種取向會如何進展，又會如何超越既有的「中國史」框架，在思索之際，都將無可避免地促進唐宋變革論的重新定位。

圖補 -3　拜入王重陽（右二）門下的丘處機（左四）
山西省芮城縣永樂宮重陽殿北壁西段祖師畫傳（長春入謁）

圖片來源

圖1-1	The University of Edinburgh
圖1-2	大塚修提供
圖1-3	The University of Tehran
圖1-4	President and Fellows of Harvard College
圖2-1	Azufrog(CC BY-SA 3.0)
圖2-2	公眾領域
圖2-3	公眾領域
圖2-4	公眾領域
圖2-5	Dennis Jarvis(CC BY-SA 2.0)
圖2-6	KEVCHOW(CC BY-SA 4.0)/Abhatnagar2(CC BY-SA 3.0)
圖3-1～圖3-9	松浦史明提供
圖4-1	Ec.Domnowall(CC BY-SA 3.0)
圖4-2	The Museum of the Order of St. John and The University of Birmingham(CC BY-SA 3.0)
圖4-3	公眾領域
圖4-4	千葉敏之
圖4-5	千葉敏之
圖補-1	飯山知保提供
圖補-2	公眾領域
圖補-3	蕭軍，《永樂宮壁畫》（北京：文物出版社，2008）

Endo, S., Iiyama, T., Ito, K., Mori, E., Recent Japanese Scholarship on the Multi-State Order in East Eurasia from the Tenth to Thirteenth Centuries, *The Journal of Song-Yuan Studies*, vol.47, 2019.

Iiyama, T., Genealogical Steles in North China during the Jin and YuanDynasties, *The International Journal of Asian Studies*, vol.13-2, July, 2016.

Koh, K. H., *A Northern Alterative: Xue Xuan (1389-1464) and the Hedong School*, Harvard University Asia Center, 20-11.

Lattimore, O., *Inner Asian Frontiers of China*, New York, 1940.

Smith, P. J., Richard von G., (eds.), *The Song-Yuan-Ming Transition in Chinese History*, Harvard University Asia Center, 2003.

Standen, N., *Unbounded Loyalty: Frontier Crossings in Liao China*, University of Hawaii Press, 2006.

Tackett, N., *The Origins of the Chinese Nation: Song China and the Forging of an East Asian World Order*, Cambridge University Press, 2017.

Tillman, H. C., Confucianism under the Chin and the Impact of Sung Confucian Tao-hsueh, in Hoyt C. T., Stephen H. W., (eds.), *China under Jurchen Rule*, State University of New York Press, 1995.

補論　歐亞大陸東部的「唐宋變革」期

飯山知保『金元時代の華北社会と科挙制度——もうひとつの「士人層」』早稲田大学出版部 2011年

遠藤総史「未完の「統一王朝」——宋朝による天下理念の再構築とその「周辺」」『史学雑誌』126編第6号 2017年

遠藤総史「南宋期における外交儀礼の復興と再編——南宋の国際秩序と東南アジア・中国西南諸勢力」『南方文化』44 号 2018 年

榎本渉『僧侶と海商たちの東シナ海』講談社2010年

高橋芳郎「宋代の士人身分について」『史林』第69巻第3号1986年

古松崇志「契丹・宋間の澶淵体制における国境」『史林』90巻1号 2007年

宮崎市定『宮崎市定全集』第2巻 岩波書店 1991年

向正樹「北宋真宗の泰山・汾陰行幸」原田正俊編『宗教と儀礼の東アジア——交錯する儒教・仏教・道教(アジア遊学206)』勉誠出版 2017年

森安孝夫「《シルクロード》のウイグル商人——ソグド商人とオルトク商人のあいだ」『岩波講座世界歴史11 中央ユーラシアの統合9〜16世紀』岩波書店 1997年

桃木至朗『歴史世界としての東南アジア』（世界史リブレット12）山川出版社 1996年

桃木至朗『中世大越国家の成立と変容』大阪大学出版会 2011年

毛利英介「一〇七四から七六年におけるキタイ（遼）・宋間の地界交渉発生の原因について——特にキタイ側の視点から」『東洋史研究』62巻4号 2004年

中砂明徳『江南中国文雅の源流』講談社 2002年

劉浦江「說“漢人”——遼金時代民族融合的一個側面」『遼金史論』遼寧大学出版社 1999年

Chaffee, J. W., *The Muslim Merchants of Premodern China: The History of a Maritime Asian Trade Diaspora, 750-1400*, Cambridge University Press, 2018.

根津由喜夫「十字軍時代のビザンツ帝国」歴史学研究会編『多元的世界の展開』青木書店 2003年

八塚春児『十字軍という聖戦——キリスト教世界の解放のための戦い』日本放送出版協会 2008年

松田俊道『サラディン——イェルサレム奪回』(世界史リブレット人24)山川出版社 2015年

柳谷あゆみ「ザンギー朝ヌール・アッディーン政権における有力アミールの配置と移動」『東洋史研究』75-2 2016年

アンドリュー・ジェティシュキー(森田安一訳)『十字軍の歴史』刀水書房 2013年

レジーヌ・ペルヌー(福本秀子訳)『十字軍の女たち』パピルス 1992年

Constable, G., *Crusaders and Crusading in the Twelfth Century*, Farnham, 2008.

Hamilton, B., *The Leper King and His Heirs. Balduin IV and the Crusader Kingdom of Jerusalem*, Cambridge, 2000.

Hurlock, K, Oldfield, P. (eds.), *Crusading and Pilgrimage in the Norman World*, Woodbridge, 2015.

Morris, C., *The Sepulchre of Christ and the Medieval West. From the Beginning to 1600*, Oxford, 2005.

Paul, N. L., *To Follow in their Footsteps. The Crusades and Family Memory in the High Middle Ages*, Ithaca, 2012.

Riley-Smith, J., *The Atlas of the Crusades*, London, 1991.

Riley-Smith, J., *The First Crusaders, 1095-1131*, Cambridge, 1997.

Riley-Smith, J., *Crusaders and Settlers in the Latin East*, Farnham, 2008.

Roche, J. T., Janus M. J.(eds.), *The Second Crusade. Holy War on the Periphery of Latin Christendom*, Turnhout, 2015.

Somerville, R., *Pope Urban II's Council of Piacenza*, Oxford, 2011.

第四章　巨大信仰圈的交點——十字軍

▶史料

アミン・マアルーフ(牟田口義郎・新川雅子訳)『アラブが見た十字軍』リブロポート1986年

イブン・ジュバイル(藤本勝次・池田修監訳)『イブン・ジュバイルの旅行記』講談社学術文庫 2009年

エリザベス・ハラム(川成洋・太田直也・太田美智子訳)『十字軍大全——年代記で読むキリスト教とイスラームの対立』東洋書林 2006年

ジャン・リシャール(宮松浩憲訳)『十字軍の精神』法政大学出版局 2004年

Crusade Texts in Translation. (十字軍関係資料の英訳シリーズ)

▶参考文獻

池谷文夫『ウルバヌス2世と十字軍——教会と平和と聖戦と』(世界史リブレット人31）山川出版社2014年

太田敬子『十字軍と地中海世界』(世界史リブレット人107）山川出版社 2011年

川床睦夫責任編集『シンポジウム「十字軍」』中近東文化センター1988年

黒木英充編著『シリア・レバノンを知るための64章』明石書店 2013年

櫻井康人「エルサレム王国における教会形成と王権」『史林』85-2 2002年

櫻井康人「フランク人に仕えた現地人たち——十字軍国家の構造に関する一考察」『東北学院大学論集歴史と文化』53 2015年

佐藤次高『イスラームの「英雄」サラディン——十字軍と戦った男』講談社 1996年

都甲裕文「アレクシオス一世コムネノスの対十字軍政策」『白山史学』29 1993年

都甲裕文「改革教皇座とビザンツ——十字軍思想の一断面」『バルカン・小アジア研究』19 1995年

中村妙子「一二世紀前半におけるシリア諸都市と初期十字軍の交渉——協定とジハードからみた政治」『史学雑誌』109-12 2000年

Jenner, P. N., *A Dictionary of Pre-Angkorian Khmer, Research School of Pacific and Asian Studies*, Australian National University, Pacific Linguistics, 2009.

Jenner, P. N., *A Dictionary of Angkorian Khmer, Research School of Pacific and Asian Studies*, Australian National University, Pacific Linguistics, 2009.

Kulke, H., *Kings and Cults: State Formation and Legitimation in India and Southest Asia*, New Delhi, 2001.

Lepoutre, A., Etudes du Corpus des inscriptions du Campa IV. Les inscriptions du temple de Svayamutpanna: contribution a l'histoire des relations entre les pouvoirs cam et khmer (de la fin du XIIe siecle au debut du XIIIe siecle), *Journal Asiatique*, 301-1, 2013.

Lieberman, V., *Strange Parallels: Southeast Asia in Global Context, c.800-1830*, 2vols, 2003, 2009.

Matsuura, F., Kingship and Social Integration in Angkor, Karashima, N., Hirosue, M. (eds.), *State Formation and Social Integration in Pre-modern South and Southeast Asia: A Comparative Study of Asian Society*. Tokyo: Toyo Bunko, 2017.

Maxwell, T. S., *The Stele Inscription of Preah Khan, Angkor: Text with Translation and Commentary*, Udaya, vol.8,2007.

Revire, N., Stephen A. M. (eds.), *Before Siam: Essays in Ant and Archaeology*, Bangkok, 2014.

Sharrock, P. D., The Tantric Roots of the Buddhist Pantheon of Jayavarman VII. Klokke, M. J., Degroot, V. (eds.), *Materializing Southeast Asia's Past: Selected Papers from the 12th International Conference of the European Association of Southeast Asian Archaeologists*, Volume 2. Singapore: NUS Press,

Sharrock, P. D., *Banteay Chhmar: Garrison-Temple of the Khmer Empire*, Bangkok, 2015.

Vickery, M., The Reign of Suryavaruman I and Royal Factionalism at Angkor, *Journal of Southeast Asian Studies*, 16-2, 1985.

Woodward, H. W., Jr., *The Art and Architecture of Thailand: From Prehistoric Times through the Thirteenth Century*, Leiden & Boston, 2005.

松浦史明「アンコール時代の彫像にみる人と神——刻文史料の検討から」『佛教藝術』337号 2014年

松浦史明「刻文史料から見たアンコール朝の仏教とその展開」肥塚隆編『アジア仏教美術論集 東南アジア』中央公論美術出版 2019年

宮崎晶子「アンコール期の地方遺跡における観世音菩薩像の役割——『カーランダ・ヴューハ・スートラ』を出典とする彫像を中心に」『東南アジア考古学』28号 2008年

桃木至朗『歴史世界としての東南アジア』(世界史リブレット12)山川出版社 1996年

桃木至朗『中世大越国家の成立と変容』大阪大学出版会 2011年

山本達郎ほか編『岩波講座 東南アジア史1 原史東南アジア世界』岩波書店 2001年

周達観(和田久徳訳注)『真臘風土記——アンコール期のカンボジア』平凡社 1989年

趙汝适(藤善真澄訳注)『諸蕃志』関西大学出版部 1991年

Clark, J. (ed.), *Bayon: New Perspective*, Bangkok, 2007.

Cœdès, G., *Inscriptions du cambodge*, 8 vols, Hanoi-Paris: Ecole Francaise d'Extreme-Orient, 1937-1966.

Esteve, J., Soutif, D., Les Yasodharàsrama, marqueurs d'empire et bornes sacrées: conformité et spécificité des stèles digraphiques khmères de la région de Vat Phu, *Bulletin de l Ecole française d Extrême-Orient*, No. 97-98, 2013.

Griffiths, A., Vincent, B., Un vase khmer inscrit de la fin du XIe siècle (K.1296), *Arts Asiatiques*, No. 69, 2014.

Hendrickson, M., Historic routes to Angkor: development of the Khmer road system (ninth to thirteenth centuries AD) in mainland Southeast Asia, *Antiquity*, 84, 2010.

Jacques, C., Les Kamraten Jagat dans I'ansien cambodge, Bizot, F., (ed.), *Recherches nouvelles sur le Cambodge*, Paris: Ecole Francaise d'Extreme-Orient, 1994.

Jacques, C., Lafond, P., *The Khmer Empire: Cities and Sanctuaries Fifth to the Thirteenth Centuries*, Bangkok, 2007.

Wink, A., *al-Hind: Making of Indo-Islamic World*, vol.1 : *Early Medieval India and the Expansion of Islam, 7th-1 Ith Centuries*, 1990; vol. 2: *The Slave Kings and the Islamic Conquest, 1 1th-13th Centuries*, 1997; vol.3: *Indo-Islamic Society, 14th-15th Centuries*, 2004, Leiden.

第三章　佛教王闍耶跋摩七世治下的吳哥王朝

池端雪浦編『変わる東南アジア史像』山川出版社 1994年
池端雪浦編『新版世界各国史 東南アジアII 島嶼部』山川出版社 1999年
石井米雄・桜井由躬雄編『新版世界各国史 東南アジアI 大陸部』山川出版社 1999年
石澤良昭『アンコール・王たちの物語 碑文・発掘成果から読み解く』日本放送出版協会 2005年
石澤良昭「〈新〉古代カンボジア史研究』風響社 2013年
石澤良昭ほか編「岩波講座 東南アジア史2 東南アジア古代国家の成立と展開』岩波書店 2001年
北川香子『カンボジア史再考』連合出版 2006年
笹川秀夫『アンコールの近代——植民地カンボジアにおける文化と政治』中央公論新社 2006年
重松良昭「十～十三世紀のチャンパーにおける交易——中国への朝貢活動を通して見た」『南方文化』第31輯 2004年
角田文衛・上田正昭監修, 初期王権研究委員会編『古代王権の誕生 東南アジア・南アジア・アメリカ大陸編』角川書店 2003年
深見純生「流通と生産の中心としてのジャワ——『諸蕃志』の輸出入品にみる」『東洋学報』第79巻第3号 1997年
深見純生「ターンブラリンガの発展と13世紀東南アジアのコマーシャルブーム」『国際文化論集』第34号 2006年
深見純生「イ湾における選の登場と発展」『南方文化』第40輯 2013年
松浦史明「真臘とアンコールのあいだ——古代カンボジアと中国の相互認識に関する一考察」『上智アジア学』第28号 2010年

Medieval Central Asia and the Persianate World, London, 2015.

Eaton, R, *The Power of Islam and the Bengal Frontier, 1204-1760*, University of California Press, 1991.

Flood, F. B., *Objects of Translation: Material Culture and Medieval "Hindu-Muslim" Encounter*, Princeton University Press, 2009.

Gilmartin, D., B. Laurence (eds.), *Beyond Turk and Hindu: Rethinking Religious Identities in Islamic South Asia*, University Press of Florida, 2000.

Habib, M., K. A. Nizami, *A Comprehensive History of India vol.5: The Delhi Sultanat (A.D. 1206-1526)*, New Delhi, 1992-93.

Husain, A. M., *Tughluq Dynasty*, Calcutta, 1963.

Jackson, P., *The Delhi Sultanate: A Political and Military History*, Cambridge University Press, 1999.

Kumar, S, *The Ignored Elites: Turks, Mongols and a Persian Secretarial Class in the Early Delhi Sultanate*, Modern Asian Studies, 43 (1), 2009.

Lal, K. S, *History of the Khaljis A.D. 1290-1320*, Bombay, 1968.

Maclean, D. N., *Religion and Society in Arab Sind*, Leiden, 1989.

Majumdar, R.C. et al. (eds.), *The History and Culture of the Indian People, vol.3: The Classical Age [320-750 A.D.]; vol.4: The Age of Imperial Kanauj [750-1000 A.D.]; vol.5: The Struggle for Empire [1000-1300 A.D.]; vol.6: The Delhi Sultanate [1300-1526]*, Bombay (Mumbay), 1951, 1954, 1960, 1966.

Paul, J., *Herrscher, Gemeinwesen, Vermittler: Ostiran und Transoxanien in vormongo-lishcer Zeit*, Beirut, Stuttgart, 1996.

Raverty, H. G., *Tabakat-i-Nasiri: A General History of the Muhanmadan Dynasties of Asia*, 2 vols., London, 1881.

Schimmel, A., *Islam in the Indian Subcontinent*, Leiden, 1980.

Sharma, R. S, *Indian Feudalism: c. 300-1200*, University of Calcatta, 1965.

Sharma, R. S., *Urban Decay in India: c. 300 - c. 1000*. New Delhi, 1

Siddiqi, I. H., *Perso-Arabic Sources of Information on the Life and Conditions in the Sultanate of Delhi*, New Delhi, 1992.

Tor, D. G., V*iolent Order: Religious Warfare, Chivalry, and the 'Ayyar Phenomenon in the Medieval Islamic World*, Wurzburg, 2007.

Verardi, G., *Hardships and Downfall of Buddhism in India*, New Delhi, 2011.

真下裕之「南アジア史におけるペルシア語文化の諸相」森本一夫編『ペルシア語が結んだ世界——もうひとつのユーラシア史』北海道大学出版会 2009年

真下裕之「近世南アジアにおける人的移動の記録と記憶——デカンのムスリム王朝の出自説をめぐって」守川知子編『移動と交流の近世アジア史』北海道大学出版会 2016年

松井健「十九世紀アフガニスタン・バルーチスタンの遊牧民」永田雄三・松原正毅編『イスラム世界の人びと3 牧畜民』東洋経済新聞社 1984年

三田昌彦「初期ラージプート集団とその政治システム」『岩波講座世界歴史6』(新版)岩波書店 1999年

山崎元一「南アジア世界・東南アジア世界の形成と展開」『岩波講座世界歴史6』(新版)岩波書店 1999年

山崎利男「クシャーン朝とグプタ帝国」『岩波講座世界歴史〈第3〉』(旧版)岩波書店 1970年

山崎利男「インドにおける中世世界の成立」『中世史講座I【中世世界の成立』学生社 1982 年

イブン・バットゥータ著 イブン・ジュザイイ編(家島彦一訳注)『大旅行記』全八巻 平凡社 1996〜2002 年

サティーシュ・チャンドラ(小名康之・長島弘訳)『中世インドの歴史』山川出版社 1999 年

ピーター・バーク(大津真作訳)『フランス歴史学革命——アナール学派1929〜1989年』岩波書店 1992 年

Asif, M. A, *A Book of Conquest: The Chachnama and Muslim Origins in South Asia*, Harvard University Press, 2016.

Aubin, J., L'ethnogeneses des Qaraunas, *Turcica 1*, 1969.

Bosworth, C. E.. *The Ghaznavids: Their Empire in Afghanistan and Eastern Iran 994-1040*, 2nd ed., Beirut, 1973.

Bosworth, C. E., *The Later Ghaznavids: Splendour and Decay*, Edinburgh University Press, 1977.

Bosworth, C. E., The Early Islamic History of Ghir, *Central Asiatic Journal 6*, 1961.

Bosworth, C. E., The Ghurids in Khurasan, A C.S Peacock & D.G. Tor (eds.),

Lange, Ch., S. Mecit (eds.), *The Seljuqs: Politics, Society and Culture*, Edinburgh University Press, 2011.

Luther, K. A, Ravandi's Report on the Administrative Changes of Muhammad JahanPahlavan, C. E. Bosworth (ed.), *Iran and Islam: in memory of the late Vladimir Minorsky*, Edinburgh University Press, 1971.

Meisami, J. S., The Collapse of the Great Saljuqs, Ch. F. Robinson (ed.), *Texts, Documents and Artefacts: Islamic Studies in Honour of D. S. Richards*, Leiden & Boston, 2003.

Peacock, A. C. S., *The Great Seljuk Empire*, Edinburgh University Press, 2015.

第二章　伊斯蘭與印度的邊疆

稲葉穣「ゴール朝と11～12世紀のアフガニスタン」『西南アジア研究』51 1999年

稲葉穣「アフガニスタンにおけるハラジュの王国」『東方学報』76 2004年

井上春緒「ヒンドゥスターニー音楽の成立——ペルシャ語音楽書からみる北インド音楽文化の変容」(2016年度京都大学アジア・アフリカ地域研究研究科博士学位請求論文)

川本正知『モンゴル帝国の軍隊と戦争』山川出版社 2013年

北川誠一「14世紀初期のニクーダリーヤーン」『北大史学』23 1983年

小谷汪之編著『世界歴史大系 南インド史2 中世・近世』山川出版社 2007年

清水和裕『軍事奴隷・官僚・民衆——アッバース朝解体期のイラク社会』山川出版社 2005年

外川昌彦『聖者たちの国へ——ベンガルの宗教文化誌』NHKブックス 2008年

二宮文子「モンゴルとデリーの間で——13世紀南アジア北辺地域におけるカルルグ家の興亡」『東方学報』87 2012年

二宮文子「北インド農村地域におけるスーフィー教団施設——ハーンカー・カリーミーヤの事例」「東洋史研究』70-3 2011年

橋爪烈『ブワイフ朝の政権構造——イスラーム王朝の支配の正当性と権力基盤』慶應義塾大学出版会 2016年

大稔哲也「ザンギー朝の統治と行政官——モスル・アターベク朝の場合」『東洋学報』69/3-4 1988年
北川誠一「ヤズド・カークイェ家とモンゴル人」『文経論叢』21-3 1986年
北川誠一「大ロル・アタベク領の成立」『文経論叢』22-3 1987年
黒柳恒男『ペルシア文芸思潮』近藤出版社1977年
後藤敦子「セルジューク朝時代のシフナ職——バグダードを中心に」『イスラム世界』39-40 1993年
後藤敦子「セルジューク朝における王権の一考察——フトバの政治的役割」『人間文化創成科学論叢』19 2016年
佐藤明美「スルタン・サンジャルの公文書・個人的書簡集『アタバトゥル・カタバ』について」『中央大学アジア史研究』26 2002年
佐藤明美「スルタン・サンジャルとグッズ——サンジャル拉致に関する一考察」『イスラム世界』60 2003年
佐藤次高編『西アジア史I アラブ』山川出版社2002年
佐藤次高・鈴木董編『新書イスラームの世界史1 都市の文明イスラーム』講談社現代新書 1993年
清水宏祐「セルジューク朝のスルタンたち—一その支配の性格をめぐって」「オリエント史講座 第5巻スルタンの時代』学生社1986年
下山伴子「『反駁の書』の論理構造——537/1142-3年のアシュアリー派弾圧をめぐって」『オリエント』42/2 1999年
永田雄三編『西アジア史II イラン・トルコ』山川出版社 2002年
間野英二編『アジアの歴史と文化9 西アジア史』同朋舎 2000年
Boyle, J. A.(ed.), *The Cambridge History of Iran, Vol.5: The Saljuq and Mongol Periods*, Cambridge University Press, 1968.
Durand-Guédy, D., Diplomatic Practice in Salguq Iran: A Preliminary Study Based on Nine Letters about Saladin's Campaign in Mesopotamia, *Oriente Moderno*, 89/2, 2008.
Durand-Guédy, D., *Iranian Elites and Turkish Rulers: A History of Isfahan in the Salguq Period*, London & New York, 2010.
Hodgson, M. G. S., *The Venture of Islam: Conscience and History in a World Civilization, Vol.2: The Expansion of Islam in the Middle Periods*, The University of Chicago Press, 1974

第一章　賽爾柱王朝的霸權與伊斯蘭信仰圈的分歧

▶史料

『完史』: Ibn Athir, *al-Kamil fi'l-Ta'rikh*, C.J. Tornberg (ed.), 13 vols., Beirut, 1965.

「胸臆の安息』:Muhammad b.'Ali b. Sulayman al-Rawandi, *Rahat al-Sudur wa Ayat al-Surur*, M. Iqbal (ed.), Tehran, 1364kh.

『史話要說』:Anon., *Mujmal al-Tawarikh wa al-Qisas*, S. Najmabadi, S. Weber (eds.), Edingen-Neckarhausen, 2000.

『セルジューク朝史』:Zahir al-Din Nishapuri, *Saljūq-Nāma*, A. H. Morton (ed.), Cambridge, 2004.

『セルジューク朝史の旅土産』:Muhammad b. Muhammad b. Muhammad b. Nizam al-Husayni Yazdi, *al-'Urada fi al-Hikayat al-Saljuqiya*, M. Mir Shamsi (ed.), Tehran, 1388kh.

『テュルク語辞典』:Kasgarli Mahmud, *Dīwān Lughāt al-Turk*, Ankara, 1990.

『統治の書』:ニザーム・アルムルク(井谷鋼造・稲葉訳)『統治の書』岩波書店 2015年

『ナースィル史話』:Minhaj Siraj, *Tabaqat-i Nasiri*, 'A. Habibi (ed.), Tehran, 1363kh.

『四講話』:カイ・カーウース, ニザーミー(黒柳恒男訳)『ペルシア逸話集—かーブースの書, 四つの講話』平凡社東洋文庫 1969年

『セルジューク朝の諸情報』:Sadr al-Din 'Ali b. Nasir al-Husayni, *Zubdat al-Tawarikh*, M. Nur al-Din (ed.), Beirut, 1986.

▶基本文獻・參考文獻

井谷鋼造「遊牧民の流入」森本公誠編『講座イスラム第2巻 イスラム・転変の歷史』筑摩書房 1985年

井谷鋼造「「大セルジュク朝」と「ルーム・セルジュク朝」」「西南アジア研究』41 1994年

大塚修「普遍史の変貌——ペルシア語文化圈における形成と展開』名古屋大学出版会 2017年

主要參考文獻

總論　巨大信仰圈的出現

石澤良昭「東南アジア世界」『岩波講座 世界歴史6 南アジア世界・東南アジア世界の形成と展開』岩波書店 1999年
稲葉穰「スラーム教徒のインド侵入」『岩波講座 世界歴史6 南アジア世界・東南アジア世界の形成と展開』岩波書店 1999年
千葉敏之「不寛容なる王, 寛容なる皇帝——オットー朝伝道空間における宗教的寛容」深沢克己・高山博編『信仰と他者——寛容と不寛容のヨーロッパ宗教社会史』東京大学出版会 2006年
橋口倫介「補論2 十字軍」木村尚三郎ほか編『中世史講座11 中世における地域・民族の交流』学生社 1996年
松本宣郎・山田勝芳編『地域の世界史5 移動の地域史』山川出版社 1998年
宮澤知之・杉山正明「東ジア世界の変容」尾形勇・岸本美緒編『新版世界各国史3 中国史』山川出版社 1998年
家島彦一『海域から見た歴史——インド洋と地中海を結ぶ交流史』名古屋大学出版会 2006年
家島彦一『イブン・ジュバイルとブン・バゥーター——イスラーム世界の交通と旅』山川出版社 2013年
イブン・ジュバイル(藤本勝次・池田修監訳)『イブン・ジュバイルの旅行記』講談社学術文庫 2009年
ヘンリ・カメン〔ケイメン〕(成瀬治訳)『寛容思想の系譜』平凡社 1970年
Angenendt, A., *Grundformen der Frömmigkeit im Mittelalter*, Munchen, 2003.

松浦史明

上智大學亞洲文化研究所客座研究員。

1981年生，專長為柬埔寨史、東南亞史。

主要著作：

《閱讀吳哥窟》（共著；連合出版，2005）

〈從銘文史料看吳哥王朝佛教及其發展〉，收於肥塚隆編《亞洲佛教美術論集：東南亞》（中央公論美術出版，2019）

〈吳哥時代雕像的人與神——銘文史料的檢討〉《佛教藝術》（337號，2014）

飯山知保

早稻田大學文學學術院教授。

1976年生，專長為華北社會史。

主要著作：

《金元時代的華北社會與科舉制度——另一個「士人階層」》（早稻田大學出版部，2011）

"Steles and Status: Evidence for the. Emergence of a New Elite in Yuan North China," *Journal of Chinese History* (vol.1, November, 2016)

"A Mongol Rising to the Defense of the Realm: Epitaph for Grand Guardian Sayin Cidaqu by Zhang Zhu (1287-1368)." Patricia Buckley Ebrey, Ping Yao, and Cong Ellen Zhang (eds.), *Chinese Funerary Biographies: An Anthology of Remembered Lives* (University of Washington Press, 2019)

作者

大塚修

東京大學大學院綜合文化研究科副教授。

1980年生，專長為伊斯蘭時期西亞史。

主要著作：

《普遍史的變遷——波斯語文化圈的形成與開展》（名古屋大學出版會，2017）

Qāshānī, the First World Historian: Research on His Univestigated Persian General History, *Zubdat al-Tawārikh*", *Studia Iranica* (47/1, 2018)

〈「集史」的傳承與接受的歷史——從蒙古史到世界史〉《東洋史研究》（75/2，2016）

稻葉穰

京都大學人文科學研究所教授。1961年生，專長為中亞史、東西交流史。

主要著作：

《中亞史研究入門》（共著；山川出版社，2018）

尼札姆・穆勒克，《治國策》（*Siyasatnama*）（共譯；岩波書店，2015）

（傳）奧瑪・開儼，《諾魯茲節之書》（*Nawrūz-nāma*）〈共譯；京都大學人文科學研究所附屬東亞人文情報學研究中心，2011〉

作者簡介

叢書監修

木村靖二

東京大學名譽教授。專長為西洋近現代史，德國史。

岸本美緒

御茶水女子大學教授。專長為明清社會經濟史。

小松久男

東京大學名譽教授。專長為中亞史。

編者

千葉敏之

東京外國語大學大學院綜合國際學研究院教授。

1967年生，專長為歐洲中世紀史。

主要著作：

《移動者的中世紀——史料的機能、日本與歐洲》

（共編著；東京大學出版會，2017）

《西洋中世紀奇譚集成　聖派翠克的煉獄》（翻譯；講談社，2010）

《信仰與他者——寬容與不寬容的歐洲宗教社會史》

（共著；東京大學出版會，2006）

歷史的轉換期 04

巨大信仰圈的出現 1187 年

巨大信仰圈の出現

Turning Points in World History

編　　者　千葉敏之
譯　　者　陳國維
發 行 人　王春申
選書顧問　陳建守
總 編 輯　張曉蕊
責任編輯　洪偉傑
封面設計　萬勝安
內文排版　康學恩
業　　務　王建棠
資訊行銷　劉艾琳、謝宜華、蔣汶耕
出版發行　臺灣商務印書館股份有限公司
23141 新北市新店區民權路 108-3 號 5 樓
（同門市地址）
電　　話　(02) 8667-3712
傳　　真　(02) 8667-3709
服務專線　0800-056193
郵　　撥　0000165-1
信　　箱　ecptw@cptw.com.tw
網路書店　www.cptw.com.tw
臉　　書　facebook.com.tw/ecptw
印　　刷　鴻霖印刷傳媒股份有限公司
定　　價　新台幣 430 元
2021 年 11 月　初版 1 刷
2023 年 11 月　初版 2.2 刷

臺灣商務印書館

局版北市業字第 993 號
法律顧問　何一芃律師事務所

國家圖書館出版品預行編目 (CIP) 資料

1187 年：巨大信仰圈的出現／千葉敏之編；陳國維譯
——初版—— 新北市：臺灣商務印書館股份有限公司，2021.11
面；　公分（歷史的轉換期 4）
譯自：1187年：巨大信仰圏の出現
ISBN　978-957-05-3368-2（平裝）
1. 文化史　2. 世界史

713　110015502